行政法學教程

戚淵 著

五南圖書出版公司 印行

目錄

緒論

第一部分　民主

第一章　行政權的正當性基礎

第二章　依法行政原則

第三章　行政裁量

第二部分　稅賦

第四章　國家與社會二元理論

第五章　稅賦公正與行政

第六章　給付行政

第三部分　比例性

第七章　比例性

第八章　比例原則

第九章　比例原則的適用

緒　論

1.行政法學的範圍

行政法學是關於行政權的產生、運行、標準的理論體系。這個定義的意義是：I. 將行政權作為行政法學的直接對象可以將行政權的運行和標準與行政權的來源聯結起來，因為行政權的運行和標準與行政權的來源具有直接的密切關聯。II. 規範行政權的運行、衡量行政權產生和運行的標準的法律超越通常所說的行政法。關於行政權的產生、運行和標準的第一位階的法律都是憲法規範，它們是行政法的來源和根據。行政法學的研究對象必然涉及這類規範。III. 可以使行政法學成為一個理論體系。只有將完整的行政權作為行政法學的研究對象才能構成理論體系；並且，理論體系必須包含其研究對象的基本原理。因此，在這個定義中，行政法學的研究對象包括行政權的基本原理、行政法原則、行政權的制度設置、行政權運行的法律規範和法理、行政權及其運行的標準。

通說認為，行政法學是研究行政法的科學，是研究行政法產生和發展的規律、行政法的形式、內容和本質、行政法與其他法律部門、其他社會現象的關係、行政法對社會的影響和作用、人類利用行政法的方式、效果和價值等。這個定義的問題是：I. 行政法的內容和範圍難以確定。根據這個定義，有可能將不是行政法的規範作為行政法，例如，行政組織法、控權的法律等等。II. 無法全面涵蓋行政權運行的根據，比如基本權利、行政目的等等。III. 由於行政權本身成為行政法學的間接研究對象，而可能導致認識行政法本身的局限和缺陷，比如，行政合理性作為行政權運行的理由。合理性是行政法的准據。IV. 行政法的效果取決於行政權的效果。換言之，行政法的效果須根據行政權的效果予以衡量和評價。通過後者確定和完善前者。

因此，本教程將民主、稅賦和比例性三個範疇作為行政法學理論體系的基本構成成分，它們涵蓋了行政權產生、運行和標準的基本理論。

1.1 民主

民主這個概念包含行政權產生的原理和制度。民主的基本內涵是：I.

民即主，即一個共同體的人民是該共同體的主權者。II. 一個共同體的最高行政權由人民定期地、直接或間接（一次）地、普遍選舉產生。III. 人民的基本權利與共同體的最高行政權具有直接關係。IV. 人民能夠通過其他機構直接制約最高行政權的行使。V. 人民能夠通過個人的主觀權利請求行政機關作爲。因此，行政權的產生基於民主。

行政權的運行也是基於民主。法律是行政權運行的主要根據；法律由在民主的基礎上產生的共同體立法機關制定。依法行政原則是行政權運行的基本原則。根據這個原則，立法機關制定的法律優越於其他根據和理由約束行政權的行使；一些特定內容如果沒有法律規定或授權，行政機關不得自行爲之。

1.2 稅賦 [1]

稅賦是行政權運行的基礎。這包含兩層意思：第一，行政權運行的方式——管理與給付——主要以稅金爲基礎。第二，行政權的運行受納稅人制約。行政權產生於選民，而選民就是納稅人。徵稅須由選民產生的議會同意，並由法律規定。因此，稅金的使用處於議會，亦即選民的控制之下。稅賦是選民、議會和政府之間的關聯要素和動態要素。

---

[1]　稅賦這個語詞係指各種稅。漢語通常用雙音節詞表述一個概念，但必須使用正確。賦指田地稅、田賦，賦稅是田賦和各種稅的總稱。田賦是最早的稅。賦稅與稅賦係同一個意思，但後來稅代替了賦，且是主要財政收入來源，因此，用稅賦較爲適當。但是，在學術界鮮有這種使用，通常用「稅收」表示稅，比如，教科書名稱用《稅收學》、《稅收原理》。稅與稅收是兩個不同的概念。稅是稅收的前提。稅是課徵的對象，稅收是課徵的結果，是稅金、稅款。稅收是國家徵稅所得到的全部收入。使用「稅收學」等於表述「稅金學」、「稅款學」。在俄文和德文中，稅與稅收都是兩個詞。俄文 Налог 指稅，Сбор 指稅收，稅收是稅款的總和。德文 Steuer 的意思是稅，指國民繳納的款項；Steueraufkommen 的意思是稅收，指一定時間內通過稅賦獲得的國庫全部收入。英文 Tax、Taxation 在英漢詞典中被譯爲稅、稅款，但實際上，在英文中，Tax、Taxation 表示稅；稅收、稅款用 Revenue 一詞表述。最早對稅與稅收作區分使用的是 Plato，他在 Laws 與 Republic 中多次論述稅與稅收，但都是使用不同的詞語。Benjamin Jowett 在英譯時也是用 tax、taxation 和 revenue 分別表示。（參見 Plato, Laws, 850b, 955d; Republic, 343d, 567a, 568b.）在漢語中，還有一種常見的表述：捐稅或稅捐。捐稅係各種捐和稅的總稱。但是，捐與稅在法律上是兩個具有實質區別的範疇。使用「捐稅」一詞的學者實際上是在論述稅而不是捐。「捐」這個字不能表述任何形式的稅。因此，將「捐」與「稅」合爲一個詞也是不適當的。「捐稅」這個詞既不能表示「稅」，也不能表示「稅收」。

1.3 比例性

比例性概念是從自然秩序中產生的。比例性是自然必然性和自然合目的性的體現。比例性是各個自然事物之間的合理關係，以及它們在自然的聯結中趨向於最好目的的正義關係。在一個具有正義性的法律體系中，比例性的理念和表現形式處處存在。古希臘哲學家認為，正義就是合比例的，不正義就是違反比例。[2]因此，比例性概念包含正義、適度、合理、理性等特性。

從比例性概念中可以演繹出比例原則的原理。比例原則由妥當性原則、必要性原則、衡量性原則構成。妥當性原則要求目的的達成與措施須妥當。必要性原則要求目的的達成與所選擇的措施應該對人民利益的侵害最小。衡量性原則要求達成目的的法益與措施產生的不利必須合比例。比例原則在行政法領域具有一般法律原則的效力地位。在管理行政領域，雖然大多數行政行為都具有法律根據，但為了保證行政權運行的主動性，法律也授予行政機關享有一定的裁量空間；在此領域，行政行為具有較大侵害公民基本權利的可能性，因此，比例原則在此領域裡完全適用。在給付行政領域，由於給付是授益行政行為，給付源於稅賦，從而與納稅義務人的基本權利密切關聯。因此，在此領域，實際上與管理行政領域一樣，比例原則也須完全適用。

2. 行政種類與行政法學

在行政法學中，關於行政種類的劃分有多種，有的是基於行政學的劃分，有的是基於行政法的劃分，有的是根據行政實務的劃分。

2.1 行政種類劃分的根據

分類就是根據事物在實質上的特徵分別歸類，使具有相同實質特徵的事物成為一類。這是因為事物的實質特徵更能反映事物的本質；雖然形式

2　Aristotle, *The Nicomachean Ethics*, 1131a10ff, Translated by Christopher Rowe, Oxford University Press, 2002.

特徵往往也是實質特徵的顯現，但同一個實質特徵可能有多個表現形式，且在不同時間會有不同的表現形式，根據形式特徵分類難以揭示事物的本質。因此，分類是以在實質上有區別的事物爲一類。

　　對行政行爲的分類同時還應該考慮三個要素：I. 行政行爲必然同時關聯到民主、稅賦、比例性三個範疇。II. 行政行爲必須是行政機關的權力行爲。III. 行政行爲必須是行政機關與國民發生直接關係的行爲。每一種行政必須同時具備這三個要素，因爲每一個行政行爲必然同時含有這三個要素。

　　基於此，本教程將行政分爲管理與給付兩類。

2.2　管理行政

　　管理行政以維持秩序和安全爲內容，通常以行政機關單方決定的方式進行，必要時包括採取強制措施、防禦和排除危害、課予國民義務等等。管理行政受法律保留原則約束的程度較高，即無法律根據或規定，行政機關不能爲之。

　　管理行政行爲的相對方可能是全體，也可能是個人和公共。當行政行爲的對象是個人或公共時，通常會出現第三方。管理行政的第三方出現於行政行爲作出之後。

　　管理行政的構成：

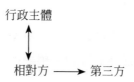

2.3　給付行政

　　給付行政以實現社會福利國爲宗旨；給付內容包括物質和精神產品、最低生存條件及其他行政服務。其特點是：I. 給付行政的根據是立法機關制定的公法。II. 行政機關在給付行政領域擁有法律賦予的自由裁量權。

III. 給付行政權須合比例地行使而不能損及自由法治國的實現。IV. 行政給付是形式平等與實質平等結合的行政行為。V. 對特定國民的給付是行政機關實施財政處分權的給付行為而不是行政契約行為。

給付行政行為的相對方可能是全體，也可能是個人和公共。由於給付的來源總是關聯到納稅義務人，因此給付行政也存在潛在的第三方。給付行政的潛在第三方存在於行政行為作出之前。

給付行政的構成：

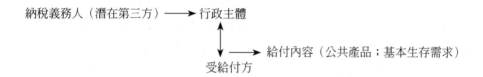

3. 公共性與行政法學

在行政法學中，公共性這個概念的使用率相當高，但公共性概念的涵義也相當不確定。公共性的概念及原理對行政權的運行具有重要作用。公共性是行政法學的基本概念。

3.1 公共與公共性的概念

公共性的概念來源於公共的概念。

行政法上的「公共」概念是一個可數概念。「公共」不指涉有關全體的事務，[3]而是指涉有關部分個人的事務。「公共」也可以指涉一定範圍內或一定地區內部分國民的事務。「公共」可以指涉一個共同體中多數的事務，也可以指涉一個共同體中少數的事務。

行政法上的「公共」概念也是一個動態概念。在一定地域內，「公共」因事務的變化此時可以是一部分個人，彼時可以是另一部分個人。在

3　Wolfgang Martens, *Öffentlich als Rechtsbegriff*, S. 177, 1969. A. Merkl 認為，公益本質上是大多數社會團體的整體利益，但不是真正的整體利益。Hans Heinrich Rupp 也表明，公益不是全體個人利益在數學上的總和。引自陳恩儀，論行政法上之公益原則，載城仲模主編：《論行政法之一般法律原則（二）》，第 157 頁，三民書局，1997 年。

不同的事務上可以產生不同的「公共」對象。在同一事務上，「公共」的範圍可能隨時間的變化而不同。

就給付內容而言，「公共」可以指行政機關為一定範圍內或一定地域內的國民提供的部分公共物品（比如學校、醫院）；全體國民日常生活中必需的部分物品也屬於「公共」範疇（比如道路、橋梁）。就給付對象而言，「公共」可以指行政機關對一定範圍內或一定地域內的部分國民的給付。就特別給付而言，「公共」可以指行政機關對特定國民的特別給付。

行政法上的「公共」概念始終是指涉「部分」的概念。行政法學研究中通常使用的「公共」一詞是指「全體」，比如，公共利益、公共福利、公共安全、公共行政、公共服務等等。這些術語往往涵蓋服務於公眾的私立機構（比如私立學校、私立醫院）；這些術語也模糊了全體、公共、個人的合理界限。

3.2 公共與公共性

行政法上的「公共」概念的運用難度遠大於「全體」和「個人」概念的運用。行政權作用的對象是全體、公共、個人。全體是指有關全體國民的事物；個人是指有關構成社會的個體國民的事物；公共是指有關部分國民的事物。行政機關行政質量的優劣、國民對行政機關的滿意度、社會公正的程度，在相當大的程度上取決於「公共」概念的運用。行政的範圍包括全體、公共、個人。原則上，行政權基於依法行政原則作用於全體和個人。但是，行政權在依法行政原則的前提下更需要基於合理性（包括比例性）的考量而運用「公共」概念。行政法上的「公共」既關聯到個人也關聯到全體，既包含民主理念也包含共和理念。「公共」是因國民個人的需要而產生，「公共」的實施須以稅賦為基礎。「公共」的需要須通過民主決定，「公共」的實施須考慮納稅義務人的負擔，即涉及共和的原理。行政機關實施「公共」過少會使國民的基本權利不能充分實現，實施「公共」過多會制約納稅義務人擴大再生產、損害納稅義務人的工作積極性，甚至影響整體經濟景氣、養成部分國民的惰性。

　　因此，需要一個概念作為對「公共」概念進行思維的概念，這就是「公共性」概念。「公共」概念是一個具體概念，「公共性」概念是一個抽象概念。抽象概念是單純思維的對象，具體概念是思維與存在的統一。Hegel 說，在知性邏輯裡，概念一般被認為是思維的一種純粹形式，並被當作一般觀念。概念確定地是一種形式，但它是一種無限的富有創造力的形式，概念包含一切內容至豐滿狀態，但同時又可以從內容中將自身抽象出來。如果「具體」這個名稱被限定為感覺或直覺的具體事實，那麼概念也可以稱作抽象的。概念是真實具體的；這是因為它涉及存在與本質，以及融合在思維統一中的這兩個領域所具有的全部豐富內容。[4]這就是說，概念雖然可以被分為抽象與具體，但是，它們同時存在思維中，並在思維中達到統一後顯現出來。公共與公共性這兩個概念的關係就具有這種特性。Hegel 的概念原理表明，具體概念是從抽象概念中產生的；具體概念須符合抽象概念。而具體概念涉及存在與本質，也就是說，一個具體概念的形成須與該概念所涉的事物本質符合；事物只有符合事物的本質才能存在。這種思維方法對於作出正確、正當的決定具有重要作用。

　　行政法學對行政上的「公共性」概念作出多種理解。比如，「公共性」意味著作為公的作用的行政之公平性、合理性、正當性。換言之，行政之公共性是指行政擔當公的事務之資格的屬性，即行政之妥當性、合理性、公平性。再如，公共性，由靜態面觀之，乃公益之判斷標準；由動態面觀之，須將被實現的權利或利益與被侵害的權利或利益客觀地加以認識，並作出兩者間的價值序列與體系化的分析（公共性分析），始可確認行政存在之理由。[5]本教程認為，「公共性」意謂具有公共的屬性；事物的屬性是從事物的實體亦即第一實體中產生的。因而，公共性概念蘊涵著屬於「公共」的事務在自然秩序中的最高原理。構成「公共」的標準、原

4　Hegel, *The Logic of Hegel*, pp. 287-288, Translated from The Encyclopaedia of the Philosophical Sciences by William Wallace, Oxford at the Clarendon Press, 1892.

5　宮崎良夫在公法研究「公共性」專號之討論發言，引自程明修，從行政法之觀點論行政之公共性，載城仲模主編，《行政法之一般法律原則（一）》，第 103-104 頁，三民書局，1999年。

則、原理都在「公共性」概念中。在行政領域，一個地域內或一個共同體中的「公共」事務合理與否是由行政機關予以判斷的。公共性的內容涉及全體、公共、個人。因此，行政機關須考慮三者之間的關係。在一個地域內或一個共同體中，屬於「公共」的事務應當與全體的基本權利和個人的基本權利合比例。「公共」的實施在於既能夠實現涉及「公共」部分的國民基本權利，也能夠實現全體和個人的基本權利，具有這樣的目的才堪稱具有公共性。「公共」的實施本質上是以部分國民的基本義務實現全體和個人的基本權利。因此，比例性的原理適用於「公共」事務的各個方面。

3.3 公共性與行政法學

從行政法學家們的定義可以看到，公共性實質上包含公平性、合理性、正當性；行政權作用於「公共」時，須體現這些基本屬性。在這個領域，行政法學的任務是研究行政權作用於「公共」時如何符合公共性，包括：涉及「公共」的事務的產生是否符合事物本質；確定的「公共」事務是否具有可持續性；實施的「公共」事務與促進整體和個人的基本權利的關係；等等。滿足這些要求才能體現出公平性、合理性、正當性。

就公共性概念本身而言，公共性還包含：社會多元化產生的多樣性要求，不同社會人群的不同利益要求，外在變化（比如科技發展）引起的利益要求的變化等，行政法學需要論證這些要求是否具有公共性。即使沒有具體的社會成員或人群提出要求，行政法學也需要研究這些潛在的或發展著的公共性。這樣的研究目的是形成法律上和行政決策上的「公共」概念，以便行政機關隨時和及時實施「公共」概念，從而使國民的基本權利得以充分實現。職是之故，行政法學應該認識到所謂「公共利益」、「公共福利」等概念只有在全體和個人的比較下才得以存在。因此，須將「公共」概念與全體和個人概念關聯地研究和論述。

在合理性範疇內，公共性不僅涉及「公共」本身的合理性，而且涉及運用「公共」的合理性。在「公共」的範圍和內容確定後，「公共」概念的運用更多地涉及合理性問題。在合理性範疇內，行政法學一方面需要論證基於民主產生的「公共」範圍和內容的合理性或正當性，另一方面需要

為行政機關實施「公共」提供合理性標準，因為即使具有法律根據，行政機關實施「公共」仍然具有相當多的自由裁量權，而行使自由裁量權需要實質的合理標準。

在公平性方面，公共性不僅在形式上而且在實質上關聯到全體和個人，或者說，公共性就是全體、公共、個人之間的合理關係。行政法學研究在於為這樣的合理關係提供原理、原則、標準，比如，在一定範圍內，行政給付用於公共的比例如何才是合理的；或者更具體的方案、措施，比如，使用財政建設一個公用事務設施，在多大程度上可以同時滿足如下要求：實現基本權利，提供就業機會，調整經濟景氣。再比如，對部分國民的福利給付，在何種比例上，既能滿足部分國民的基本權利，又不損害納稅義務人的工作積極性。

行政機關重視行政權運行的質量是行政權的發展趨勢之一，而實施「公共」概念又是體現行政權質量的一個重要方式。因此，對公共與公共性的研究必然是未來行政法學的主要課題。

4. 行政方式與行政法學

管理行政與給付行政及其為實施管理與給付而作出的行政決定都是行政方式。本節所論的行政方式也是為實施管理行政與給付行政方式，包括行政契約、電子行政、視訊會議系統。

4.1 行政契約

行政契約是行政機關之間和行政機關與私人之間為達成一定行政目的而締結的契約。在這種意義上的行政契約中，從內容上包括以產生公法效果為目的的公法契約和以產生私法的效果為目的的私法契約。根據此定義，行政契約包括行政主體相互之間的行政契約、行政主體與私人之間的行政契約，以及私人與私人之間的行政契約，即一方為接受行政機關委託的受託人。[6]自上世紀60至70年代起，行政契約已成為時尚之行政行為。

6　金東熙，《行政法 I》，第 163、166-167 頁，趙峰譯，中國人民大學出版社，2008 年。

為了因應社會經濟環境的發展、行政任務多元化趨向，不僅傳統類型的行政契約如政府採購契約和公共服務委託契約已有顯著發展，比如，法國將「文化服務」列入政府採購契約法適用範圍，將讓與經營、租營、托營、代營納入公共服務委託契約概念；而且行政契約的主體範圍有所擴大，即大量引進私人參入，如公私協力夥伴契約；契約標的根據所涉及的領域不同而有更細緻的規範，並分殊形成新的類型。比如，法國國會於 2008 年 7 月通過《夥伴契約法》，根據該法的定義，夥伴契約係行政契約，國家或國家的公務機構透過此契約於投資償還期限或資金回收方式加以計算出之確定期限內，賦予第三人，關於公共服務必須的設備、工程或無形資產之投資、建造、改良、保養、維持、開發或管理之整體任務。[7]從此定義可知，公私夥伴契約概念進一步擴展了行政契約的範圍，私人可以參與更多的公共領域裡的事務。

以行政契約施政顯示：I. 國家以法律關係補充法律形式。在諸如建築、經濟與環境領域，行政須面對多邊權利義務關係結構，行政與國民雙邊關係的傳統取向已顯不足。法律形式理論主要根據行為類型角度解釋行政法，從複雜的行政任務裡區分出諸如行政處分、行政契約、事實行為等類別要素，進而探討法律上的前提要件與後果。而法律關係通常由當事人彼此相互關聯的權利義務所構成；但多邊權利義務關係是以相互作用關係的形式為其特徵。因此，得以發展出當事人之間相互尊重和注意的補充性規則，所謂的附隨權利、附隨義務、告知義務、協力義務等亦進入行政法秩序。[8]要言之，國家認可行政契約也是符合時代發展所需要的行政方式，以因應行政任務日益多元複雜、提高行政對彈性的要求。II. 國家行政行為形態的部分轉變，即公法人擔當的公共服務委託由私人提供已成為常態；國家期望通過競爭方式挑選適當之私人提供公共服務以減少財政支出，並且委託之範圍從傳統工商性質的服務擴展至所有行政性公共服務，

7　吳秦雯，鳥瞰法國行政法學之發展，載《行政契約之法理》，第 214-215、218、223 頁，元照出版公司，2009 年。

8　陳愛娥，德國行政法學的新發展，載《行政契約之法理》，171 頁，元照出版公司，2009 年。

私人在公領域的地位已經逐漸由公部門的依附者轉變為協力之夥伴關係；而藉助私人之協力，透過契約方式與私人合作之行政方式不但使國家角色朝向合作國家傾斜，亦同時擴大了競爭法則之適用領域。比如，在法國，立法者通過一系列更精密的立法設定公共委託服務契約之一般程序與實體要件，再由行政法院根據個案判決確認適用。[9]III. 國家重視私人參與公共領域的事務，發揮存在於社會及社會成員中的潛力、活力與能力；開放部分公權力領域，使社會成員與相關行政機構平等競爭；在法律和法治的約束下保障政府與私人之間協力合作、良性互動，聯合發展。由於行政契約是經常性的公私協力方式，因而有助於行政機關完成行政任務，提高行政質量。

與此同時，行政契約在立法方面也有著一些共同變化：I. 重視參與競標者之地位平等，有權機關在契約候選人中應公平對待競爭者；對此，權力機關進行程序必須公開，無歧視行為。比如，法國《政府採購法典》第56III2條規定，招標權人得藉由網路電訊方式通知標案候選人與公開招標。為此，法國通過行政命令授權招標權人得課予標案候選人以網路途徑回復招標公告之義務。II. 行政契約一般原則規範效力減弱，逐漸發展出不同類型之行政契約各自須適用的規範、締約程序、履行條件、爭議解決方式等規則。當公法人欲締結行政契約時，在確定行政契約的類型後，所需適用的規範是相應的個別類型之規定，而非一般原則。III. 行政契約之程序規定增多，須遵守公開招募、開放競爭、不得為不正當之差別待遇，以程序之透明保障公共服務之良善運作。隨著行政契約分殊化越益明顯，行政契約規範也更加細膩。[10]

4.2 電子行政 [11]

電子行政是指行政機關通過官方網站從事行政活動；它豐富了傳統的

9　吳秦雯，鳥瞰法國行政法學之發展，載《行政契約之法理》，第 222、213 頁，元照出版公司，2009 年。

10　同上，第 218、224-225 頁。

11　葉俊榮，電子化政府，新民主及行政程式，載《行政法爭議問題研究（上）》，第 625-649 頁，五南圖書出版公司，2000 年。

行政方式；它有助於提高行政機關進行管理和給付活動的效率。

I. 電子行政方式主要是：第一，政府單向提供資訊給付，透過資訊公開，一方面，滿足國民及時、便捷的「知」的需求，另一方面，提升政府自身的競爭力。第二，以政府提供的資訊爲基礎，進一步連結成電子施政，比如獲取稅費單、申報單及各類表格，繳納稅費。第三，行政機關透過網路與國民或行政相對人互動。行政機關通過官方網站讓國民或行政相對人參與行政過程，比如對一些標準或措施表達自己的意見，藉以提升行政效能和行政決策的理性。

II. 電子行政方式的優點是：第一，突破時空限制，國民在任何時間都可以通過網路與政府對話。在定期選舉制度的基礎上，電子行政進一步縮短了行政機關與國民之間的時間距離，國民獲得日常性參與的條件。第二，國民不僅可以及時地獲取政府資訊，而且根據資訊表達意見、維護自我利益和公益。而行政機關也可以將回饋意見作爲決策和決策參考的根據。

III. 電子行政方式應注意的問題：第一，參與的代表性。這主要涉及如下方面：網民表達的意見是否也代表非網民的意見，網民中的利益群體是否會重複表達而產生虛高的網民資料，在行政機關就具體議題與特定的相對人（即網民）發生關係時如何確定當事人的範圍和主體適格，等等。參與的代表性直接關聯到民主制度。第二，程序正當性。這主要包括資訊公開的合法性，表達程序的合法性，行政管轄的合法性，申請、告知、聽證等程序的充分性。電子行政方式所採取的程序應該與非電子行政的程序相應。第三，救濟的充分性。行政機關通過電子行政所形成的決定、裁定、規定，包括公告的標準、措施等，應該設置允許相對人申請覆議和仲裁、提起訴訟的管道。

IV. 行政法學對電子行政方式有如下看法：第一，認爲網路與電子政府的發展，只是在技術層面或操作層面有所變更，行政法的基本理念與制度內涵根本沒有必要配合變更。第二，認爲行政法的整體立論依據並沒有受到嚴酷的挑戰，但部分理念應該隨之修正，才能與科技和社會經濟的發展相協調。第三，認爲網路與電子化政府的發展，已革命性地改變了政府

的形貌與民主的內涵，對行政程序或行政法的影響也是全面且深遠的，不能以調適修補的方式面對，而必須全盤思考。

　　本教程認爲，電子行政只是引起行政方式在形式上的部分變化而沒有引起實質變化，因爲：I. 行政主體與行政行爲的相對方未變。行使行政權的主體仍然是行政機關及其公務員，行政機關通過電子行政管理和給付的相對方仍然是作爲自然人的全體國民。II. 法律關係的性質未變。行政機關通過電子行政方式管理和給付的相對人一旦確定，其形成的法律關係仍然是權力主體與權利主體之間的關係，以及由此關係而產生的第三方關係。這樣的法律關係與非電子行政所產生的法律關係的性質完全相同。III. 責任主體未變。行政行爲的責任主體仍然是行政機關。IV. 尋求救濟的途徑未變。由於主體、法律關係、責任的承擔者都是可以確定的，電子行政如果對行政相對人產生不利後果，相對人也可以尋求救濟，其救濟途徑與其他行政方式引起的救濟途徑基本相同。

4.3　視訊會議系統

　　由於傳統的通訊方式（如電話、傳眞）無法達到「面對面」的溝通效果，而不能滿足人們日益增長的溝通需求。隨著電腦技術、互聯網路系統、網路資訊技術的高速發展，視訊會議系統能夠即時地傳輸視頻與語音，使參與的成員可以進行直觀的、眞實的視頻語音溝通，將辦公室帶入了寬頻網路時代。多媒體技術日趨成熟，攝像頭、數位攝像機等多媒體影音設備逐漸成爲辦公室中可以便利擁有的電腦配件，將傳統的會議方式推入網路視訊會議時代，人們可以借助網路視訊會議軟體，實行「面對面」的網路視頻會議。視訊會議系統具備同時雙向多方傳輸圖像、聲音、資料的能力，可以增加與會成員之間的互動，也可以使人們更直觀地接收到資訊，大大提升了人們工作的效率。視訊會議系統是一種利用數位壓縮技術，通過現有的公用或專用數位通信網，在多點間對音訊和全動態視訊訊號等進行匯接、分配、傳輸的通信系統。它不僅可以實現與會者各方「面對面」的交談，而且還可以利用各種圖表、實物，結合各種聲像資料進行

現場講解。[12]

　　視訊會議系統已經成為一種舉行行政會議的方式。行政首長可以通過辦公室視訊會議系統和桌面視訊會議系統召集和舉行會議，使每個與會者都能夠即時提供各自管轄領域的資訊和情況，並即時相互地交流各自的意見。

---

[12] 閻峰，小議視訊會議的重要性，《科技風》，2009 年；支金龍，視訊會議系統發展歷程及未來發展趨勢概述，《通信世界》，2014 年；呂玉虎，會議視訊系統在通信中的應用，《信息通信》，2015 年。

第一部分

民　主

第一章　行政權的正當性基礎

一、憲法基本原理

1. 正當性的涵義

在法學中，正當性往往被理解爲合法性，而合法性又是與合法律性相對比的概念。這種用法的意思是，制定法往往可能只具有合法律性（即立法程序符合法律規定），而制定法應該達到合法性亦即正當性的標準。因此，合法性成爲衡量制定法正當與否的標準。這是正當性概念的通行用法。

在自然哲學中，一切人定法均來自於 Physis（自然），而自然必然性和自然的合目的性意味著自然先天地是正當的，即自然先天地具有正義。支配自然宇宙生成和發展的自然法則先天地蘊涵著正義理念，或者說，其本身就是正義原則和規則。因此，一切人定法須符合自然或須與自然一致。這就是說，制定法堪爲制定法，其本身即具有正當性。基於自然哲學的理解，正當性概念具有三種內涵，即正義、合法、合理。

1.1 正義

人類是自然宇宙的部分。自然宇宙先天地具有正義意味著自然的正義也約束人類及其活動。人間的正義根植於自然宇宙中。Aristotle 視正義爲政治秩序。當個人具有了正義這樣的德性時，城邦的政治秩序便產生了。Aristotle 說，正義是政治的基準，正義因其可以決定何爲公正而顯示爲政治共同體的秩序。[1]因此，不僅立法和法律須符合自然的正義，而且以法律爲根據的權力和權利行爲都必須符合自然的正義。正義是行政權存在和

---

[1] Aristotle, *Politics*, 1253a37-39. *The Politics, and the Constitution of Athens*, Cambridge University Press, 1996.

運行的最高原則。

1.2 合法

　　在法學中，合法往往指稱合法律性，即符合制定法的規定，但該制定法可能是不具合法性亦即正當性的。這裡的「合法」當然也是指行政權的存在和運行須根據法律、符合法律；這就是依法行政原則的法學表達。但根據自然哲學，法律本身是具有正當性的。依法行政的法律不能沒有正當性。根據這樣的法律行政，行政權的運行才會具有正當性。這樣的正當性基於立法機關構成的正當性、立法機關產生法律的正當性、法律本身的正當性。

1.3 合理

　　從廣義上說，一切行政行為都應該是合理的，因為制定法本身是合理的。根據制定法行政也就是合理的行政。但這裡的「合理」約束行政機關的自由裁量權。行政機關的自由裁量權是基於法律上形式正義的實質正義，彌補和豐富法律以及根據法律行政的正當性。

　　正當性的三個要素必然關聯地體現在一個行政權力行為中。《德國聯邦基本法》第 20（3）條規定：立法受合憲的秩序約束，執行權和裁判權受法律和正義約束。「合憲的秩序」即是符合自然正義的秩序，因為《德國聯邦基本法》演繹自自然法。這又是基於如下的認識：在憲法中認可國民享有自然權利或天賦權利，該憲法就是從自然法演繹而來。行政機關根據立法機關制定的法律行政意味著行政行為具有正當性；行政裁量行為是在根據法律或法律授權的前提下行使，因而，其正當性也具有基本保證。在行政權的後面，司法機關作為行政行為合憲的保證體現為司法機關須根據法律和正義行使裁判權，包括對行政裁量權的裁判。這個條文不僅是對行政權，而且是對全部國家權力行為的正當性要求，綜合和體現了正當性三個要素及其關係，因為它同時包含正義原則、合法性原則、合理性原則。

2. 正當性的制度構成

行政權的正當性基礎不僅體現爲一般原理而且也體現爲具體的制度，這就是基於憲法基本原則而建立的政治制度。主要是：

2.1 基於主權在民原則的選舉制度

基於主權在民原則的選舉制度即普選制。普選制的基本涵義是：I. 競選：普選自提名（包括提名）始就是競爭性的選舉。II. 平等：每個公民都享有選舉權和被選舉權，每個合格選民都有投票權，每個選民的票值相等。III. 普及：選舉權和被選舉權普及到每個公民；待選舉的公職普及到每個符合法定年齡的公民。IV. 直接：待選舉的機關和公職由選民直接或間接（一次）選舉產生。V. 定期：選舉須定期舉行。VI. 無不合理限制或無理限制：即沒有種族、性別、語言、宗教、政治或其他見解、國籍或社會出身、財產、出生或其他身分等限制。因此，基於主權在民原則的選舉制度而產生的行政機關或行政首長便具有正當性基礎。

2.2 基於權力分立原則的憲政制度

基於三權分立原則的憲政制度是指普選產生的行政權與立法權和司法權分立行使，相互制約。立法機關制定法律；行政機關執行法律；司法機關通過實施憲法，既保證立法權和行政權運行的正當性，又保障國民權利不受立法和行政的侵犯。「行政訴訟的任務就是規範行政權力和保護相對人的權利。」[2]

基於主權在民原則的權力分立原則運行的結果就是憲政。憲政本質上就是有限政府，即國家權力須在憲法範圍內行使，立法權和行政權須受司法權的制約，司法權須受自然正義的制約，司法機關根據自然正義、自然權利、國際人權法和憲法保障個人權利和自由、制約立法權和行政權的制度性權力行爲。行政權在這樣的制度體系中存在和運行便具有正當性。

2　В. Е. Севрюгин, Админисмрамивнный суд Ценмральное Звеноадминисмрамивной Юсмиции, Админисмрамивное и Админисмрамивно Працессуальное Право, Москва, Юнити, 2004г, с. 412ff.

3. 人民與政府的關係

　　人民與政府的關係直接基於自然公理，這就是契約論。主權在民原則的自然公理就是契約論。從契約論可以演繹出人民與政府關係的直接性。直接性這一制度也印證了幾何學中的一個基本定理：兩點間直線距離最近。「最近」意味著效率、公正、廉潔和節約。從直接性中可以演繹出人民與政府的靜態和動態的關係。所謂「靜態」關係，即如上所述的憲法上的普選制，人民定期地產生政府，人民與政府構成憲法上的法律關係。所謂「動態」關係，即指在國家與社會的二元結構中，雖然選舉是定期的，但是，一方面，政府可以通過稅賦使政府與人民產生最大的合力，因為對稅賦的調整可以使國民充分實現基本權利、調整經濟景氣、產生社會活力、提高納稅義務人的工作積極性；另一方面，人民也可以通過定期選舉以外的其他途徑與政府互動，監督和制約政府。

二、基本權利體系

1. 基本權利體系的要素

　　基本權利體系也是行政權的正當性基礎。這具有幾層涵義：第一，行政權的正當性是建立在國民的基本權利之上的。第二，基本權利體系是行政權運行的正當性的保證。第三，「體系」意味著基本權利是一個完整的權利構成，包括自然權利、主觀權利和法律權利。

1.1 自然權利

　　自然權利基於人的自然性。自然權利是源於自然法的權利。自然權利不僅先天存在，而且是人的自然需要的權利。作為自然人的個人理所當然地可以在實際生活中行使自然權利而不論制定法是否作出規定。自然權利是基本權利的基本構成，因為法律權利都是來自於自然權利，或者說就是自然權利。自然權利也是個人在實際生活中的行為標準，是個人對自己行

爲的可爲和不可爲的認識前提。

1.2 主觀權利

在基本權利體系中，主觀權利是與自然權利同等重要的權利。自然權利是一個權利體系的外在終極權利，因爲自然權利終極地存在於自然宇宙中；而主觀權利則是一個權利體系的內在終極權利，因爲主觀權利是作爲自然人的個人的權利意志、權利意識、思維能力和認知能力；個人通過主觀權利而使自然權利成爲實際權利或法律權利。

1.3 法律權利

與自然權利和主觀權利相比較而言，法律權利是指國家立法機關通過法律確認、承認和認可的權利，法律權利是有法律根據的權利。在法學中，通常所說的基本權利就是指法律權利，主要是寫在憲法文本中的權利。但有的憲法文本中的權利也包含自然權利和主觀權利，有的僅指立法機關規定的權利。本教程明確地將自然權利和主觀權利作爲基本權利體系的構成成分。顯然，本教程認爲，憲法文本中的基本權利包含或應該包含自然權利和主觀權利。

2. 基本權利體系的意義

包含自然權利和主觀權利的基本權利體系不僅構成行政權存在的正當性的基礎，而且也是行政權運行的正當性的保障。

2.1 作為正當性的基礎

國家的政治制度、機構設置、權力運行的基本原則都是從憲法上的基本權利體系演繹出來的。比如，選舉制度的法律根據是主權在民原則，而主權在民原則即是演繹自社會成員的自然權利，即自然狀態中的個體權利和自由。這個原理通常在憲法上表述爲「國家的權力來源於人民的權利」，這裡所謂的人民的權利就是自然狀態中的個人的自然權利。進而，個人的主觀權利便是國家權力的最初來源。因此，主觀權利不僅是歸屬於

個人的基本權利體系的來源，也是國家權力體系的來源和基礎。如果說基本權利體系是行政權存在和運行的正當性基礎，那麼主觀權利便是這正當性基礎的基礎。由此可見，基本權利體系必然和必須包含自然權利和主觀權利。

2.2 作為正當性的保障

法律權利不僅是個人生存和行動的根據，而且也是國家權力行為正當性的保障，因為個人的法律權利對國家權力行為具有潛在和直接的約束力。自然權利作為個人的行為標準，這種功能也構成國家權力機關對自己行為的可為和不可為的認識前提。這種雙向作用既能約束個人正當地行使自然權利，也能約束國家權力機關正當地行使權力。因此，自然權利雖是個人的權利，卻是行政權正當性的基礎和保證。或者更確切地說，正是自然權利成為個人享有的權利，政府才會正當地行使權力。而主觀權利的功能是，個人可以根據自己的認知隨時、及時地向行政機關提出請求，要求行政機關為或不為某種行為，即便客觀法沒有規定，主觀權利亦具有這樣的功能。這些原理已經直接成為國家制度主要部分。比如，《德國聯邦基本法》上的基本權利以及它所確立的一般法律原則是可以直接適用的法，對立法、行政、司法機關具有同樣的約束力。如果基本權利體系是包含自然權利、主觀權利和法律權利的完整體系，而憲法上的制度設置不僅演繹自這個體系而且又受這個體系約束，那麼就能充分保障行政權運行的正當性。

三、主觀權利

1.概念探討

在行政法學中，通常用主觀公權利的概念表達主觀權利。不僅在行政法學理論上而且在行政訴訟實務中，主觀公權利這個概念的來源和運用都

是根據 Georg Jellinek 的理論體系。[3] 由於表述這個概念對理解主觀權利具
有重要作用，因此，本教程首先對概念作簡要探討。

1.1　Georg Jellinek 理論的問題

從目前所能接觸到的文獻來看，Jellinek 的主觀公權利理論體系存在
如下問題：

第一，Jellinek 既肯定又否定主觀權利的基本屬性。Jellinek 認為，從
意識上先感知到主觀權利的存在，並由主觀權利產生並支配法律規範，是
可能的，但無法設想法律制度的邏輯起點（Prius）是主觀權利規定的東
西。他明確否認主觀權利是原初性的東西。對於主觀公權利的法律來源，
Jellinek 拒絕作任何形式的自然法解釋。Jellinek 認為，公法上的主觀權利
不在法律制度所認可的天賦自由的範圍內，但他同時又認為，公法上的主
觀權利只是通過天賦自由的延伸被創設的。[4]

Jellinek 認為，「主觀權利是由法律制度所承認和保護的針對財產或
利益的個人意志力。」這實際上已經涉及主觀權利的部分要素，也就是
說，對主觀權利的理解是正確的。但他同時又解釋說，「只有當某個針
對財產或利益的意志力被法律承認時，才能引起相應權利的個體化，這
些權利才能與特定的個人聯結；這種聯結構成主觀權利的基本準則。只有
當個人意志作為利益的存在和範圍的標準被承認時，利益才轉化為主觀權
利。」這意味著個人的意志力只有得到法律承認時才成為個人的主觀權
利；這等於說主觀權利是來源於客觀法律的權利。因此，Jellinek 認為，
「即使客觀法沒有承認個人的意志力，個人的利益也能通過客觀法受到合
法保護。」在這裡，客觀法保護的利益不是基於個人的主觀權利，或者與
個人的主觀權利無關。這樣的理解違反了基本權利的構成，也違背了法律

---

[3]　Georg Jellinek, *System der subjektiven öffentlichen Rechte*, durchgegehene und Vermehrte Auflage von 1905, herangegeben und eingeleitet von Jens Kersten, Mohr Siebeck, 2011. 順便指出，中譯本將 Jellinek 的著作名稱譯為《主觀公法權利體系》，疑為誤譯：① *öffentlichen* 沒有公法的含義。② 公法是客觀法，是與主觀權利相對的範疇。

[4]　Jellinek, *System der subjektiven öffentlichen Rechte*, S. 9, 1ff, 51-52.

權利的來源。[5]

　　第二，Jellinek 是在客觀法的體系內討論主觀權利和主觀公權利。
Jellinek 認為，私法是相同位階人格的個人生活領域的法律規則，這些個
人共同隸屬於國家制度。權利義務相互性的可能性遍布整個私法制度。根
據 Jellinek，私法上個人的主觀權利也是從私法制度導出的，也就是說，
先有私法制度而後有私法上的主觀權利。Jellinek 認為，「客觀的公法制
度是主觀公權利的基礎。」「公法上的主觀權利基於專門的授權性法律規
範而不是基於許可的法律規範。」在這裡，Jellinek 是將主觀公權利局限
於公法制度中，客觀的公法制度是個人行使主觀公權利的基礎。因此，他
認為「個人公法上的主觀權利在內容上只是一種主觀可能性。」[6]這樣理
解不能算錯，但不是主觀權利的完整涵義和意義，因為一切公法制度都是
包含主觀權利的一個完整基本權利體系創設的。公法制度源於主觀權利，
受公法制度保護的個人權利和利益可以被認為是基於主觀權利，但這樣理
解的主觀權利的意義遠小於主觀權利創設公法制度的意義。

　　第三，Jellinek 是為了說明個人與國家的法律關係而使用主觀公權利
這個術語的。公法上的主觀權利只能在個人對國家的關係中加以探討，故
它並不包含能夠直接引起個人與其他低於國家的人格載體之關係的要素。
雖然基於公法上的主觀權利能夠產生私法關係，但這種關係與它們基於公
法根據的關係總是不同的。[7]

　　第四，Jellinek 的主觀權利或主觀公權利概念缺乏與私法上的權利關
聯。Jellinek 發表其著《主觀公權利體系》時，《德國民法典》已經頒布。
作為自然人的個人在該法典中具有人之為人的地位。《德國民法典》認
為，每個人都生而為人。這個條款對人的概念的理解是「人是倫理學上的
人」，亦即人的概念是倫理學意義上的人的概念。從這一立論中可以導出
個人的倫理人格和人性尊嚴，它們是主觀權利的根據。

5　此段中的引文見 a. a. O., S. 44.
6　a. a. O., S. 9, 51-52.
7　a. a. O., S. 10-11, 2, 51.

　　第五，Jellinek 的主觀公權利概念缺乏自然概念的根基。公法的理論基礎是契約論；契約論的理論基礎是自然哲學。個人的自然性是人在社會和國家體系中的基本屬性。所謂基本屬性，是指沒有這一屬性，其他屬性就失去了基礎，所建立的任何理論都不可能得到證立。

　　現有的行政法學理論主要是根據 Jellinek 的觀點，從客觀法，特別是從行政訴訟法上推導主觀公權利，這不僅不能理順基於主觀權利所產生的權利及其體系，而且也使主觀權利的概念失去基本功能。現有的行政法學理論往往也從國家的義務中推導主觀權利，但是，從國家義務中推導的權利顯然是法律權利。無論從理論上還是在實務中，國家不可能知道每一個國民會根據主觀權利而提出何種請求。國家只能類型化地將國民的權利通過法律加以規定，並針對這些權利履行義務。因此，主觀權利可以補充法律權利。

1.2　主觀權利的概念

　　對於主觀權利這個概念的理解取決於「主觀」一詞。本教程認為：

　　第一，主觀權利這個術語構成一個概念，即不能將主觀權利表述為主觀公權利或主觀私權利。公權利和私權利可以分別指稱公法上的權利和私法上的權利。主觀權利之所以只能是一種權利，乃是因為「主觀」一詞之於個人的意義。「權利」一詞既可以指在客觀的法律上存在的東西，也可以指稱內在於主體自身的東西，比如，思想自由是一種主體個人的權利，但它在未表達之前就是存在於主體自身的權利。主觀權利的屬性和特徵完全基於「主觀」的屬性和特徵。主觀是依附於和歸屬於主體個人的東西。「所有構成主體屬性的、屬於其本質的、為其固有的，都是主觀的。」[8]在法學領域裡，主觀可以等同於意識、意志、觀念、思維、認知等諸如此類的東西，因而，主觀權利就是與此類概念聯結著的概念。於是，便可以將主觀權利理解為意識力、意志力、人格權能、思維能力、認知能力等

---

[8]　Villey，權利的起源，第 100 頁，引自 Jacques Ghestin、Gilles Goubeaux，《法國民法總論》，第 129 頁，陳鵬等譯，法律出版社，2004 年 5 月。

等。

　　第二，主觀權利也不必分為公法上的主觀權利和私法上的主觀權利。主觀公權利和主觀私權利實際上反映這樣的理解：主觀權利是客觀法（公法和私法）上的權利。但是，客觀法上的權利就是法律權利。而主觀權利作為一種意志力、思維能力和認知能力仍停留在主體自身。如果將主觀權利理解為客觀法上的權利，等於通過法律否定了主體個人的意志力、思維能力和認知能力等等。因此，公法上的主觀權利和私法上的主觀權利只能理解為主觀權利在公法或私法領域的功能和運用，這是因為主觀權利先於公法和私法制度。在公法領域，主觀權利首先是針對國家權力的，然後可能產生針對私人的法律關係，即第三人效力。在私法領域，主觀權利雖然是針對私人的，但必然通過國家權力機關才能實現。

　　如果將主觀權利與客觀法規定的權利並列，就無法處理不合法行為與主觀權利的關係。基於主觀權利的行為也可能是不合法的，如提起訴訟被裁定駁回。如果將主觀權利作為法律秩序賦予的權利，那麼這樣的法律秩序一定是以自然法為基礎和包含自然法的秩序。只有在這樣的法律秩序中，主觀權利的概念才能成立，即主觀權利是個人自然的意志力和個人基於認知能力認知自然權利的權利。這是主觀權利在法律秩序中存在的基本前提。對於個人而言，主觀權利成為具體權利需要與一個具體的請求權結合使用；對於國家而言，主觀權利成為具體權利首先需要在立法中認可個人的自由意志、思想自由等天賦權利；其次，在行政實務中，行政機關通過行政決定或行政處分將主觀權利變為法律權利；而司法機關根據正義原則和個案事物本質作為基準認可個人的主觀權利。

　　第三，主觀權利既可以作用於公法，也可以作用於私法。所謂客觀法對主觀權利的作用僅限於客觀法承認／認可或不承認／不認可主體個人基於主觀權利的請求權。也就是說，個人總是可以根據主觀權利向國家提出各種自以為可以成立的請求權，而這種請求權是否成立取決於國家權力機關的承認／認可。當請求權成立時，主觀權利與請求權的具體內容構成一個權利而歸屬於主體個人。當請求權不能成立時，主觀權利與請求權的具

體內容也就不構成歸屬於主體個人的權利；此時，主觀權利又回復到主體個人自身，而無論客觀的法律承認／認可還是不承認／不認可，主觀權利仍然存在。

1.3 主觀權利與請求權

在行政法學理論或行政訴訟實務中，主觀權利或主觀公權利或主觀私權利均分類為支配權、請求權、形成權。本教程認為，對主觀權利分類是不恰當的，因為主觀權利總是作為一個整體產生作用。主觀權利不是形成權。形成權是法律關係已經存在的前提下的當事人的權利，這項權利根據法律規定或當事人約定。主觀權利是尚未發生法律關係時的支配權，也可以表述為支配力，此時的支配權或支配力是主體可以自由支配標的物並可以排除他人干預。這是主觀權利的基本屬性，「主觀權利是一個保留給權利主體的領域；主觀權利最突出的特點是權利人在特定範圍內享有獨占性，即對他人的排斥；主觀權利是主體能夠毫無競爭地行使其自由的保留領域。」[9] 而在法律關係成立後的支配權實際上由法律關係雙方約定或根據法律規定。此時的支配權已不是主觀權利，而已經超越主觀權利，因為此時權利主體已不能完全自由地行使支配權。因此，籠統地將支配權等同於主觀權利也是不準確的。

請求權是 Windscheid 於 1856 年從羅馬法的 Actio（訴）的概念中發展出來的。[10] 羅馬法上的訴（Actio）既指行為，也指訴權。[11] 從 Actio 中可以演繹出公法上的請求權和私法上的請求權。它既是實體權利，也是程序權利。Justinian 說，訴只不過是為了應歸於個人的東西在法官面前的起訴權利。這個警句的涵義之豐富足以既包括定義為救濟性質的實體法也包括訴訟程序。根據實體法，任何給定情況下的救濟都可以適用，通過程序，救

9　Jacques Ghestin、Gilles Goubeaux，《法國民法總論》，第 143 頁，陳鵬等譯，法律出版社，2004 年 5 月。

10　Coing, *Zue Geschichte des Begriffs „subjektive Recht"*, S. 12, in *Das subjektive Recht und der Rechtsschutz der Persönlichkeit*, Alfred Metzner Verlag, Frankfurt am Main · Berlin, 1959.

11　Cupidae Legum Juventuti, *The Elements of Roman Law*, London: Sweet & Maxwell, Limited, 1944, pp. 412-413.

濟可以被有效地提出。換言之，它包括提起訴訟的權利和訴訟程序的法律。[12]而「訴權存在的條件是具有可援引的實體權利，具有利害關係，具有資格，具有能力」。[13]因此，Actio 總是涉及到法律上已經規定的權利或事實上已經存在的權利。主觀權利在 Actio 概念中的地位是從 Ius 的一個涵義（即主觀理由）中發展出來的。對此，本教程將在下一節論及。

請求權是要求他人為或不為一定行為的權利。從請求權概念本身看不到主觀權利，這是因為主觀權利是內在權利，請求權是「外在」權利，即只有通過表示，才成為權利。請求權是關係概念，因此，請求權是權利行為，而主觀權利是一種觀念形態。但是，請求權包含著主觀權利，無論是法律規定的請求權還是法律沒有規定的請求權。法律規定的請求權是基於個人的人性尊嚴和人格，因此，當然地包含個人的主觀權利。法律沒有規定的請求權就是個人根據主觀權利提出的請求權。這在訴訟領域和立法、行政領域都是如此。在訴訟領域，課予義務訴訟的請求權既可認為來源於客觀法規範，也可認為來源於主觀權利，比如，競爭保護請求權的根據就只能來源於主觀權利。在立法、行政領域，個人可以根據法律上的規定向立法機關和行政機關提出請求權，而在沒有法律規定的情況下，個人也可以根據主觀權利向立法機關和行政機關提出請求權，比如，制定某項法律的請求，要求行政給付的請求，等等。而國家機關只要以基本權利為取向保護個人權利，主觀權利必然地與其他權利一起得到保護。

從上述分析可以知道，主觀權利是請求權的理由或根據或前提，而不是請求權本身。也就是說，主觀權利必然是法律上的請求權的根據，因為個人的人性尊嚴和人格先於國家和法律存在。在沒有法律規定的情況下，主觀權利就是請求權的理由和前提，個人可以基於自己認識和認知向國家機關或他人提出請求，要求國家機關或他人為或不為一定的行為，因為個人的支配力產生於個人意志力，它們先於國家和法律存在。

---

12 Buckl. *M.* P. 363. citing from Cupidea Legum Juventuti, *The Elements of Roman Law*, p. 412, London: Sweet & Maxwell, Limited, 1944.
13 Jacques Ghestin、Gilles Goubeaux，《法國民法總論》，第 590-596 頁，陳鵬等譯，法律出版社，2004 年 5 月。

2. 主觀權利的根據

任何一個概念的存在和證立，都依賴於在它之前存在的東西。換言之，一個概念的前面必然有一個東西存在著。「論證必然要以這樣的前提為前提，即該前提本身是無需推論、論證和領會的，它們沒有一個是可以還原到間接概念的。因此，這些前提本身的真實性是直接的、無需推導的、無需證明的、無需領會的。所有推導都需要一個天然的根源；所有論證都需要無需論證的根據；所有解釋都需要無需解釋的存在。」[14]因此，在研究主觀權利這個概念時，必須揭示主觀權利的來源或根據。

2.1　主觀權利與人格

主觀權利與人格的關係是人格與人的意志活動具有直接關係。人格是附著於個人的抽象存在。根據斯多葛學派哲學家的見解，人格產生於靈魂的支配力。人的靈魂作為最原始的純理解力是一種獨立的形式（靈魂不朽即以此為根據），同時，人的靈魂作為肉體的完滿實現（Entelechie）又是使自己在物質中變成現實的那樣一種最高形式。[15]靈魂的支配力不僅使各個感官的感覺刺激而引起的直覺成為知覺，而且通過靈魂的認可將所產生的知覺轉變為意志活動。[16]自然人只要有直覺，就有知覺。但是，人格產生於知覺轉化為意志的過程；在這個過程中，靈魂起著決定性的作用。意志與靈魂的關係是：「意志被視為一切事物中本質的東西：在靈魂的一切狀態和活動中都有意志存在；靈魂的狀態只是以意志的方式存在，靈魂的活動只是以意志的方式進行。」憑藉靈魂的作用，「意志取決於合理的認識。理智不僅是能夠完全領會合理的理念的東西，而且也是能夠在各種情況下辨識何為合理因而決定意志的東西。意志必然追求被認為是合理的東西；因此，意志依賴於理智。理智是靈魂運動的最初推動力。」[17]這些

14　Wilhelm Windelband, *Lehrbuch der Geschichte der Philosophie*, S. 117, Tübingen, 1950.

15　a. a. O., S. 278.

16　a. a. O., S. 143.

17　a. a. O., S. 282-283, 241.

原理揭示出這樣的邏輯聯繫：意志產生人格，人格產生主觀權利。

　　人格概念可以追溯到人的概念的自然屬性。古希臘哲學家揭示了人的天性（即自然性）中的神性部分。人對自然正義的嚮往和認可即是人的天性中的神性的表現。希臘人將自然宇宙中的神作為終極的存在。神是本體或第一實體。Plato 將 ουσια（實體）與本體當作同義詞，並認為 ουσια 即全部。[18]而「存在」就是神將不可分、不變化的存在與各自然事物中的存在合為一個整體。[19] Aristotle 認為，第一實體是最先的、根本的東西，它不述說其他事物，而其他事物是由第一實體產生，具有第一實體的屬性。[20]據此，本體與存在都是指整體。不可分、不變化的存在即第一實體，亦即終極存在。這樣，神便是終極存在，即超驗的人，是一切其他人的創造者。人格內在地與神結合起來，人格實質上就是神格的體現。人格是人表現出來的精神特質。自然主義把人的特質和精神歸結為自然的產物，具有自然人的自我意識、個體性、內在目的性等特質。人格是自然人的思想、情感、意志的抽象表述，是自我控制的手段，是自主支配自己的力量。[21]

　　從人格概念中可以演繹出自然人的抽象權利，這個抽象權利實際上就是主觀權利。人格表示自然人的倫理存在。人格概念產生倫理學上的人的概念。這一概念的內涵是：人依其本質屬性有能力在各種可能的範圍內自主地和自我負責地決定其存在和關係、設定其目標和行為界限。這個倫理學的人的概念系統地反映在 Kant 的倫理人格主義概念中。正是因為人是倫理學上的人，因此人本身具有一種價值，即人具有人性尊嚴。[22]倫理人格的概念是 Kant 哲學和倫理學中的主體性意識的體現。人格關聯著個人的人性尊嚴、倫理道德取向，它體現在個人的行為目的和目標上，是一種

---

[18] Plato, *Republic*, 589d, 485b. Benjamin Jowett, *The Dialogues of Plato*, Thoemmes Press, 1997.

[19] Plato, *Timaeus*, 35a, Benjamin Jowatt, Clarendon Press: Oxford, 1871.

[20] Aristoteles, *Kategorien*, 2a, 2b, Übersetzt und Erläutert von Klaus Oehler, Akademie Verlag Gmbh, Berlin, 2006.

[21] 蔣永福等主編：《東西方哲學大辭典》，第 604-607 頁，江西人民出版社，2000 年。

[22] Larenz, *Allgemeiner Teil des deutschen Rechts*, C. H. Beck'sche Verlagsbuchhandlung, München, 1989, Kapitel, 2, § 1.

基於個人意志的創造力量。因此，人格是權利的一種主觀來源，它與一個具體的請求權合為一個客觀意義上的權利。

人格產生抽象法律關係。Kant 說：「每個人都享有人格權，要求他人尊重自己的人格是一種權利；而同時每個人也必須對他人履行與此相同的義務。」[23] Kant 從這一原理中推導出基本的道德要求。Hegel 說：「法的命令是：成為一個人，並將他人當作人尊重。」[24] 尊重這一概念構成權利義務同等原則，產生法律上的基本關係即人格平等關係。人格平等意味著每一個人都應該享有主觀權利；這又是基於每一個個人的自然權利。每一個人的主觀權利雖然存在於主體自身，卻構成一個抽象的法律秩序。這個法律秩序是自然秩序的體現，也是個人擁有自然權利的表示。

人格是主觀權利的內在根據。在這裡，「內在」的意思是主觀權利來源於作為權利主體的自然人的抽象人格。沒有人格，就沒有主觀權利，因為意識能力、意志力、思維能力、認知能力等都是人格存在的體現。動物和植物雖有意識能力，卻沒有意志活動、沒有思維能力、沒有認知能力，因而沒有人格。

2.2 Hulmut Coing 的學術貢獻

H. Coing 在「主觀權利概念史」一文中對主觀權利的來源作過深度研究，這篇很少有人引用的長論具有極高的學術價值。Coing 首先肯定主觀權利的存在。他認為，如果通過研究得出一個否定性的結論，即主觀權利不存在，那麼就不能認識有關法律制度、私有制和生活資料的私人支配力。然後，他指出了探討主觀權利概念的兩個面向。在一個特定社會裡，個人在何種程度上可以知道其對自己生活地位的支配權力；在一個特定法律體系中，主觀權利何時和以何種功能作為技術上構成的概念。[25] 更為重

---

[23] Kant, Werke in zehn Bänden, Herausgegeben von Wilkelm Weischdel, Band 7; Schriften zur Ethik und Religionsphilosophie, Zweiter Teil, 1968, S. 382.

[24] Hegel, *Grundlinien der Philosophie des Rechts oder Naturrecht und Staatswissenschaft im Grundrisse*, S. 73, Berlin, 1833.

[25] Hulmut Coing, *Zue Geschichte des Begriffs „subjektive Recht"*, in *Das subjektive Recht und der Rechtsschutz der Persönlichkeit*, Alfred Metzner Verlag, Frankfurt am Main · Berlin, 1959, S. 9, 8.

要的是，Coing 探討了主觀權利這個概念的來源。也可以這樣說，Coing 通過揭示主觀權利這個概念的來源證明主觀權利的存在和必要性。Coing 認為，主觀權利概念對現代私法的構造和科學理解是必不可少的。需要一個概念闡明個人對其被賦予的特定法律地位的使用和支配權力，對這種地位的保護依賴於個人即權利人作出決定。只有這個概念能夠要求保護，或者至少能夠主張個人有關的法律地位。主觀權利概念使下列觀點具有持續的生命力：私法和由其建立的法律保障歸根結柢服務於對個人在社會中的自由的維護。個人自由是一種基本理念，私法正是為了這種理念而存在。主觀權利概念表達了這樣的資訊：私法是相互獨立的法律共同體成員根據其自己的決定而行動的法律。[26]雖然 Coing 只是在私法領域探討主觀權利概念，但是，應該特別注意的是，Coing 肯定主觀權利概念，質疑主觀私權利概念。因而，他的主觀權利概念就不僅僅適用於私法領域，而是適用於整個法律領域。這也可以引起人們對主觀公權利概念的思考；這同時可以佐證本教程對主觀公權利概念的否定。從 Coing 的學說中可以推論出主觀公權利概念的問題。

2.2.1 羅馬法上的 Ius

Coing 對這個主觀權利概念的追溯從羅馬法開始，即主觀權利在羅馬私法中的作用。Coing 從法國的羅馬法專家 Villey 對 Ius 的研究中發現這個詞的「主觀理由」（Subjektive Berechtigung）涵義。Villey 在分析 Gaius 法學階梯的體系時首先發現 Gaius 的 Ius 只在無體物即作為無形權利來源的意義上存在，與作為有體物的財產不同。但這種對比只在 Gaius 法學階梯而不是一般古典法學理論中。此後，它差不多關聯到非物質性的權利來源，即非物質的權利客體。因此，實質上等同於無體物。Coing 因此認為，Ius 在起源上完全適合於主觀權利的意義。正如 Recht 這個詞也關聯到 Ius，有時在一種客觀意義上指法律規範和慣例、法律制度和它的要素，有時在一種主觀意義上指法律制度賦予個人的權力範圍

---

[26] a. a. O., S. 22-23.

（Machtbefugnis）。[27]由於 Recht 所指涉的客觀意義上的法包含法律規定的權利規範，那麼主觀意義上的 Recht 就完全可以指涉主觀權利。「羅馬人的觀點可以從 Paulus 著作片段到 Sabinus 的《市民法》中看到，在這些著述裡都有 Ius 這個概念。」Paulus 認為，Ius 是那些一直合理和公正的事物，Ius 是正義、法律原則、平等、權利；Ius 也指執行正義的地方；Ius 還指不成文法（如自然法）、對外國人及公民有效的法（如萬民法）、處理個人之間利益的法（如私法）、涉及政制和城邦事務的法（如公法）。[28]在這些界定中，主觀權利最適合與自然法連接起來，因為主觀權利對於將自然法賦予個人的自然權利變為法律權利和事實上的權利具有決定性作用。

2.2.2 Ius 與主觀權利

　　羅馬人對 Ius 的這種認識在思維方式上是一個相當大的變化，很快，主觀權利就作為 Ius 的引申涵義。為了顯示關於主觀權利問題發展的這種思維方式的重要性，Coing 用法國法學家 Doneau 的理論加以說明。Doneau 的理論體現在《民法大全評論（Commentariorum Iuris Civilis Libri）》中。Doneau 將全部私法構建為一個實體權利體系。在《評論》第 1 卷第 3 章中，Doneau 研究了 Ius 這個詞。他指出由 Paulus 提及的不同涵義，但他作出了補充。Justinian 對 Ius 的定義為所有的法律提供了一個目標，即分配給每一個人其所應得。Doneau 視自己的任務是對一種在不同情況下將屬於個人的權利（Ius）分配給他們的法律的分析。而個人應得與人格概念密切相關，因此，個人的主觀權利是分析這些法律上權利的基礎。正是因為如此，Doneau 認為，Ius 通常意指應當屬於個人的主觀權利。Doneau 認為，羅馬法學家使用 Actio 這個詞是為了表達法律程序的意思。因此他批評 Justinian 將訴訟與債聯繫在一起。Doneau 的結論是：民法由兩部分組成：首先是知道在法律上屬於各個個體的事物，其次是

---

[27] a. a. O., S. 9-10.

[28] a. a. O., S. 10; Oxford Latin Dictionary, p. 985, Edited by P. G. W. Glare, Oxford At The Clarendon Press, 2009.

獲得該事物的程序上的方式。私法首次被 Doneau 劃分爲實體法和訴訟程序；實體法被設想爲一個歸屬於個體主體的權利體系。組成私法的實體權利被劃分爲兩個範疇：眞實地和適當地屬於我們的東西和應當屬於我們的東西。第一個範疇包括作爲自由人的權利如生命和自由，以及對於外在事物的權利。第二個範疇包括從另一個人獲得的應當屬於我們的權利。[29]根據 Doneau 的這種劃分，將他所說的「權利」理解爲法律上權利更爲恰當，主觀權利（即 Ius 的一種涵義）是這些權利的根據，因爲 Ius 具有的一種涵義就是「權利和授權的根據和理由」。Ius 還有一種涵義是指「從既定社會關係中產生的要求或請求權」，[30]這種要求和請求權對應於上述第二個範疇。顯然，這兩種 Ius 的涵義都是主觀權利。

2.2.3 主觀權利在實務中的應用

Coing 認爲，Ius 的詞義以一種在客觀意義與主觀意義之間的特別方式遊歷。結果，在羅馬法中，主觀權利是既可以作爲與實體規則的連接點也可以作爲與程序規則的連接點發揮作用。主觀權利概念沒有發揮決定性的作用，當然與「古典法總是與訴訟聯繫在一起」這樣的事實有關。「除了訴訟體系，其他方面也有它們的意義。應該注意到的是，物權領域的羅馬法術語如同侵權法規定中的術語。所有者的財產是物自身而不是一項權利。財產轉讓中最初的觀念是物自身的轉讓；侵犯是針對物自身而不是權利。」[31]這可以理解爲物權由物和權利兩部分構成，權利在物的背後，而這裡的權利就是主觀權利，是對物的支配力，當然包括意志力。這符合 Ius 作爲「主觀理由」的意義。「Gaius 對羅馬法的劃分是基於客觀法而不是主觀權利。他把客觀法分爲人法、物法、訴訟法。」[32]Coing 認爲，「這種劃分只涉及客觀法規範支配的對象，而未涉及各種主觀權利的分類。物的法律關係與債的法律關係的對比只在處理訴訟的背景下發生。」

---

29 Peter Stein, *Roman Law in European History*, p. 81, Cambridge University Press, 1999.

30 *Oxford Latin Dictionary*, p. 985, Edited by P. G. W. Glare, Oxford At The Clarendon Press, 2009.

31 Coing, *Zue Geschichte des Begriffs „subjektive Recht"*, S. 11.

32 a. a. O., S. 12.

「Paulus 對主觀權利的定義只是一個例外。」[33] 每個人都是自己事務的仲裁者和法官。[34] 據此，人們可以根據主觀權利在實務上的功能和它的體系意義描述它在羅馬法中的功能。[35]

中世紀的羅馬法典注釋者在訴、訴權與 Ius、實體主觀權利（Dem Materiellsubjektiven Recht）之間作出非常清晰的區分。這種區分方法將實體主觀權利理解為訴的理由。這意味著他們考慮到了決定起訴的本質內容和各別起訴背後的主觀權利。因此，這個構想意味著向實體法思考方式邁出一步。同時，實體主觀權利被注釋學者界定為實體法的基礎。主觀權利顯示為訴的直接原因（Causa Proxima）。這種理解被羅馬法典注釋者視為理論上的基礎觀點。自此時起，無論在什麼領域，在來源上引起一個訴，這個訴必須基於一個 Ius。根據這種區分方式，訴訟類型的區分在來源上經過注釋學者的思考被轉換為實體主觀權利。這尤其適合於在對物之訴與對人之訴之間所作的重要區分。[36]

法國法學家 Doneau 將主體的一般權利定義為「屬於每個個人的權利」，以及將主觀權利表明為「歸屬於權利的能力和支配力」。Doneau 的這種解釋符合權利概念的淵源文本。Paulus 給正義定義即「個人應得的權利」。正義是給每個人屬於他自己權利的永恆意志。[37] 然而，Doneau 進一步探討了為何私法應該被建構為一個主體的實體權利體系而不是訴訟體系。他還涉及到私法與公法相對比的基本定義。因此他得出結論，正是在私法中，權利是以個體方式對待的，每一個權利都是自己的。這種法律理論的思考方法服從於這樣的觀點：私法必須被理解為個人私權的學說。Doneau 認為 Gaius 將訴訟作為一個專門部分是一個錯誤。訴只不過是作為個人主觀權利的附屬物：法律補償，即救濟；它是對個人私權的保護，

33　例如，Paulus 對 Usus Fructus（慣例、習俗）的著名定義。參見 Digesta7.1.1. 譯自 Coing, a. a. O., S. 12.

34　Codex 4. 35. 21. 譯自 Coing, a. a. O., S. 12.

35　Coing, *Zue Geschichte des Begriffs „subjektive Recht"*, S. 11-12.

36　a. a. O., S. 13-14.

37　Digesta1.1.10. 譯自 Coing, a. a. O., S. 15.

因此不應將訴訟作爲法律體系的專門部分，個體性的訴邏輯上是個人實體權利的體現。從此觀點出發，Doneau 然後定義主觀權利與訴的關係，即訴是「每一個權利的一部分」。注釋學者是將 Ius 與 Actio 並立排列的。Doneau 已經將訴包含於主觀權利之中。[38] Doneau 的體系在十七至十八世紀具有相當大的影響。

在主觀權利觀念的發展中，啓蒙運動的法律思維由理性主義自然法決定。使自然法體系化的學者沒有受特定實證法來源的束縛，他們通過歷史權威純粹思辨地和自由地發展法律體系。更重要的是另一特點：啓蒙運動的自然法學說是一種社會自由哲學。從此時起，主觀權利是根據個人人格自由的道德價值觀加以理解的；它是這種自由、自由權的表達。到那時，主觀權利理論成爲私法教條（Dogmatik）的組成部分。主觀權利學說成爲一種方法，它闡述了這樣的觀點：私法被理解爲個人在社會中的自由的源泉。在十八世紀，私法在靜態上被理解爲主觀權利體系，在動態上是作爲創設和變更權利的人的行爲的思考方向。[39]

十九世紀，Pandekten 體系的出發點是將法律關係概念作爲法律上規制的生活關係。Savigny 根據自由定義主觀權利。他說：「如果我們關注圍繞和遍布現實生活各個方面的法律狀態，我們首先看到的是每一個人所享有的意志力，一個由他們的意志支配並與我們的支配一致的領域。我們稱這種權力爲該人的權利。它與權限意義相同，許多人稱之爲主觀意義上的權利。」法律的本質在於爲個人意志指定一個領域，在此領域裡，個人意志獨立於所有其他人的意志而處於支配地位。相應地，人被理解爲具有權能的人，與哲學上人的概念緊密相關。根據 Savigny，主觀權利只能通過人的行爲才能創設和變更。[40] 這意味著主觀權利純屬個人意志支配的範疇，即主觀權利是一種意志力；主觀權利須與個人行爲結合才能產生具體

---

38 Coing, *Zue Geschichte des Begriffs „subjektive Recht"*, S. 15, 16.

39 a. a. O., S. 17, 18.

40 Coing, *Zue Geschichte des Begriffs „subjektive Recht"*, S. 19-20. Savigny, *System des heutigen Römischen Rechts* I (1840), S. 7, 333.

權利；主觀權利在法律關係中具體化爲個人權利。

　　從上文可以看到，Coing 從 Ius 概念[41]所包含的「主觀理由」意思中發現了主觀權利。這是一個相當準確的見解，因爲：I. Ius 是自然法，因此從 Ius 概念中可以演繹出自然人的人性尊嚴和人格概念；從人性尊嚴和人格概念中可以演繹出主觀權利概念。II. Ius 包括整個法律體系，既有私法也有公法。因此通常所說的主觀權利的作用範圍全部存在。由此也可以知道，在羅馬法中，主觀權利既作用於私法也作用於公法。III. Ius 是一個權利體系，包括抽象權利和具體權利、實體權利和訴訟權利、自然權利和法律權利。由於個人是權利體系的載體，因此在權利體系中，主觀權利是個人的內在終極權利，自然權利是個人的外在終極權利。個人根據主觀權利即認知自然權利的權利將屬於自己的權利變爲法律和事實上享有的權利。

　　在行政法學中，特別是在行政訴訟實務中，主觀公權利概念是通行的概念。主觀公權利被理解爲個人經由公法規範所承認的權利地位而可以要求國家作爲或不作爲的權利。建築法、環境法上的相鄰人訴訟，經濟公法、公務員法上的競爭者訴訟，其中第三人的權利和利益是否遭受侵害是主觀公權利議題的核心問題。在雙方法律關係中，有「相對人理論（Adressatentheorie）」決定當事人有無訴權。當相對人理論不能適用時，保護規範理論特別能夠發揮作用，是適合於討論主觀公權利的基本理論。[42]從本教程在前面的論述中可以看到，在理論探討和實務應用中，無

---

41 Ius 這個概念是一個法律系統，包括思想。Ius 指涉：一個法律體系或一部包括各個門類的法典；法律的精確實施和解釋；合法律性和立法的有效性；專門法律部門或法律體系包括市民法、萬民法、私法、公法、執政官的法令；法典的具體規定，一個法律、規則或法令；制定法律或規則；裁判官具有約束力的決定，司法判決；就法律問題作出決定；執行審判；法律訴訟；宣誓的確定程序；執行法律的地方或中心（Millieu）；合理和公正的事物，法律原則，平等，權利，訴訟或辯護的公正裁決；各種不成文法包括普遍認可的行爲準則或規則，慣例，自然法；既定社會關係中產生的義務、約定或要求；法律賦予的東西，一個人的權利、應得、特權等，權利和授權的根據或理由；做某事或擁有某物的權利；關於法律，特別是關於個人、城市、共同體享有權利和行使權利的立場；由法律賦予的對其他人、機構的權利，法律範圍外的對他人、機構的權利；一個人的自我控制和自主性。參見 *Oxford Latin Dictionary*, pp. 984-986, Edited by P. G. W. Glare, Oxford At The Clarendon Press, 2009.

42 Hufen, *Verwaltungsprozessrecht*, 7. Aufl., München, 2008, § 14 Rn. 60; Schenke,

論主觀公權利這個概念的具體指涉是什麼，這個概念本身是有疑問的，是應該否定的。

3. 主觀權利的地位

在一個法律體系或法律秩序裡，主觀權利的地位如圖所示：

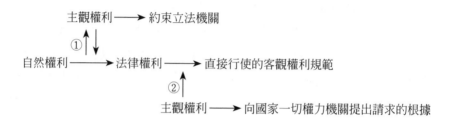

一個法律體系的底座就是權利體系，即通常所說的基本權利體系。法律體系中的其他一切內容都是從基本權利體系中產生的。這已是公理性的常識。這個基本權利體系包含自然權利、主觀權利和法律權利，因而是一個完整的權利體系，可以產生完善或基本完善的法律秩序。通過這個結構可以認識到：第一，主觀權利與自然權利一樣，先於國家及其法律制度而存在。主觀權利是個人與生俱有的自然權利。主觀權利是法律制度外的個人自然權利，通過法律制度的承認和保護。第二，主觀權利是個人認知自然權利的意識和能力。正是因為主觀權利是一種認知能力，故主觀權利也是民事行為能力理論的基礎。第三，主觀權利是請求權的直接根據。根據主觀權利的請求權可以指向立法機構、行政機構、司法機構，也可以針對個人權利或利益。

在①的位置上，主觀權利既是一種自然權利，同時又可以認識自然權利。在這個位置上的主觀權利的功能是：第一，潛在地約束立法機關，促

Verwaltungsprozessrecht, 12. Aufl., Heidelberg, 2009, Rn. 510ff.; Sennekamp, in: Fehling/Kastner/Wahrendorf Hrsg., *Verwaltungrscht*, Baden-Baden, 2006, § 42 VwGO Rn. 60. Citing from Wolfgang Kahl, *Das subjektive öffentliche Recht im deutschen und europäischen Verwaltungsrecht – Stand, Entwicklung, Perspektiven*, 載《台大法學論叢》，第 40 卷第 2 期，第 3 頁。

使國家的立法機關盡可能地實現自然權利，即在立法中將個人的自然權利轉化爲法律權利；促使由立法機關產生的法律體系尊重個人的權利和自由；相應地，一切國家制度系統及其動態的秩序也因其基本權利體系符合自然法而符合自然秩序。無論主觀權利的概念是否出現在憲法和法律條文中，只要法律權利盡可能地實現了自然權利，該法律權利體系中都包含著主觀權利。比如，人性尊嚴和人格等抽象價值和概念就是主觀權利的根據或體現。換言之，如果一個法律體系和權利體系的構成能夠認可國民的自然權利，那麼主觀權利就在其中。第二，促使適用法律的機關不忽視法律體系和權利體系中所包含的主觀權利，因爲國民可以根據法律體系和權利體系中的抽象價值請求適用法律的機關爲和不爲特定的行爲。正是由於在立法上已盡可能地將自然權利轉化爲法律權利，適用法律的機關才能夠尊重國民的人性尊嚴和人格等基本權利，因爲根據法律規定和權利規定適用法律就是實現了國民的自然權利和主觀權利。

　　主觀權利的這種功能實際上是法律技術功能，因爲主觀權利觀念具有目的論的必然性。事實上，一個法律體系不僅作爲一個整體包含著身在其中的個人的利益，而且也包含個人的準則，它的有效性依賴於個人的意志，這就必然導致主觀權利的觀念形態。個人意志作爲準則不只是意識內容，而是一種主觀權利。「有權」意味著它能爲客觀的法律提供潛在標準，因此，主觀權利在事實上具有規範性的約束力。[43]

　　在②的位置上，主觀權利通過請求權發生作用。在這個位置上的主觀權利的功能是：第一，完善法律體系和權利體系。由於立法者和個人對自然權利的認識和認知都是一個不斷深入的過程，因此法律體系和權利體系都是需要不斷完善的。在這個層面上，個人和公民團體可以根據主觀權利請求國家立法機關立法和修改法律，以使法律體現和權利體系不斷地完善而符合基本權利體系的要素和要求。第二，阻止和對抗惡法。當出現惡法時，主觀權利就是要求立法機關廢除或修改惡法的直接理由和根據。個人

---

[43] *Das subjektive Recht als Normsetzungsbefugnis*, Tübingen, Mohr/Siebeck, 1965, S. 20.

和公民團體不僅可以積極地直接行使主觀權利向國家提出廢除和修改惡法的建議，而且可以拒絕惡法的約束，直接根據自然權利行動。第三，請求司法機關保障個人的自然權利。如果法律已有規定，國民可以根據法律規定要求司法機關保護個人的權利。在這種情況下，請求權的根據仍然是法律上的權利而不是根據主觀權利，換言之，根據法律規定的請求權，與主觀權利沒有直接關係，但並不是說法律規定中沒有主觀權利成分，此時法律規定中所包含的主觀權利是①的位置上的主觀權利。這個解釋與行政法學的通說和行政訴訟實務中的通行觀點完全不同。這樣理解完全符合主觀權利這個概念的來源和本質。如果主觀權利的行使須以客觀法爲根據，那麼作爲一個概念的「主觀權利」中的「主觀」的來源和承載者就不是權利主體個人而是立法機關。這顯然違背邏輯。長期以來，行政法學理論和行政訴訟實務都認爲行使主觀權利必須具有法律依據，這是不正確的。這可能是因爲這種認識認爲「權利」一定是法律上的，但是，如前所述，主觀權利是一個概念，個人主觀上的東西可能是與法律一致的東西，也可能是與法律不一致的東西。個人主觀上的權利成爲法律上的權利和個人事實上的權利需要通過法律機制，而其前提是個人能夠根據自己的意志行使主觀權利。

　　德國法院在一個判例中根據原告的請求創設了「視覺舒適感」的權利。原告訴稱鄰居圍牆的顏色損害了原告的視覺，要求法院判令被告更改。法院支持了原告的訴訟請求。這個判例以及所確認的原告的這項權利清晰地說明：第一，主觀權利是個人認知自然權利的意識和意志，它既可以實現個人的程序權利也可以實現個人的實體權利，既可以實現個人的物質權利也可以實現個人的精神權利。第二，根據主觀權利的請求權（也就是訴）所指向的對象不是法律上已經規定的權利。如果按照行政法學的通說和行政訴訟的通行觀點，原告沒有起訴權，因爲法律沒有規定。如果法院以此理由拒絕原告的請求，那麼實際上等於否定主觀權利。第三，主觀權利是補充法律權利的根據。如果立法機關將「視覺舒適感」作爲國民的一項權利通過法律確定，那麼這項權利就是根據主觀權利產生的。第四，

主觀權利的行使可以判斷一個法律體系有無主觀權利。如果根據法律明文規定才可以行使的權利，那麼無法判斷這權利是否爲主觀權利。第五，主觀權利不必分爲主觀公權利和主觀私權利。「視覺舒適感」既是公法上的權利（因精神愉悅而產生的勞動積極性），也是私法上的權利（因精神愉悅而產生的勞動利益）；兩者是同一個權利。第六，個人的主觀權利須與一個具體的行爲即請求權結合才有可能成爲法律上的權利和事實上的權利。

　　綜上，主觀權利概念具有重要意義：I. 一方面，主觀權利是人之爲「人」的倫理人格主義在法律體系中的應用。認可主觀權利即承認個人的自由意志。另一方面，主觀權利確認個人對於法律制度的主動地位，發揮完善法律制度的主動功能。主觀權利足以使個人知道自己在法律上的地位。II. 通過請求權，使權力機構創設客觀法規範，彌補法律制度的不足。III. 通過請求權，維護個人權利或利益，即使法律規範沒有直接和明確的保護。在這一面向上，主觀權利的功能正是它不需要客觀法根據就可以行使請求權。如果提出請求權必須具有客觀法根據，那麼，創設主觀權利的概念就是不必要的，因爲提出請求權是根據客觀法而不是根據主觀權利。同時，如果請求權具有客觀法根據，也就不必直接與主觀權利聯繫起來，因爲主觀權利在產生立法權時即已行使、在立法機關制定的法律中即已實現。如果將客觀法上的請求權規定理解爲主觀權利，那麼等於將主觀權利等同於請求權，這無疑縮小了主觀權利的範圍。對「主觀權利是受法律制度保護的權利」的理解應該是：法律制度允許個人基於主觀權利提出請求，無論在什麼領域，無論以何種形式，請求權都是受法律制度直接保護的權利。主觀權利受法律制度保護等於法律制度保護人之爲人的人性尊嚴和人格這樣的抽象權利。

第二章　依法行政原則

　　在正當性基礎上產生的行政權在運行中須遵守一定的原則。在行政法學中，通常將依法行政原則作爲行政權運行的首要原則。

一、依法行政的自然哲學基礎

　　自然哲學的地位可以這樣概括：一切科學的原理和原則都是從自然哲學中產生的。按照現在的通行觀點，科學與哲學是兩個不同的領域，科學是指自然科學，哲學屬於社會科學。根據這種觀點，自然哲學只能是關於自然科學的哲學。但是，根據自然哲學，科學與哲學屬於同一領域；科學也不區分爲社會科學和自然科學。科學是從自然哲學中直接演繹出來的，因此，科學是自然哲學的下位概念。法學作爲科學也是演繹自自然哲學；法學的基本原理和原則根植於自然之中。[1]自然哲學對於依法行政原則的意義不僅在於依法行政之法存在於自然之中，而且在於受自然法則支配的自然秩序是行政權和依法行政原則運行的根據。

1.自然秩序與法律秩序

　　法律秩序與自然秩序的關係是：自然秩序是法律秩序的原型，法律秩序是自然秩序的摹本。這種關係可以從自然秩序的特性中看到；這種關係也是從自然秩序的特性中演繹而來的。

1.1 自然秩序的特性

　　自然秩序的特性是正當性。自然秩序的正當性體現爲自然的正義性和自然的比例性。

1　關於法學與自然哲學的關係，參見戚淵，《論立法權》，五南圖書出版公司，2019 年。

1.1.1 自然的正義性

　　自然的正義性是古希臘自然哲學家從自然的倫理性中發現的。自然的正義性體現爲自然的目的性、自然的合理性和自然的必然性。

　　自然的目的性是指自然的各個構成部分以某種方式發生是爲了某個目的形成的；然後，作爲一個必然結果，結合得很適當的事物就能生存下來。因此，由於自然而生成和存在的事物都是爲了某個目的；並且自然事物在任何情況下都是趨向於一個最好的目的。[2] Aristotle 充分地用目的因原理解釋自然關係以及自然事物生成、生長、存在和發展的進程。自然宇宙中存在的一切事物不僅各自具有確定目的地生成生長，而且自然宇宙整體也趨向於合目的地生成生長。這就是自然理性和自然正義。自然的目的性將自然的因果性包含於自身中。自然的因果性只是自然的一種機械關係，它不能解釋自然事物的完整特性。比如，植物本身的生長可能明顯地體現爲因果性，但植物生長與動物生長卻體現爲互爲目的性。自然的目的性原理對人的活動具有重要意義，它爲人的活動提供了認識論前提。人對自然的先天地經驗性反映是根據自然的規律認識自然事物，而自然的目的性是建立在自然的規律性基礎之上的。自然的目的性就是自然的規律性。也就是說，自然是根據自然法則運行的。因此，自然的目的性對人的認識活動存在著約束功能。自然的目的性就成爲人的行動的構成性原則，它要求人的行動和目的與自然的目的性一致。

　　自然的合理性是指自然的內在合理性。自然中的各種事物按照目的一致地存在和發展，從而構成一種特有的合規律性。這種合規律性就是自然的內在合理性的體現。自然的合理性基於自然的有機性；自然中的有機物的相互作用的方式、作用的程度、作用的範圍等都是自然的，或者說是具有規律的，都遵循著特定的自然法則。自然的內在合理性也體現爲自然以系統存在的特性。古希臘自然哲學家認爲，正義源於具有互惠性的整體。自然的內在合理性還體現爲自然爲秩序存在的特性。自然呈現爲一個有序

2　Aristotle, *Physics*, 199b33-34, 199a7-9, 198b29-31. Translated by William Charlton, Oxford: Clarendon Press, 2006; Aristotle, *Genesis of Animals*, 789b4-5, London: W. Heimemann Ltd., 1953.

和有目的的整體顯示各自然物的內驅力也是有秩序和有目的的。因此，秩序是自然內在合理性的外在表現。自然本身具有價值規範的意義。不僅自然本身的價值規範是依法行政之法的終極根據，而且自然本身的價值也動態地約束行政權和依法行政原則的運行。

自然的必然性是指自然是必然合乎理性地存在，其本質必然地直接地蘊涵著它的存在。自然宇宙的必然性體現為自然生長的必然性，以及自然宇宙中的自然物總是表現出系統地持續生成與運動狀態，而不是處於可能發生或可能不發生的狀態。自然的必然性也意味著自然宇宙為普遍規律所決定。這些普遍規律就是自然法則構成的整體。冬去春來、生物同類相聚、原子輕重有別的運動方向、冰雪在一定溫度下融化都是包含著必然性的自然法則。這種必然性揭示著事情必然地以這種方式發生。自然的必然性是存在於自然中的各種事物之間的必然聯繫。人類作為自然宇宙的一部分，人類事物也從屬於自然的必然性。因此，依法行政也受自然的必然性約束。

1.1.2 自然的比例性

自然秩序為一整體性秩序，而整體總是由部分構成的。整體與部分的關係是一種比例關係。在自然秩序中，整體與部分的運動遵循一定的規律而形成和諧的秩序。因此，自然比例性包含整體、規律與和諧三個要素。行政權的運行遵循基本權利和憲法與法律、作用於國民整體、促進社會和諧。因此，自然的比例性所包含的三個要素也是依法行政應該考量的要素。

古希臘自然哲學家認為，宇宙是自然生成為一個整體的有機生物。在其中各自然物都遵循著相同的確定的法則而形成秩序。自然宇宙中的一切事物作為整體的各個部分都是以整體為最高和最後目的而發揮其各自的功能。在自然秩序中這種功能是關係性的。各部分的價值由其對整體的功能所決定。比例性存在於整體之中，比例性也存在於關係結構中。

自然的比例性也呈現為規律性。自然秩序既是自然的規律性的內在作

用而形成，也是自然的規律性的外在反映。自然的規律性以比例性爲其本質特徵，因爲比例性就是理性與合理性。這一原理不僅適用於有機物系統，而且也適用於無機物系統。自然中不同生物（植物、動物、人）基於它們共同的原始類型由各自的內在驅動力合比例地、合規律地從低級向高級進化。宇宙中的各層間的天體也是成比例地運行。人類的認識一方面應該符合自然的規律性，另一方面可以通過自然的規律性把握自然存在和變化的比例性。

　　比例意味著一種關係的存在。比例是兩個以上的事物之間的相應關係所構成的靜態和動態。各事物合比例地存在是一種靜態的和諧；各事物合比例地運動是一種動態的和諧。自然的和諧就是各自然物和自然的各個部分根據其所具有的理性或目的性合比例地運動、生長而體現爲一個有機整體，比如，太陽、月亮與行星在宇宙中的運動就是合比例地運動；森林、草原、動物等在地球上生長就是合比例地生長。

1.2 法律秩序——自然秩序的摹本

　　古希臘自然學家在觀察和認識自然宇宙時發現自然宇宙萬物的生成、生長、存在與發展都源於一個始基或本原。對於萬物的本原，自然學家們各有各的認識，但無論本原爲何物，其存在是永恆的這一認識則是自然學家們一致的認識。本原是自然宇宙秩序的基礎。自然學家們家於是認識到自然宇宙中存在永恆不變的法則支配著萬物運動，從而形成秩序。智者學派和 Sokrates 從這一物理學眞理中認識到，同樣存在一種被永恆不變的自然所決定的約束人類自己行爲的事物。這被視爲希臘倫理學的開端。斯多葛學派將「與自然一致地生活」作爲倫理的積極內涵，作爲一個法則。在他們看來，自然是普遍的自然，在這個意義上，自然持續地產生宇宙力，具有按目的活動的宇宙意識，即 λογος（邏各斯）；根據這個涵義，人的道德應該從屬於自然法則，服從於具有永恆必然性的宇宙進程。[3]因此，從自然學家們所揭示的產生自然秩序的本原中，可以找到法律秩序的根

3　Windelband, *Lehrbuch der Geschichte der Philosophie*, S. 63. S. 143-144. Tübingen, 1924.

基：自然正義。

　　早期的希臘自然哲學將人和社會以及一切社會準則都視爲屬於 Physis（自然）領域的，將人和社會視爲自然的組成部分，並認爲宇宙的生成、動植物的產生、人的結構以及人的認識能力和社會生活等都是自然的。在自然聚集的共同體中形成了一種 Nomoi；Nomoi 就是共同體中的風俗習慣。在那時，社會準則、風俗習慣、倫理規範之類的東西都包含在 Physis 概念中。在城邦產生之前，Nomoi 和 Physis 共同維繫共同體的社會關係。[4]

　　古羅馬的法學家將法律分爲私法和公法。私法的特點在於自然形成；私法的起源與家庭、村莊或氏族、城邦的起源具有相同的基礎即個體生存需要、相同的性質即自然性、相同的過程即自然進程。因此，私法自治原則之所以是私法的首要原則就是因爲該原則是自然秩序在人類社會中的體現。公法雖然具有人工製品的特點，但通過 Democritus 的原子論可以知道，公法也是基於自然賦予個人的自然性。自然秩序之於公法也具有與私法相同的意義。在公法體系中，自然賦予個人相同的自然性具體地體現爲政治平等；符合自然秩序的政制就是具體地體現爲基於政治平等的政治秩序。在古希臘城邦政制和羅馬公法體系中，政治平等不僅作爲思想而且作爲體制存在。主權在民原則之所以是公法的首要原則是原子論思想的反映，亦即自然秩序對公法體系的基本要求。

2. 法律優位的根據

　　法律優位，亦稱法律優位原則，是指立法機關制定的法律具有優越的地位，行政機關在行政時須遵守立法機關制定的法律，行政命令、行政決定、行政處分皆不得抵觸法律。本教程認爲，法律優位原則是作用於立法權與行政權之關係的一個原則，是用於強調依法行政原則的一個原則。這個原則是對依法行政原則的表述，因此，法律優位只能與依法行政原則作

4　Guthrie, *A History of Greek Philosophy. The Fifth-Century Enlightenment*, vol. III, pp. 55ff, Cambridge University Press, 1969.

對等的解釋。第一，這個原則中的法律與依法行政原則中的法具有相同的內涵與範圍。其中，依法行政的根據，如基本權利本質內容，都是法律的內涵。換言之，即使立法機關的制定法沒有包含某一項基本權利本質內容，行政機關也可以直接將基本權利本質內容作為依法行政的根據；立法機關不能認為此超越了法律優位原則。第二，當行政機關需要根據行政目的行政時，特別是當根據行政目的行政所產生的法益高於立法目的或法律本身時，行政行為也應該被視為符合依法行政原則。這樣解釋依法行政原則可以使法律優位原則更具有正當性。法學中通常將基本權利本質內容和行政目的都作為依法行政原則的內涵或行政機關行政的根據，亦即法律的內涵，雖然往往也將基本權利、法律、行政目的分別表述。依法行政原則的地位也就是法律優位原則的地位。法律優位具有如下理論根據。

2.1 契約論

契約論包括社會契約和政府契約論。契約論源於自然狀態的假設。Locke 認為，自然狀態擁有自然法發揮統治作用；自然法迫使人人遵守它；而理性，即這種法，教導只顧及它的所有人。自然狀態也是一種自由狀態，但不是放縱的狀態。自然狀態也是人人平等的狀態，一切權力都是相互的；無人享有多於他人的權力，不存在從屬或受制於他人的關係狀態。人們無差別地同等享有自然所具有的一切。在自然狀態中，基於自然的平等是明顯的和不容置疑的。[5]Rousseau 認為，在自然狀態下，既無國家和法律也無私有財產，更無奴役和被奴役的現象，人們過著孤立、自由和平等的生活。[6]人們只受自然法則或自然法的約束。但是，在自然狀態中，人們往往缺少一個確定的法律作為判斷是非的標準，也缺少對爭執作出公正裁判的裁判者。因此，人們需要讓與部分自然權利交由整個社會，而社會全體由此產生了兩個功能：決定什麼是對自然法的違反；如何懲罰

---

[5] John Locke, *Two Treaties of Government*, pp. 269-271, Edited with An Introduction and Notes by Peter Laslett, Cambridge University Press, 1988.

[6] Rousseau, *Discourse On the origin and Foundations of Inequality among Men*, Bedford/St. Martin's, 2011, pp. 81-85.

對自然法的違反。根據契約產生的社會，大多數具有全體的權力，因而大多數的行為被認為是全體行為，自然就具有了決定權。[7]Rousseau 認為，在自然狀態中，每個個人為了生存所運用的力量已使自然狀態不能維持下去，於是要找到或建立一種聯合形式，以實現個人的權利和自由。基於契約而形成的公意是這種結合形式的基礎。而公意的成文化就是法律。[8]契約論是法律上的代議制的思想來源，也是主權在民原則的理論基礎。根據契約論產生的立法機關是制定法律的唯一國家機構，因此，法律是人們締結契約的產物。

2.2 民主論

　　法律優位與民主的關係表現在兩個方面：制定法律的立法機關是根據民主原則產生的；法律本身也是基於民主原則產生的。民主的核心價值是政治平等。民主的基本原則是多數決定。政治平等是個人的自然權利，是先於國家和立法機關的權利，是產生國家和立法機關的基礎。也就是說，政治平等是國家和立法機關只能認可而不能限制和剝奪的權利。政治平等意味著每一個國民都具有同等的政治地位，每一個選民都具有一個平等的投票權，每一張選票都具有同等的價值。立法機關根據民主原則產生就是組成立法機關的立法者是由全體選民通過直接和普遍的選舉而產生。立法機關根據民主原則制定法律也就是法律是根據多數決定產生的，而多數決定意味著法律是多數民意的反映。民主是保證法律具有優位地位的必要條件。

　　根據民主原則產生的法律具有優位的地位，實質上是民主以及基於民主而表達的民意具有優位的地位。行政機關依法行政實質上就是根據民意行政。這個原則對行政機關的約束本質上是由選民施加的；立法機關只是代表選民實施這個原則所具有的約束力。

7　Locke, *The Second Treatise of Government*, § 95, 96, 97, in *Two Treatises on Civil Government*, Macmillan, 1956.

8　Rousseau, *The Social Contract*, Peter Eckler, Book 1, cha. 6; Book 2, cha. 6; 1893.

2.3 分權論

分權論是指國家權力由各個不同機構分別行使，相互制衡。現代國家的分權論是由 Mondesquieu 創立的。Mondesquieu 將國家權力分爲立法權、行政權和司法權，並將其賦予不同機構。根據他的見解，這三種權力不僅需要分立，而且需要互相聯繫，互相制衡。Mondesquieu 認爲，立法權代表一般意志，應由人民全體享有；人民通過其代表制定法律。行政權執行國家的意志，服從法律。司法權由法官行使，對法律負責。[9]分權論是立法權、行政權、司法權相互制約的關係理論。法律由立法機關制定，行政機關執行法律；當根據多數決定產生的法律，以及根據法律行政侵犯了少數的權利時，司法機關行使保護少數權利的職能。法律優位原則在分權論中具有在契約論和民主論中同等的地位，因爲立法機關代表全體民意，法律是全體民意的反映。而行政機關依法行政也被視爲執行全體人民的意志。分權是法律優位的保障，也是保證依法行政原則有效實施的國家制度。

二、依法行政原則

依法行政原則亦可稱爲行政合法性原則，是指行政機關須根據法律行政。在行政法學中，對依法行政原則的內涵的理解基本相同。比如，A. V. Dicey 的法律主治論，法國的「行政合法原則」，等等。

1.依法行政原則的內涵

1.1 法律主治論 [10]

法律主治論是英國憲法學家 Dicey 教授的學說，是英國憲法的基本原理。其意思是法律至上；法律至上是「巴力門（Parliament）」主權的同

---

9 Mondesquieu, *The Spirit of Laws*, pp. 156ff, translated from the French by Anne M. Cohler, Basia Carolyn Miller, Warold Samuel Stone, Cambridge University Press, 1989.

10 Albert Venn Dicey, Introduction to the Study of the Law of the Constitution, 10th ed., London: Macmillan, 1959.

義語。巴力門主權是理解英國法治的關鍵。巴力門主權原則意味著巴力門擁有無限權威制定法律，約束行政與司法。任何個人或團體都無權推翻巴力門的立法。巴力門的立法權只受主權本身限制。這是英國憲法的第一個特徵；第二個特徵是國家根據法律治理，即法治。第三個特徵是憲法慣例具有法律效力。通常將 Dicey 的法律主治論概括爲三個原則：I. 法律絕對至上原則；此原則主要是爲了保障人民的自然權利與自由，排除行政特權與專斷權。任何人的行動非依法律不受限制。根據 Dicey 教授的意思，法律至上意味著在英國政府中沒有一個人運用特權和專斷權。II. 平等原則；此原則的內涵是，在英國，不但無一人在法律之上，而且每一人都須服從國內所有普通法律，並受普通法院管轄。Dicey 教授認爲，法律平等在英國已達到極大程度：所有在職官員，上至內閣首相，下至徵稅官員，與平民一律平等。III. 憲法一般原則產生於普通法院的判例；此原則的內涵是，英國憲法由普通法院的判例累積而成，它們既是普通法院保護個人權利與自由的結果，又是個人權利與自由的淵源。巴力門的制定法和普通法院的判例都是行政機關行政的根據。

1.2 行政合法原則 [11]

「依法行政原則」在法文中表述爲「行政合法原則（Le principe de la légalité administrative）」，其理論基礎是 Montesquieu 的分權論和 Rousseau 的國民主權論。法律是人民總意的體現。法治意味法律優位和法律統治。根據權力分立原則，行政機關只服從法律；法律包括國會制定的法律、行政機關具有法律效力的命令、授權政令等。行政權包括總統及內閣的職權。行政權的行使除須根據法律及具有法律地位的命令外，也受行政法院的約束。行政作用合法與否，不論其爲行政命令還是行政處分，都是越權訴訟的範圍。法國憲法學家 Léon Duguit 以社會連帶理論爲出發點，認爲立法、行政、司法均應受客觀法與主觀權利約束；它們之所以具有約束力，並非始於國家意志，而是基於社會連帶之必要而產生，統治者

---

11 城仲模，《行政法之基礎理論》，第 8-10 頁，三民書局，1999 年。

與被統治者應同受法律支配。故行政特權並不存在，行政權的行使須符合法律。

綜上可知，依法行政原則的內涵較爲固定，對其的認識無太大區別。但是，當法律缺乏實質標準時，行政機關如何處理形式合法性與實質合法性的問題，行政法學對此也有較多討論，通行的觀點認爲，行政除須以形式法律爲根據外，尚須受實質法律的支配，包括法的一般原理、公益、行政目的等等。這些支配行政的根據實際上已超出依法行政原則的範圍，

因爲依法行政原則實際上就是要求依據法律行政。本教程在下一節將基本權利與憲法作爲依法行政之法的範圍，是因爲基本權利和憲法對立法機關具有約束力，其中一些內容是先於立法的，因而它們對制定法律本身具有約束力，當然也就是依法行政之法的內容。本教程認爲，當法律缺乏實質標準而導致行政機關不能作爲行政的根據時，行政機關可以提請司法機構解釋，可以提請立法機關修改或廢止。這仍然是在依法行政原則的範圍內行動。但是，當行政機關面臨應急狀態或追求更大的法益時，行政機關便可以根據基本權利、法的一般原理，以及行政目的等行動。

2. 依法行政之「法」的範圍

在依法行政原則中，通常將法律作爲依法行政之法的內容，因爲法律出自立法機關。本教程認爲，效力位階高於法律的內容都是依法行政之法的內容，因爲這些內容的效力約束制定法律的立法機關，當然也約束執行法律的行政機關。同時，這些內容都是法律的根據，有的內容是立法機關只能認可而不能改變的，比如基本權利體系中的本質內容，它們是法律體系的基礎；有的內容的直接民主性高於法律，比如須經過全民公投通過的憲法；有的內容整體性地約束國家及其權力機構，比如國際人權法等。因此，在論述依法行政原則時，不能忽視這些內容的效力。

2.1 基本權利

基本權利體現一個國民在國家基本政治、經濟、文化生活中的地位，

體現國民與國家的基本關係。實際上，基本權利已經規定在憲法和法律中，將基本權利單列為依法行政之法的內容，是強調基本權利的效力位階高於憲法和法律，更重要的是，基本權利的本質內容對立法機關本身具有約束力，是先於立法的存在。

2.1.1 基本權利的特性

基本權利具有如下特性：I. 不可或缺。基本權利是一個自然人不可缺少的。如果缺少基本權利，自然人就只能是生物意義上的人，而不能成為倫理意義的人。II. 不可取代。基本權利構成法律體系的基石，對一個法律體系的建立具有不可取代的作用。基本權利不僅是法律和法律體系的基石和來源，而且法律體系中其他一切權利都是從基本權利派生而來的。III. 不可轉讓。基本權利是個人的自然權利，是個人在國家和社會中生存、生活的基礎。如果讓渡基本權利，個人就不能成為法律上的主體，而只是純粹的客體。IV. 先於立法。基本權利是個人的自然權利，先於立法而存在。立法機關只能認可而不能修改或廢除。因此，基本權利應當穩定地存在於一個法律體系中。即使一個法律體系中沒有基本權利，或者沒有構成完整的基本權利體系，基本權利也是存在的，因為基本權利對於自然人而言是與生俱有的，個人享有基本權利以基本權利屬於個人為根據。

2.1.2 基本權利的內容

基本權利主要包括：I. 人性尊嚴。人性尊嚴是人類生存與發展的價值基礎。它具有最高的法律位階；它不可剝奪、不可限制、不可侵犯、不可讓與、不可放棄、先於立法；它是人的自然屬性，不分性別、年齡、種族、宗教，也不因個人的主觀條件不同而有所差別。II. 自由權，主要是人身自由、居住自由、遷徙自由、通信自由、宗教信仰自由、言論自由、出版自由、結社自由、集會自由、罷工自由、良心自由。自由權是國民為自由地發展個人人格，在一定範圍內不受國家干預且國家負有保護義務的權利。在成文憲法出現之前，這些自由權就不同程度地存在，為人們所享有。III. 參政權，主要有選舉權、創制權、罷免權、請願權、公決權。參

政權是國民作為國家成員以主動地位參與國家政治權力行使的權利。參政權是直接或間接參與國家管理的權利。IV. 社會權，主要有生存權、勞動權、受教育權、職業自由、環境權、社會救濟權、物質幫助權。社會權是國民要求國家行使某種權力、國民由此獲得應受利益的權利。大多數國家的法律體系都將國際人權法的內容作為立法的基礎，因此，國家的法律體系在價值取向和具體內容上是與國際人權法體系一致的。

2.1.3 基本權利的效力

首先，基本權利的效力約束一切國家權力，這意味著國家各個權力機構在行使權力時須尊重國民個人的基本權利；國家各個權力機構的權力行為不得抵觸基本權利的約束力；國家各個權力機構的活動應有助於國民實現各種社會經濟文化權利。其次，基本權利可以作為法律被直接適用。這意味著基本權利是行政機關依法行政的根據；行政機關在作出行政命令、行政決定、行政處分時可以援引基本權利作為根據，如同一般法律條款那樣。第三，基本權利的效力也約束行政機關與相對人之間的具體關係。也就是說，當行政機關與相對人發生法律關係時，須受第三方的基本權利的約束。

將基本權利作為依法行政的根據可以提高行政機關行政的質量，因為基本權利的效力位階總是在法律之上；可以保證行政機關依法行政，因為行政以基本權利為根據是依法行政的前提，以基本權利為根據使行政機關可以避免出現違法行為；可以使行政機關充分地為國民實現基本權利，因為以基本權利行政本身就是實現基本權利；可以彌補法律條款中的瑕疵和缺陷，使行政機關執行法律既不致於對社會或國民造成損害，而又不損害依法行政原則，因為基本權利對行政機關也具有與對立法機關相同的約束力。

2.2 憲法與法律

憲法和法律是依法行政之法的當然內容。

憲法的出現是民主運行的結果。憲法是用來規定一個國家的權力來

源、基本的權力—權力關係和權力—權利關係的所有規範、規則、原則、慣例及自然正義法則。從這個定義可以看到，憲法通過幾個層次約束行政機關依法行政：行政權來源於憲法確立的民主制度的運行，行政權的運行須服從於民主制度；憲法確立了行政權與立法權和司法權之間的制衡關係，保證行政權在國家層面上受到制約；憲法將行政機關與國民的關係確立在以基本權利爲本位的關係結構中，從而確立了依法行政方向；憲法將自然正義法則作爲行政權運行的最高根據，從而保證行政權的運行不違背自然正義。

　　法律作爲依法行政的根據具有如下理由：I. 內容的全面性、豐富性。法律包含自然正義、自然法、世界人權法、國際法、法理。II. 來源的民主性。民主制度是產生法律的基礎。具正當性的法律都是通過民主程序產生的。III. 效力的普遍性。法律的效力約束一切國家權力機關及每一個國民。

3. 依法行政原則的發展趨勢

3.1 重視立法和法律的質量

　　法學對於立法和法律的質量側重於人權價值和立法技術，這固然是正確的。同樣重要的是，法學應重視法律秩序與自然秩序的關係。法律秩序須符合自然秩序。由於人是自然宇宙的一部分，人的行爲要受到自然法則的約束。而立法實際上是將自然秩序中的法則轉換爲法律。因此，依法行政之法實際上包含適合規範人類活動的自然法則。自然秩序對於立法具有約束功能。因此，提高法律的質量，立法機構應該：

　　I. 認識自然秩序，並運用自然法則創制法律規範或法律。舉例來說，英國人口學家 R. Multhus 認識到兩個自然法則：食物爲自然人所必需；兩性情愛是人的自然性。他通過這兩個自然法則得出結論：人種繁殖的能力遠遠大於地球供養人類的能力，因爲人口會以幾何級數增長，而生活資源只是以算術級數增長。因此，他在兩百多年前即告誡人們應控制人

口增長。[12]這個例子說明，人類自身的發展是基於自然法則的，是要受自然法則制約的。那麼，自然法則就是關聯到人類自身發展的立法和法律的根據。在自然秩序中，植物、動物與人類，陸地、森林與草原，它們的生成、生長、存在、發展是有比例的。它們的自然比例性是法律規範的比例性的來源與根據——一方面，立法應有意識地體現自然比例性，另一方面，通過立法維護自然比例性，包括彌補以往對自然比例性的損害。這兩個方面相輔相成。以自然比例性為基礎的法律就是符合自然法則的法律，這樣的法律很容易得到實施，實施後也有利於自然；而有利於自然當然也有利於人類自身。

II. 以自然的可持續構建法律體系。通常所說的「可持續發展」應該是指自然本身的可持續發展，因為人類只是自由宇宙中的一部分，人類不能也不可能改變自然法則，因而人類只能遵從自然法則和自然規律，在既定的自然秩序中生存。因此，人類要想可持續發展，只有使自然可持續發展，用法律保障自然可持續發展。自然的可持續發展所產生的利益是人類可持續發展的條件。在自然秩序內，除人類以外的其他生物以自然選擇為生存的原則，因為這些生物的自然選擇自然地是在自然限度內，在沒有人類介入的情況下，這些生物自然地、合比例地生成、生長、存在和發展。而人類的立法和法律在很大程度上需要將人類自身限制在自然限度內。人類這樣的立法和法律是保證其他生物合比例地存在的前提，是自然可持續發展的保障，因而也是人類自身得以可持續發展的保障。其他生物以自然選擇為原則的自由狀態對於人類立法和法律的意義是人類的立法和法律應該保障人們之間的自由狀態，由於存在基於自然限度的立法和法律，這樣的自由狀態不致於損害自然的可持續發展。簡言之，其他生物的生存以自然選擇為前提，自然法則自然地約束這些生物的生存；人類的生存以約束自身於自然限度內為前提，自然法則對人類的約束要靠人類自覺地接受。遵從這兩個「前提」構建法律體系是立法和法律的任務。

---

12 R. Multhus, *An Essay on the Principle of Population*, pp. 2-3, London, 1798.

當立法和法律的質量符合上述 I 和 II 時，才能與國民的基本權利一致。或者說，依法行政才能從根本上與實現國民的基本權利一致。這是因爲基本權利就是從自然法則、自然法、自然秩序中演繹出來的。人權價值和自然法則、自然法的價值同時體現在立法、法律與行政中。

3.2 重視與行政合理性原則結合

行政合理性原則是對依法行政原則的補充。行政合理性的涵義是行政機關在追求合法行政的前提下也應該保證行政的合理性。行政合理性的根據是立法機關賦予的。行政法學通說認爲，立法機關在制定法律時，須給行政機關在合法性原則的前提下發揮行政功能留下餘地。關鍵是如何立法才能使依法行政原則與行政合理性原則較好地結合。行政法學一般地訴諸法律保留原則或層級化的法律保留，但是，法律保留是限縮行政機關的權力範圍，而行政合理性的實現需要法律賦予行政機關權力。因此，對於依法行政原則與行政合理性原則的結合，應該從正向論述立法權與行政權的關係。立法機關可以依次循著如下原則立法：I. 確定立法權和行政權各自的基本範圍。在法律規則和法律條款中充分考慮行政機關的行政功能和行政方式本身的特點，使行政機關能夠通過法律和法律的授權（包括默示授權）實現合理行政。II. 確定國家收入的可持續來源（特別是自然資源）與國家支出的基本比例，即前者大於後者的比例。III. 確立國民基本權利的範圍；行使全部徵稅立法權，通過合比例的、充分的財政撥款保證行政機關實現合理的管理和給付，包括行政機關在依法行政原則下自行確定管理和給付方式，以致充分合理地實現國民的基本權利。

行政合理性與行政合法性恰當結合能夠提高行政質量。行政合法性原則要求行政機關在行政時須嚴格根據法律規定。但是，一方面，嚴格規則主義往往導致行政機關僵化地實施法律；另一方面，行政機關往往要面對不同地域、不同國民群體之間，以及不同具體事項的差異性。如何使形式上的合法性同時達到實質上的合理性，在立法層次上，需要立法機關通過優質的立法使行政機關得以實施行政合理性原則；在行政層面上，行政機

關需要合理地運用自由裁量權實現行政合理性原則。

　　對於依法行政原則與行政合理性原則的結合，立法機關在立法中還需要採取適應實現這兩個原則的立法技術，比如，制定原則性規範、調適性條款、解釋性規則等等。

三、法律保留原則

　　法律保留原則是依法行政原則的子原則。法律保留係指一個國家中的特定領域的事項應當保留由立法機關以法律規定，行政機關不得以行政命令或行政決定規定。對於法律保留的事項，行政機關非有法律依據不得為之。也就是說，如果沒有法律規定和授權，行政機關就不能作為或不作為。故在法律保留原則下，行政行為須有明確的法律依據；如果行政行為欠缺法律依據，即屬於違反法律保留原則，當然也違反依法行政原則，行政行為自始即屬於違法行為。[13]

1.法律保留原則的特性

1.1　法律保留是依法行政原則範圍內的原則

　　法律保留原則是依法行政原則的衍生原則，這意味著憲法和法律本身已經規定行政機關行政的根據，已經授予行政機關行政的範圍。法律保留原則只是加強保障行政機關行政的合法性，同時保障國民基本權利的充分實現，行政機關在特定領域只能完全根據法律作為和不作為，而不能自行制定和規定行政根據。在依法行政原則下的法律保留範圍應與法律保留的定義一致，即對特定領域的事項進行保留，比如，在管理行政領域，行政機關對國民基本權利的限制必須具有法律根據；在給付行政領域，行政機關必須完全實施憲法確立的保障國民個人人性尊嚴和人格自由發展的最低生活標準；行政機關不得自行降低憲法標準。法律保留是強調這些特定事

---

13 李震山，《行政法導論》，第 2 章第 3 節，三民書局，2012 年。

項的法律地位，行政機關必須履行實現這些事項的法律義務。在大多數管理和給付行政領域實際上已經有依法行政原則作保證，因此，全部保留與依法行政原則抵觸，因爲在依法行政原則中，立法機關也已經賦予行政機關一定程度的裁量權，比如不確定法律概念、空白授權等等。依法行政原則雖是行政的首要原則，但行政還有其他輔助原則，如行政合理性原則、行政應急性原則。而將法律保留分爲干預保留或部分保留、給付保留過於籠統，行政機關難以把握，如果擴展至全部保留，則會嚴重削弱行政的能動性，[14]比如，在給付行政中，行政機關的給付總額已由立法機關確定，在保證國民個人獲得最低生活標準後，如何給付應由行政機關自己把握。作爲民選的行政機關在行政時當然也會顧及社會公正，因爲選舉是定期的。除了上述關於基本權利特定事項的管理行政和給付行政的法律保留外，還有其他需要由立法機關以法律規定的諸多事項，本教程將在下一節列舉。

1.2 法律保留是立法機關的單向權力行爲

　　根據法治原則，爲實現對基本權利的保障，一切國家權力須受法律約束，惟根據法律才可以行使權力。基於主權在民原則產生的立法機關享有憲法上固有的立法權，是一切制定法的來源。根據權力分立原則，立法權對行政權的制約主要是通過立法環節實現的。在第一個層次上，立法機關制定的所有法律對行政機關都具有約束力。在第二個層次上，對有關領域的事項惟有通過法律規定，行政機關不得以行政法規、行政決定、行政命令的方式加以規定。在第三個層次上，立法機關有權決定法律保留的特定事項可以或不可以授予行政機關；如果立法機關授權行政機關行使權力，行政機關也須在授權範圍內行使權力。這表明法律保留是立法機關的單向權力行爲。根據法律保留原則，法律保留的事項未給行政機關任何裁量範圍，行政機關只能根據法律和授權實施。從這個特性可以知道，法律保留

14　行政法學通說認爲，凡涉及人民權利義務者，即使不涉及干預，甚至是授益性行政，皆須依法律規定，此稱爲全部保留或給付保留。干預保留或部分保留是指有干預性才需有法律規範，而授益性行政可以行政命令爲根據，此稱爲干預保留或部分保留。

不能採取全部保留或類型保留（類型保留如干預保留與給付保留），因為
全部保留或類型保留不僅抵觸依法行政原則和行政合理性原則，而且過於
束縛行政機關，使行政機關難以發揮行政權的功能。

　　因此，行政法學中有以「重要性理論（Wesenlichkeitstheorie）」為基
礎的法律保留。「重要性理論」是行政法學的通說。這種法律保留是對全
部保留的修正。「重要性理論」係以事務是否具有法律根據，以其與基本
權利的實現的重要性而定，揭櫫以干預與給付為區分判斷標準。給付行政
措施如未限制人民的自由權利，並不違反法律保留的古典內容，但如果涉
及公共利益或國民基本權利之保障等重要事項，原則上仍應有法律或法律
明確授權的規定為根據，行政機關始可制定行政命令。「重要性理論」實
際上就是指「事項」法律保留，至於哪些事項需要保留，則是立法機關的
權力範圍。因此，「重要性理論」符合法律保留原則的本質規定性。

　　本教程順便指出，如果將 Wesenlichkeitstheorie 理解為「本質性理論」
更符合基本權利與法律保留原則的關係，因為基本權利體系有一個確定的
本質內容，在憲法學上，通說將該本質內容等同於人性尊嚴與人權內容，
法律保留就是強調這個本質內容的法律地位，任何國家權力機關都不得侵
犯這些本質內容，都必須為國民實現這些本質內容。「重要性」係不確
定概念，而法律保留的特點和功能就是確定保留的內容。將 Wesenlichkeit
譯為「本質性」可以免於這個概念的不確定。「重要性」一詞的德文是
Wichtigkeit。

1.3 法律保留是立法權對行政權的限制

　　法律保留原則體現出立法權對行政權的限制的特性。法律保留原則雖
然要求特定事項應以法律規定，但根據權力分立原則，立法機關也擁有
「授權立法」的權力，這就是說，對於法律保留的事項，立法機關可以通
過單項事項授權的方式，授予行政機關在授權範圍內行使權力，包括行政
機關就事項制定行政法規。特別是，根據權力分立原則，在這一方面，立
法機關有權裁量授權事項，但行政機關只能根據授權範圍行使權力。

適用法律保留原則需要注意與中央與地方分權原則的區別；這兩個原則既有不同部分，也有交叉部分。根據法律保留原則，在第一個層次上，與地方行政有關的事項，法律保留意味著必須以法律規定；在第二個層次上，最高立法機關有權就法律保留範圍的事項授權地方行政機關在授權範圍內行使權力，或者以地方規章作出具體規定。根據中央與地方分權原則，在憲法上確定的地方固有的權力範圍，最高立法機關不得適用法律保留原則。根據權力分立原則，法律保留原則約束所有行政機關，因為法律保留原則是依法行政原則的衍生原則，須在依法行政原則的範圍內予以解釋。因此，最高行政機關不得對地方行政機關適用法律保留原則。從這些方面可以看到，法律保留實際上是最高立法權對所有行政權的限制。對法律保留原則的理解和適用必須將其置於依法行政原則之下，即它是基於權力分立原則而產生的法律原則。

2. 法律保留原則的根據

依法行政原則是立法權對行政權的約束原則，行政機關根據法律行政就是合法性原則的體現。而作為依法行政原則的子原則的法律保留原則實際上是加強被保留內容的法律地位，加強立法權對行政權的約束，強調行政機關對保留內容的義務。那麼，立法機關和行政機關都是基於民主制度選舉產生的國家權力機構，為何要通過這種制度設置加強立法權對行政權的約束，其根本原因在於行政權和權利各自的基本屬性，以及權利—行政權關係的屬性，這就是法律保留原則的根據。這個理解與行政法學的通說完全不同。

2.1 行政權的屬性

國家是權力的載體，行政機關是行使行政權的主體。立法機關和行政機關雖然都是根據民主原則選舉產生的，但是，立法機關制定和通過法律以及其他一切決定都是實行多數決定原則，即組成立法機關的成員一人一票、每票等值，其表決機制根據多數決定，有的重要法律需要剛性多數

（三分之二）通過始能生效。在實行兩院制的立法機關，法律的通過更需要經過嚴格程序。而行政機關形成後採取行政首長負責制，一個命令或一個決定的作出，即使經過充分的討論，最終的決策權和決定權屬於行政首長。因此，行政權往往被視為由行政首長個人行使，雖然在憲法上行政首長本身就是一個機構。對於這種制度設置的根據，行政法學一般認為是因為立法機關的民主正當性高於行政機關。這種理解欠缺憲法根據。立法機關和行政機關都是根據民主制度選舉產生，其民主正當性完全相同。實際上，法律保留原則的上位原則是依法行政原則，而依法行政原則的上位原則是權力分立原則。因此，法律保留原則的根據是權力分立原則，而權力分立原則是根據立法、行政和司法三種權力的各自屬性設立的。根據這個原則設置的制度將立法機關約束在多數決定原則下，以保證法律的正當性；而賦予行政機關行政首長負責制，以追求行政效率，其民主正當性已經體現在根據民主制度選舉產生行政機關的程序中。民主正當性與行政機關同時產生、同時存在。但是，行政權具有追求效率的功能表明作為整體的行政權一旦產生，便具有能動性、主動性、強制性的屬性。為保證行政機關忠實地執行法律而免於侵害國民的基本權利，憲法賦予立法機關享有對特定領域事項的專屬立法權，行政機關只能根據法律規定行使行政權。

2.2 權利的屬性

權利的載體是個人。國民個人的權利雖然來源於自然權利，是天賦的、與生俱有的，但是，個人實現權利與國家的權力有著密切的關係。古典基本權利和自由是免於國家侵犯的權利和自由，也就是說，這些權利和自由的實現依賴於國家不干涉。對於立法而言，法不禁止即自由；對於行政而言，不作為即自由。隨著福利國家的興起，國民的基本權利大為擴展，而這類權利是受益性的權利，通過國家給付、行政機關實施給付而得以實現。在這個權利領域，行政機關行使全部給付權力，包括提供公共產品。由此可知，權利的實現與行政機關密切相關。相對於權力而言，權利需要權力的作為或不作為，國民才能實現權利。因此，在憲法上，基本權

利具有最高效力位階，總是具有被特別強調的法律地位。基於此，立法機關通常通過法律保留原則保證行政機關無條件地履行國家義務，實現國民的基本權利。

2.3 權利—行政權關係的屬性

從行政權與權利各自的屬性中可以看到，權利的實現要麼依賴於行政機關不干涉，這樣的權利在憲法上稱為消極自由；要麼依賴於行政機關的給付，這樣的權利在憲法上稱為積極自由。雖然行政權來自於國民的權利，雖然權利與行政權的行使都需要通過程序，但是，在行政活動和行政過程中，行政權的主動性、能動性和強制性往往也體現在權利—行政權的關係中。因此，在管理行政領域，需要通過法律保留原則確定不得干預的事項。在給付行政領域，如何保障國民實現給付請求權，同時保證行政機關履行給付義務，立法機關也需要通過法律保留原則確定基本給付的事項。法律保留原則不僅要約束行政機關的權力而且也要保障國民的基本權利，這是同一個事項的兩個面向。從一個角度看，法律保留是立法機關對行政權的約束；從另一個角度看，法律保留是立法機關對行政機關施加的義務，而且是行政機關必須履行的作為或不作為的義務。由此可知，在權利—行政權關係的前面需要有一個權力保證這一關係的正常和正當地存在，這就是立法機關的立法權。在基本的、重要的、本質的領域裡，需要一個權力保證這一關係確定地存在，這就是立法機關的法律保留權。這也是法律保留原則的根據。在權利—行政權關係的後面，也有一個權力保證這一關係正常、正當、確定地存在，這就是司法機關的司法審查權。

3. 法律保留原則的應用

如上所述，法律保留是立法權制約行政權的一種方式。行政法學對法律保留原則的應用已有很深入的研究。本教程認為，法律保留係「事項」保留，法律保留原則包括通過憲法保留，因為在法律保留原則之上沒有憲法保留原則，正如依法行政也當然地包括根據憲法行政。在一個國家，立

法機關應該保留必須由憲法和法律規定、行政機關必須根據憲法和法律規定行政的事項是：

I. 自然的利用和自然資源的開發。對自然的利用和自然資源的開發必須由憲法和法律規定，行政機關必須根據憲法和法律而不得以行政命令和行政決定實施。在憲法和法律上作這類規定不是概括地強調自然的重要性和保護自然資源的重要性，而是根據不同自然資源的循環再生特點予以利用，同時，對自然資源的開發和利用必須顧及各類自然事物生成、生長、存在、發展的比例性。這是同一個議題的兩個面向。對此，應由相應的專家綜合論證作為立法的科學根據。

II. 基本權利的事項。基本權利是一個法律體系的基石。在一個國家，國民的基本權利都規定在憲法上。法律保留原則適用於基本權利保障的全部方面，行政機關在行政（無論是管理行政還是給付行政）時不得侵犯國民的所有基本權利，這是對基本權利事項作法律保留的基本意義。在立法上，在對全體國民基本權利平等保障的前提下，需要對一部分國民基本權利的保障與另一部分國民基本義務（納稅義務人）的施加作法益衡量；既保證國民基本權利的實現而不至於養成惰性，又不損害納稅義務人的工作積極性。行政法學通常認為管理行政較易侵害基本權利，而給付行政較不易。事實上，法律保留不僅需要約束管理和給付的行政方式，而且還要從法律上保障國民實現基本權利的平等性和基於基本權利的社會公正。因此，上述「法益衡量」便是法律保留的內涵。立法機關法律保留的事項，比如，基本權利事項，既是對行政權的約束，也是對行政機關施加的義務。行政機關履行這些義務時以國民實現基本權利為標準而沒有層級之分。

III. 全部徵稅事項。行政法學通常認為，徵稅事項應由立法規定。也就是說，全部徵稅事項都適用法律保留原則。徵稅、稅金的使用最能體現國家公正，或者說，是國民看得見的國家公正。因此，關於徵稅，立法機關需要做的不只是通過憲法和法律規定徵稅範圍，而且還需要基本地確定用於管理與給付的稅金比例。通常認為，給付行政與徵稅的關係較密切，

管理行政較不密切。事實上，它們的區別只是給付行政與徵稅的關係更能使國民感覺到國家公正與否，包括納稅義務人的感覺。因此，法益衡量始終適用於這個領域，比如，高額徵稅與提供就業機會的法益衡量。看起來，徵稅權屬於立法機關，提供就業機會屬於行政機關；但事實上，納稅義務人擴大再生產就是提供就業機會。這意思就是行使徵稅權顧及納稅義務人的財產權也有利於行政機關提供就業機會。再如，在自然限度內立法，資源稅關係到自然的利用和開發，進而關係到自然的可持續發展，因此，資源稅是否應該有一個限度也是立法機關行使徵稅立法權需要考慮的一個方面。

　　IV. 國家機構組織事項。國家機構是行使國家權力的各個實體。關於國家機構組織事項包括設立何種機構、各機構的功能、權力範圍、各機構的權力關係等等。這些事項是適用法律保留原則的傳統領域，確立和確定這些事項通常需要全體選民的同意；對這些事項的改變是立法機關行使立法權的範圍，因爲它們是主權在民原則和權力分立原則的直接體現，因此，這些事項必須通過憲法和法律加以規定，並通過法律保留強調它們的法律地位。

第三章　行政裁量

一、行政裁量的憲法基礎

行政權的運行不僅要受依法行政原則的支配，也就是行政合法性的要求，而且也要受行政合理性原則的支配。行政裁量就是行政機關在行政時對合理性的追求。但是，行政合理性不是行政機關自己設置的制度要求，而是憲法和法律賦予行政機關的權力和功能。行政合理性原則是從權力分立原則中引申出來的原則。

1.權力分立原則

權力分立原則是憲法的基本原則之一，它是基於主權在民原則的基本原則。主權在民原則意味著國家權力須通過普選產生；權力分立原則意味著在普選的基礎上產生的國家權力須由不同機關行使，並相互制衡。因此，國家權力在憲法上的基本關係是相互獨立、相互制衡。

1.1 分立制衡關係

分權制衡是憲法的古典思想。Aristotle 早已認為，一切政體都應有三種成分：有關城邦一般事務的議事職能；行政職能部分；司法審判職能。這是最早的分權思想。Cicero 在其著國家篇的第 1-2 卷中詳細地討論了君主、貴族與平民的分權政體，提及多種形式的民主、分權制度。他說，在一個國家中必須有一種最高的成分，將某些權力授予他們，而某些事務又應該留給民眾作判斷。他認為這樣的政制提供了平等，具有穩定性。而最好的政體形式是君主、貴族、平民的均衡結合。他也論及後來的國家的三種職能機構：治理權力機構、審議職能機構、由挑選出來的法官主持的法院。Locke 將共和國（Commonwealth）的權力分為立法權、執行權和對

外權。其中，立法權是最高權力；執行權包括司法權；對外權是聯盟權。Montesquieu 主張立法權、行政權與司法權應該分立，並相互制衡。分權可以防止國家權力的整體腐化，保障國民的基本權利與自由。[1]

權力分立原則簡稱爲分權原則。最終在憲法上確立的權力分立原則中的分權是指國家權力須分爲立法、行政、司法三種，因爲三種權力的運行方式不同，因此一種權力只能由一個機關行使。分權也要求三種職能須由三種不同身分的人行使，彼此不能兼任。分權還表示三種機關相互獨立，地位平等；三種機關相互制衡，沒有最高的權力，只有最後的權力。

1.2 功能補充關係

從權力分立與制衡的關係可以合乎邏輯地演繹出三種權力的功能互補關係。正是一種國家機關只能行使一種權力，因此，一項國家事務不能由一種國家機關實施和完成，而需要各種機關行使各自的職能共同完成。比如，國民的一項基本權利的實現，首先是由立法機關在憲法和法律上確立，其次是由行政機關通過執行憲法和法律付諸實施，最後由司法機關加以保障。這是基本的功能互補關係。更具體地說，立法機關在憲法和法律中規定往往是原則性的，立法機關往往通過法律授權賦予行政機關一定程度的自由裁量權；行政機關在實施憲法和法律時除了根據憲法和法律行政外，往往需要根據立法機關的法律授權行使裁量權。立法機關與行政機關的這種授權與受權的關係就是立法與行政的功能互補關係，其目的是使國民的基本權利得到充分實現。根據權力分立學說，在一些情況下，根據委託或緊急情況立法，立法權可以由行政機關行使。[2]如果在立法與行政的功能互補關係上存在或出現瑕疵，司法機關便可以行使糾正功能，即在國

---

[1] Aristotle, *Politics*, 1297b36-1298a3. Cicero, *De Re Publica*, vol. I, vol. II, vol. I, § 45, vol. II, 23, vol. I, 31, in *De Re Publica De Legibus*, London: William Heinemann, 1928. Locke, *Two Treaties of Government*, pp. 356ff, Edited with An Introduction and Notes by Peter Laslett, Cambridge University Press, 1988. Montesquieu, *The Spirit of the Laws*, pp. 156ff, Translated by Anne M. Cohler, Basia Carolyn Miller and Harold Samuel Stone, Cambridge University Press, 1989.

[2] Политология. Краткий словарь основных терминов и понятий, Пусько В.С., Богомолова Т. В., М.: Изд-во МГТУ им. Н.Э. Баумана, 2010.

民的訴訟請求下對立法行為或行政行為予以糾正。

2. 行政合理性原則

　　行政機關的行政主要面對合法性、合理性、應急性三個方面的問題。合法性要求行政機關須根據憲法和法律行政；合理性要求行政機關的行政不僅需要合法，而且還要合理；應急性要求是指行政機關在緊急情況出現時可以根據高於合法與合理的價值行政。這三個方面分別約束行政機關的行政活動，構成行政權運行的三個基本原則：行政合法性原則、行政合理性原則、行政應急性原則。行政合理性原則是基於行政合法性原則的一個原則，是行政合法性原則的補充；行政應急性原則是超越行政合法性原則和行政合理性原則的一個原則。行政裁量是受行政合理性原則約束的權力行為。

2.1 行政合理性的涵義

　　合理性要求意味著行政行為應符合理性，顯示出正義、公正、公平的價值。它具體地要求：I. 行使行政權的動機應當符合法律授予該權力的宗旨。II. 行使行政權應當建立在正當性考量的基礎上。III. 行使行政權的內容和結果應當公平、適度、符合情理。[3]從這三項要求中可以看到，行政合理性是受依法行政原則約束的，體現合理性的行政行為須符合法律目的。在此前提下，行政合理性原則的進一步要求是行政須考慮正當性的要求，即行政行為不僅須合法，而且須正當；正當就是要求符合正義、公平、公正。正當考量是指根據正常人的經驗、知識、理解水準、理性能力進行綜合考慮。最後，行政機關作出的行政命令、行政決定、行政處分的內容和結果須合理，包括必要、妥當、合情。在英國法上，行政合理性原則稱為自然公正原則，包括不得就自己事件作裁決、舉行公正的聽證、進行公正裁決。[4]自然公正是英國法上「法律之支配」原則的核心概念，也

3　龔祥瑞，《比較憲法與行政法》，第 457-458 頁，法律出版社，2012 年。

4　Peter Cane, *An Introduction to Administrative Law*, Clarendon Press. Oxford, 1989, reprinted, p. 91. D. C. M. Yardley, *Principles of Administrative Law*, 1986, 2ed., p. 92.

就是依法行政原則的核心概念，是對行政機關活動的基本約束。

2.2 行政合理性的意義

　　行政合理性要求是行政裁量的必要性的根據；行政裁量是實現行政合理性的方法。因此，行政合理性的意義也是行政裁量的意義。第一，彌補法律的不足，使立法目的具體化。立法機關制定的法律無法窮盡社會生活現象，法律不可能事無巨細地規定行政活動的全部依據。通過行政合理性要求約束的行政機關的活動在具體情形中實現的個案實質正義就可以彌補法律的不足，同時使立法目的具體化。第二，運用行政裁量獲得個案實質正義實現行政合理性。行政機關執行法律的要求是嚴格根據法律活動，這是法律的形式要求。但是，法律的形式性往往也體現出法律的僵化性，因此，立法機關在制定法律時需要考慮法律的合理性要求，而法律的合理性要求尤其可以在行政機關的具體活動中得到體現。行政機關在具體行政活動中通過裁量對具體事務的處理，免除了法律的形式僵化性，從而實現個案實質正義。第三，行政合理性要求可以提高行政質量。行政裁量是在法律的授權和法定的幅度內所作出的行政行為，同時是針對個別和具體的對象所從事的行政行為，因此，行政裁量違反法律的可能性較小，大多屬於妥當與否問題，而行政裁量妥當與否同時也受到具體的行政相對人的約束，因為行政裁量與相對人是直接關係，如果行政裁量不妥當，相對人也可以通過司法機關維護自己的權利。相對人的約束也是行政機關合理裁量的保障。

二、行政裁量概述

　　行政合法性有賴於依法行政；行政合理性是通過行政裁量實現的。在行政過程中和行政範圍上，行政裁量都是以實現行政合理性為原則。

1.行政裁量的概念

行政裁量是指行政機關在法律規定的構成要件實現時，得選擇不同的行為方式，亦即法律規定和構成要件相連結的，不是單純一個法律效果，其中該決定至少有兩種甚至數種可能性或者被賦予某種程度的行為自由。[5]

2.行政裁量的種類

行政裁量包括決定裁量和選擇裁量。決定裁量是指法律授權行政機關得決定是否要作成某一個合法的處置，即決定採取措施與否。決定裁量是在構成要件都成立、法律明示授權或默示授權時，行政權的行使已在裁量的範圍內，行政機關主要是針對法律效果部分決定是否採取措施。而如何採取措施是選擇裁量。因此，選擇裁量是指行政機關得就數個不同的合法的處置中，選擇作成某一個處置。根據內容，選擇又可分為行為的選擇和程序的選擇，前者是在多種法定法律效果及方法中，選擇最適當者；後者是在法定程序中，選擇最適當者；但都須符合行政目的。[6]

一般而言，決定裁量是選擇裁量的先行程序。但這並非絕對。對此，必須視法律結構而定。有的法律條文無決定性裁量，但有選擇性裁量。比如，有下列行為之一者處 200 至 2000 元罰款。反之亦有，比如，醫療機關有超收費用之情形，得撤銷其開業執照。選擇裁量中，除側重方法的選擇外，經常也有程序上的選擇（如措施對象的選擇），比如，違反規定擅自變更使用者，處建築物所有權人或使用人……元之罰款；在德國地方的警察法中，有賦予相對人參與的選擇裁量，比如，關係人亦可要求行政機關使用另一有效方法，該方法若不嚴重傷害公眾時，行政機關應該允許。在選擇裁量中，還有先後順序的選擇、時間的選擇等，比如，違反消防安全規定的，通知限期改善，逾期不改善或複查不合規定的，處……。其

5　翁岳生，《行政法（上）》，第 205 頁，元照出版公司，2006 年。
6　同上，第 205-206 頁。

中，限期改善，即屬時間裁量問題。[7]

在行政法學中還有一個概念叫羈束裁量。但是，「羈束裁量」這個概念不能成立，因為羈束裁量不是一種裁量。行政裁量是行政機關的自由裁量。自由是行政裁量的本質規定性。沒有自由，就沒有行政裁量。這種自由是立法和法律賦予的，行政機關有無濫用這種自由由司法審查確定。「羈束裁量」也不是行政行為受法律拘束的程度與自由裁量不同的裁量。「羈束的行為係指內容由法律設定的行為，不允許行政機關作出任何塑造之可能性。羈束是與自由裁量相對的概念。」[8]實際上，行政法學中所稱的「羈束裁量」是一種羈束處分，是指法律規定的特定構成要件事實存在，行政機關即應為特定法律效果的行為；行政機關在此沒有行為選擇：只要構成要件成立，行政機關須作出決定或處分。而裁量處分是指特定構成要件事實雖然確定存在，但行政機關有權選擇作為或不作為，或選擇作成不同法律效果的行政決定或處分；行政機關在此享有裁量自由。

三、行政裁量的根據

在自由法治國領域，行政的主要任務是執行法律、維護法律秩序，行政行為奉行嚴格規則主義思想，主要受依法行政原則的支配。但是，在社會福利國領域，國家需要承擔大量社會領域的任務，行政機關除了進行管理外，還需要積極地在國民的生存照料、社會保障、精神文化生活等領域滿足他們的需要，這就是所謂的給付行政的任務。在給付行政領域，行政任務具有動態性、具體性、多樣性、個案性等特點，行政機關在依法行政原則的支配下需要擁有較管理行政領域更多的自由裁量權。因此，立法機關和法律往往賦予行政機關在此領域享有充分的自由裁量權，俾使行政機關能夠在針對具體的時空時、在不同的條件下、在特定的個案中，作成行

---

[7] 同上，第 206-211 頁。

[8] Rogério Guilherne Ehrhardt Soares，《行政法》，第 201 頁，馮文莊譯，法律出版社，2014 年。

政目的與公共需要和社會成員個人要求相一致的行政決定。[9]

行政機關基於法律的規定、法律授權、法律默許、不確定法律概念，或在適用法律時，根據行政目的，決定是否採取措施，或決定應採取何種措施。法律與行政目的都是裁量根據。當需要裁量的具體事實出現時，行政機關得將法律根據與事實聯結，並作出判斷、選擇與裁量決定。由此可以看到，行政裁量的根據必須與行政裁量的對象具有直接關係，行政機關運用這些根據作出裁量對相對人產生直接效力，引起相對人的權利或義務。或者說，行政裁量的根據本身對相對人具有直接效力。

1. 法律授權

裁量權的行使是基於法律明示授權或默示授權。這有幾種情況：[10]

法律明示授權，如「得為」規定。法律條文中既無「得」字，也無其他授權裁量的字樣，通常屬於羈束性質。但仍應從法律條文的整體涵義或立法意旨加以推求。在少數情況下，無「得」字的法律條文，也有裁量性質，比如：在法律效果中，有上限或下限的數額待確定的（處200元以上至2000元以下罰款）。介於法律「明示」與「未規定」之間，可從法律規定及相關法律規定的立法意旨探求，法律默許裁量權的存在，比如，違章建築的拆除順序，行政機關須根據對相對人所造成損失的大小作法益衡量，選擇法益由小到大，進行拆除。再如，城市管理的各個方面等，行政機關均須根據行政目的，從妥當、必要及法益諸方面予以考慮，然後作出裁量。但並非所有法律條文中的「得」字都屬於裁量授權，有時，「得」字用於賦予行政機關以某種權限，而在該法律規定的前提要件具備時，行政機關即必須採取措施。換言之，在此不是賦予行政裁量的「得」，而是賦予行政機關法律權限的「得」。[11]比如法律條文：「國家因公共事業之需要，得依本法之規定，徵收私有土地，但徵之範圍，應以其公共事業

9　翁岳生，《行政法（上）》，第209頁，元照出版公司，2006年。
10　翁岳生，《行政法（上）》，第207-209頁，元照出版公司，2006年。
11　Maurer, *Allgemeines Verwaltungsrecht*, S. 115. 引自同上，第207頁。

所必需者爲限……。」該條文中「國家……得徵收私有土地」，係指「有權限」徵收之意，而非賦予行政裁量權的「得」。

特許或許可事項，如法律條文：「民法關於財團或公益爲目的的社團之設立，均係採行許可主義，在登記前應得主管官署之許可……。」此屬主管官署在職權內得以自由裁量之範圍，只有妥當與否可言，應不發生違反法律規定之問題。

「認爲必要」的規定。將行政裁量與「認爲必要」的規定連結在法律中最爲常見，比如，「必要時，得如何」之規定，這是明示的授權裁量之條款。「必要時」、「得」則常被視爲授權裁量之規定。[12]

2. 不確定法律概念

不確定法律概念（Unbestimmter Rechtsbegriff）是指未明確表示而具有流動性特徵的法律概念，這種法律概念包含一個確定的概念核心（Begriffekern），以及一個外延廣泛的概念外圍（Begriffshof）。這種不確定的概念，多見於法律規範的構成要件層面，也有見於法律規範的法律效果層面。一般將不確定法律概念區分爲兩種，即經驗概念與規範概念。經驗概念係涉及可感覺的或其他可體驗的客體，比如，夜間、干擾。規範概念缺乏這種實際的關係，而必須經由評價始能闡明其意義。經驗概念只是敘述性的概念；而規範概念是需要價值塡補的概念。[13]不確定法律概念在法律條文中廣泛存在。

不確定法律概念涵義不明確，總有多種可能的解釋。因此，不確定法律概念是裁量與判斷的理由，與自由裁量有一種必然關係。對不確定法律概念的約束僅僅限於其所涵蓋的類型特徵。凡屬於類型範圍內的具體情況即是合法的。不確定法律概念實際上是一種與「裁量」授權不同的授權，行政機關在使用不確定法律概念過程中享有的不受法院審查的涵攝自由稱

---

12 翁岳生，《行政法（上）》，第 209 頁，元照出版公司，2006 年。
13 同上，第 195-196 頁。

爲判斷餘地。[14]

行政法學對裁量與不確定法律概念作出區分，形成關於區分的學說，包括：I. 質的區別說：認爲裁量與不確定法律概念有本質上的區別，裁量限於法律效果層次，構成要件事實則無所謂裁量可言；裁量乃承認行政機關在特定的構成要件事實下，有多種行爲效果可供選擇，故其選擇不發生違法問題，行政法院或法院原則上應加以尊重，並免於審查。II. 量的區別說：認爲裁量與不確定法律概念，均屬於立法者欲授權行政機關在適用法律時，有自行判斷的餘地。在行政實務上，裁量與不確定法律概念都需要判斷。所以，僅是量的區別。在依法行政原則的支配下，行政機關的判斷，均不可恣意行使，故裁量與不確定法律概念均無法避免法院的審查，只是在適用不確定法律概念時，行政機關所受司法的監督與審查，較依據授權裁量的規定時更爲嚴格，所以，兩者並無本質上的差異，僅屬於量的或程度上的不同。III. 無區別說：此說根本否定裁量與不確定法律概念的區別。首先，認爲裁量存在於法律效果，而不確定法律概念的判斷餘地則存在於構成事實要件，在邏輯上不能自圓其說。它們同屬於不確定性的規定方式。其次，法律授權裁量時，行政機關固有判斷的自由，而使用法律上的不確定概念，即是法律授權行政機關自行判斷，兩者並無區別的必要。最後，所謂不確定概念的涵攝，只有一種是正當的，故法院原則上應加以審查；而裁量的任何一種選擇，都不生違法問題，行政法院或法院原則上應予以尊重，是區別說的最重要觀點。實際是，裁量既然須合目的及適當，則在各種選擇中，依然只有一種是正當且符合立法的本旨，與不確定法律概念無區別。這種區分學說在行政法學中具有廣泛影響。

本教程認爲，對不確定法律概念與裁量作比較區分，「不確定法律概念」只能是名詞，而「裁量」一詞必須是動詞。所以，它們一定有區別，但不是質或量的區別，而是動詞與名詞的區別。「裁量」是動詞，「不確

---

[14] Hans J. Wolff/Otto Bachof/Rolf Stober, Verwaltungsrecht, Band I, Ein Studienbuch Elfte, neubearbeitete Auflage, C. H. Beck'sche Verlagsbuchhandlung, München, 1999. 高家偉譯，第350-351頁，商務印書館，2007年。

定法律概念」是名詞。兩者合成動賓結構，既符合語法邏輯也符合法律邏輯。不確定法律概念是法律，不確定性在法律概念本身。不確定法律概念的製作主體是立法機關，而裁量的主體是行政機關。不確定法律概念正是立法機關留給行政機關行使行政權的對象與範圍。行政裁量是一種行政方法和法律方法，行政機關通過將法律概念中的不確定性確定下來，即獲得確定的法律效果。不確定法律概念是行政裁量的前提、範圍與根據，它既包含構成要件事實的不確定性，如「黎明」這個概念是一個時間段；也包含法律效果層次上的不確定性，如行政機關採取不同的行政措施而導致的法律後果也不同。行政裁量需要對待構成要件和產生法律效果兩個方面的不確定性。同時，行政裁量權是憲法上的職權授權，即行政機關的固有權力，是憲法上行政權的構成成分。而不確定法律概念是立法和法律上的授權；不確定法律概念只有適用於行政裁量中才與行政機關發生關係，才引起司法審查與否的問題。

3. 行政目的

　　行政目的是行政機關在行政活動中所追求的目的。從整體上論述，行政目的是行政機關通過管理和給付的方式使國民實現基本權利；行政目的與國民實現基本權利一致。在具體的行政活動中，行政目的往往指向確定的行政對象和範圍，在行政對象上和範圍內實現行政目的。比如，在特定的事項上或確定的地區內進行管理（實現和維持秩序）和給付（提供公共設施），行政機關的行政活動同時也是實現行政目的的活動。更具體的情況是，行政機關在個案裁量中，為了追求個案實質正義往往根據行政目的作出決定或處分。

　　行政目的具有如下特性 [15]：

　　I. 行政目的具有法源的地位。「法源」是指法律規範所形成的各種方式，即是指法律規範所產生的形式和法律規範所表現的形式。故「法源」

---

[15] 程明修，論行政目的，載城仲模主編：《行政法之一般法律原則（二）》，三民書局，1997年。

與法律規範的形成以及法律規範的形式有密切關聯。基此，「法源」也被視爲法律規範秩序的要素。[16] 行政目的產生於兩個方面：第一，行政目的是立法目的和法律目的的具體化，因此，行政目的是從立法和法律中產生的。第二，一般法理產生行政法原則；行政法原則產生行政目的。

II. 行政目的具有補充法律規定的功能。在確立「行政目的」的法源地位後，在一些特定的行政領域中，當立法規制和法律規定相對薄弱時，行政機關即可發揮「行政目的」的特殊功能。但是，不是在所有領域都需要依「行政目的」行政，或者，都可以適用行政目的。因爲行政目的也是從立法目的和法律中產生的，不僅行政目的須符合立法目的，而且行政目的受法律約束。因此，在這種情況下，依行政目的行政實際上是依法行政原則約束下的行政活動。只有在立法規範相對薄弱的領域，行政機關的裁量權相對較大，行政機關適用行政目的的對象增多，範圍增大。

III. 行政目的作爲程序約束。將行政目的程序化，包括：條件程序、事先程序、目的程序。條件程序最嚴格，即在一定條件下行政即應該如何活動。事先程序有較多自由，比如對不確定法律概念的解釋與判斷餘地。目的程序最寬鬆，即法律並爲明確規定，行政機關在法律許可的範圍內作出合目的決定。這種程序約束主要在行政計畫領域，而所謂「計畫」正意味著目標的預先設定，以及爲了實現該目標的必要措施的先行。現代行政大量地運用行政計畫已是不爭的事實，基於行政的主動、積極、前瞻的特性，可以說現代行政已是「依計畫行政」。而計畫中最重要的要素即是該計畫目標中設定的「行政目的」，行政機關在此應作合目的性的決定，「行政目的」在此即扮演著重要的約束功能。將「行政目的」程序化，通過行政計畫，可將行政的綜合性與體系性要求妥當化。但是，各種行政計畫只是行政目的的一個方面的內容，是行政目的的具體內容。行政目的還有比具體內容更廣泛的內容，包括抽象內容或抽象價值。

綜上可知，行政目的是行政機關行政裁量的直接根據，因此也對行政

---

16 吳庚，《行政法之理論與實用》，中國人民大學出版社，2005 年。

相對人產生直接效力。行政目的對行政機關的行政裁量也具有約束力，因為行政目的如法律上的授權裁量和不確定法律概念一樣，其來源於具有法律效力的上位階法律或法理。同時，合目的性（符合行政目的）是合理性範疇的內容，因此，合目的性也是行政裁量必須考慮的內容。行政裁量正是為了實現行政合理性。

行政法學有一種觀點將行政目的作為裁量的基準，這是值得商榷的。裁量基準是行政機關為實施行政裁量所制定的行政規則，它是行政機關內部的活動，對外部並無直接效力。也就是說，裁量基準不是來源於立法和法律，也不是來源於一般法理和行政法原則。而行政目的要受立法目的、法律目的、一般法理、行政法原則的共同約束。行政目的如果未切合授權行政機關裁量的立法目的，即屬於不當的行政目的。裁量基準是行政機關的成文規則，行政目的主要是行政機關行政的不成文法源。裁量基準對行政活動的約束是一般性約束，行政目的對行政活動的約束是具體性約束。因此，原則上，立法目的高於行政目的，但是，行政機關在對個案進行判斷時，行政目的可能結合個案實質正義原則和妥當性原則而高於立法目的。「立法目的的位階高於行政目的」是從法律效力上考察。在個案中，行政目的高於立法目的是指行政目的的價值補充作用。這正是行政目的作為行政裁量之根據的意義。如果立法目的全部高於行政目的，行政目的就無存在的必要了。顯然，在特殊情況出現時，行政目的可以高於立法目的。

四、行政裁量的要素

要素係事物構成的必要成分。一般認為，行政裁量由決定裁量與選擇裁量構成。這應該是行政裁量的固定程序；根據程序，得到裁量決定。由於行政裁量是自由裁量，行政裁量行為往往包含超越程序的要素。因此，本教程將行政裁量的要素解釋為行政判斷、裁量基準與經驗法則。判斷貫穿於裁量的整個過程；裁量基準約束行政裁量的任意性；經驗法則對行政

判斷具有輔助作用。

1. 行政判斷

1.1　行政判斷的必要性

　　行政判斷是指法律授權行政機關在適用法律時，就其決定享有判斷餘地或最後決定權，而司法機關對行政行爲的審查範圍因此也受到限制。法律授予行政判斷的情況大約可歸爲兩類：第一，授權行政對法律構成要件在一定程度內進行判斷。第二，授權行政機關對法律效果作合目的性裁量。立法機關賦予行政判斷的根據有兩種：第一，基於事物本質，根據不確定法律概念的性質或行政決定的特殊性。這種學說認爲，不確定法律概念在其本質上即要求適用它們的行政機關必須加以評價，如「能力」、「重要理由」等概念，如未經補充的價值判斷，均無適用可能性，且將事實關係涵攝於此種不確定法律關係中，並非邏輯推理，而須經由對該事實關係作價值判斷，始有可能。換言之，此種涵攝必須經過對具體的事實情況進行評價。第二，基於立法機關制定的法律，根據法律的意旨，賦予行政機關判斷餘地。這種學說認爲，對行政機關的最後決定權的授權涉及立法機關就制定法律規範的權限適當分配。至於在何種情形，法律構成要件包含對於行政機關的最後決定權的授權乃屬於法律解釋問題。第一種學說是德國法學家 Ule 主張的「適當性學說（Vertretbarkeitslehre）」；第二種學說是德國法學家 Schmidt-Aßmann 提出的「規範授權學說（Normative Ermächtigungslehre）」。[17]這兩種學說都符合行政裁量的本質規定性。立法和法律賦予行政機關的行政裁量權正是要求行政機關通過裁量實現個案實質正義，而事物本質就是個案實質正義的法理根據。在裁量中，立法和法律賦予行政機關判斷餘地，爲實現個案實質正義提供了法律根據，因爲通過法律規範所包含的法律意旨，行政機關更能準確地作出行政裁量。

　　從行政判斷的涵義可以看到，行政判斷對於行政裁量的必要性。行政

---

17 翁岳生，《行政法（上）》，第 197-199 頁，元照出版公司，2006 年。

機關在行政裁量的過程中，首先必須判斷構成要件是否適當，因為構成要件中往往會有不確定法律概念，因此需要對構成要件事實作出認定。在構成要件與事實相符時，如果需要對法律效果進行裁量，行政機關就需要進行選擇裁量。行政判斷是行政裁量的前提和過程。行政法學也有觀點認為，行政判斷不屬於行政裁量，這是值得商榷的。即使行政機關在判斷後決定不作裁量，行政判斷也是不作裁量的前提，因為不作判斷也就不知是否需要作裁量決定。立法和法律授予行政機關的判斷餘地是法律上存在需要判斷的不確定法律概念，而不確定法律概念是行政裁量的根據之一。

1.2 行政判斷的內容

如上所述，行政判斷是行政裁量的最初步驟。行政裁量首先要經過事實認定，以及將事實認定涵攝於法定構成要件的程序。行政判斷大多數都與構成要件的不確定法律概念有關，行政機關需要將不確定法律概念經過涵攝和解釋，予以具體化。行政機關在此過程中，實際上包含著價值比較、衡量、取捨的要求。換言之，對構成要件事實的認定也包含價值判斷。價值判斷對裁量過程中的行政判斷有發動的作用。在適用法律中、在對不確定法律概念的涵攝和解釋中，價值判斷起到了利益衡量的作用，既可以對構成要件事實的評估認定作利益衡量，也可以探求立法者在立法時的利益衡量。

對法律構成要件事實的認定，是指對法律概念中的事實性或描述性（經驗性）法律概念作出認定。對這類概念往往根據一般社會經驗加以確認。這類概念與需要進行價值填補的不確定法律概念是有區別的，但這兩種概念的區分也不是截然的，0 與 1 本無涵義上的不同，都是數位，但加入價值時，涵義就不同了，比如，駕車違規的次數，1 的負擔大於 0。

通常，行政法學只將行政判斷用於對法律構成要件事實的認定，但是，德國法學家 Laun 的要件裁量說表明行政判斷與行政裁量不是截然分立的方法。Laun 的要件裁量說將法律賦予行政機關的自由裁量分為四種類型：I. 法律明文規定行政機關應從「合目的性的立場」、「為了一般利

益」等作出行爲時，即使用了公益原則最爲一般性的概念的情形。II. 明確賦予行政機關權能時，亦即諸如規定「基於公益的考量」「可以作出」的情形。III. 根據任意性條款規定行爲或不行爲的自由的情形。IV. 用根據公益理解的差異產生不同適用結果的概念規定時，比如「適當的人」、「有信用的人」等情形。[18]從這些內容可以看到，裁量不只是決定是否裁量和選擇法律效果。在這四種類型的法律授權中，都包含著行政判斷的內容。即使是在行政裁量過程中，在授權界限確定的情況下，亦需要對立法意旨和法律目的作基本的判斷，使之成爲裁量的核心指引和衡量的正確標準，並使立法意旨和法律目的在裁量結果中適當地被呈現出來。

1.3　行政判斷與行政裁量的關係

立法例：《個人資料保護法（2010 年）》第 16 條規定：「公務機關對個人資料的利用，應在法令規定的必要範圍內爲之，並與收集的特定目的相符。但有下列情形之一者，得爲特定目的外之利用：

一、法令明文規定者；二、有正當理由而僅供內部使用者；三、爲維護國家安全者；四、爲增進公共利益者；五、爲免除當事人之生命、身體、自由或財產上的急迫危險者；六、爲防止他人權益之重大危害而有必要者；七、爲學術研究而有必要且無害於當事人之重大利益者；八、有利於當事人權益者；九、當事人書面同意者。」[19]

上述條文的款項全部爲「應當」規定。法律中的「應當」是指適用法律時必須如此而無選擇餘地。這就是說，公務機關在使用個人資料時必須符合這些規定而無裁量餘地。條文第一句確定了使用的一般範圍，即須與使用目的相符。這意味著公務機關在此方面的裁量權非常有限。「但書」條款實際上確定了使用的例外範圍，在這些方面，公務機關也無裁量權。《個人資料保護法》凸顯對個人基本權利保護的重要性。

在第 16 條所列的構成要件中，包括：I. 法律要件，如第 1 款；II. 事

---

[18] Laun, Das freie Ermessen usw. S. 76ff. 引自田村悅一，《自由裁量及其界限》，第 115 頁，李哲範譯，中國政法大學出版社，2016 年。
[19] 葉俊榮，2010 年憲法發展回顧，載《台大法學論叢》，第 40 卷特刊，第 1640-1641 頁。

實要件，如第2款中的「內部使用」、第7款中的「爲學術研究使用」、第9款中的「當事人同意」；III. 概念要件，如第4款中的「公共利益」、第5款中的「急迫危險」、第6款中的「重大危害」；IV. 價值要件，均須爲正當目的而使用。

在適用相關款項時，須根據個案具體情況選擇款項，即確定處理個案所需的法律根據。進而，同時考量事實和法律上的裁量對象，即確定事實要件與法律要件的符合。在事實要件與法律要件符合後，行政機關須作出合理性的衡量，即有待作出的裁量決定是否是合理的。在適用該款項時，合理的裁量須考慮「正當目的」與當事人個人權益的比例性，此時，應適用衡量性原則。只有當所有環節均具有合理性時，才可以作出裁量決定。

從這個立法例中可以看到，行政判斷與行政裁量的聯繫與區別。行政判斷主要是對法律要件事實的判斷或認定。行政機關在作出行政判斷後才能決定是否裁量；在決定裁量後才能進行選擇裁量。行政裁量是對法律效果的選擇，在多種方法中選擇最佳方法。行政判斷與行政裁量都是行政機關根據法律作出決定的衡量過程。行政機關對構成要件事實的認定主要涉及合法性問題，當然也包含合理性考量。行政裁量涉及妥當性和合目的性問題，即是在合法的前提下處理合理性問題。

1.4 行政判斷與司法審查

在行政法學中，通常將行政判斷和行政裁量與司法審查的關係分開論述，即行政判斷涉及合法性問題，需要完全接受司法審查，而行政裁量涉及妥當性問題，司法機關應予以尊重。這種分別論述不能恰當地闡明兩者與司法審查的完整關係。實際上，在行政判斷與行政裁量中都存在合法性與合理性的問題。對構成要件事實的判斷不僅涉及合法性，而且涉及合理性。比如，對事實的評估和認定通常是以某些價值原則爲基礎，因此，對事實結果的推定和認定通常包含價值原則或原則中的價值。判斷的過程總是經歷著由主觀到客觀、由客觀到主觀的往返過程。這表明判斷包含合理性因素。同樣，行政裁量也涉及合法性因素。行政裁量違反行政目的即產

生合法性問題，因為行政目的的上位範疇都具有法律效力。再如，裁量權的濫用也會引出合法性問題。司法機關對合法性問題應予以嚴格審查，對合理性問題應予以寬鬆審查。也就是說，司法機關對判斷與裁量的行政行為都須審查才符合權力分立原則。至於司法審查的強弱程度，這是司法機關得同等審查判斷與裁量的前提下的考量，而不是是否審查的選擇。在司法審查中，判斷與裁量是不可分割的審查對象。在此前提下，司法審查可以根據司法機關自己的審查基準作不同程度的審查。

行政法學也將行政判斷稱為判斷餘地。判斷餘地是指行政機關在使用不確定法律概念過程中享有的不受法院審查的涵攝自由。這個定義不完全正確。對判斷餘地作「涵攝自由」的理解不表示行政機關的判斷行為不須受司法審查。「涵攝自由」是行政機關的權限，對裁量決定的司法審查涉及判斷餘地是司法機關的審查範圍。

2. 裁量基準

在行政法學中，通說認為，裁量基準、行政準則、行政基準、法規命令、行政規則、訓令、通達、綱要等都是指行政機關活動的內部根據，是行政機關進行活動時應遵循的準則。它們大多數都是以法條形式規定的一般抽象性行政行為，有的具有對外效力，有的只具有內部效力。其中，行政規則是通行的術語。因此，本教程以行政規則為例檢討現有裁量基準理論的問題。

2.1 行政規則的概念

通說認為，行政規則是行政機關對其下級機關，或長官對其屬員，依其權限或職權為規範機關內部秩序與運作所作的非直接對外發生效力的一般規定。行政規則有的是用以規範行政機關的內部秩序，有的是用以規範行政機關的行政行為。

2.2 行政規則的法律性質

通說認為，行政規則可以拘束行政機關及行政人員，而此種拘束力是

根據法律產生的，行政規則也就具有法律性質。由於行政規則是以行政機關及行政人員為相對人，規制其組織及行為等行政內部事項，因此屬於行政機關的「內部法」。行政規則有時亦可在行政外部，亦即在公共行政與人民的關係中，對人民發生效力，產生行政規則的「外部效力」。

以行政規則規定裁量基準，此種行政規則，規定行政機關行使裁量權的方式，以確保裁量權行使的統一。那麼，行政規則或裁量基準的法律性質便是需要討論的內容。

法律是規範政府與人民之間的關係的。至於在行政機關內部，行政主體與行政機關、行政機關相互之間、行政機關與公務員之間，無須用法律來規範，適用於內部關係的行政規則，亦不屬於法律規範。在今天，通行的觀點認為行政規則具有準法規的性質，因而具有內部效力和外部效力。所謂內部效力是指行政規則是上級行政機關為了制約下級行政機關的活動而制定的，下級機關應當根據行政機關系統的服從義務遵循和適用行政規則。所謂外部效力是指行政規則作為下級行政機關活動的規則，下級行政機關往往根據行政規則處理行政事務，因而不能否定其具有事實上的外部效力。裁量基準的約束力是指在行政裁量行為中，當按照同一方向行使裁量權形成一定的慣行時，行政機關對同類案件進行處分時應當受到慣行的基準約束。裁量基準是行政機關為了限制裁量權約束自己的意思行為而制定的，是行政機關在固有的職能領域根據其獨立的制定權而制定的。對裁量基準的效力，沒有通說的觀點。有的認為裁量基準對外部產生直接效力或直接對國民具有法律效力；有的認為裁量基準只具有準法律的性質。

認為行政規則具有準法規的性質實際上是認為行政規則具有法律效力。這是值得商榷的。行政機關制定的法規通稱為行政法規。行政機關制定行政法規的權力有的是在憲法上賦予的，有的是立法機關專門授權的。因此，行政法規對行政機關內部與外部都具有法律效力。但是，行政機關制定行政規則的權力不是憲法賦予的，也無需立法機關專門授予，而只是行政機關作為內部行為基準而制定的，兩者具有實質區別。

2.3 行政規則的效力

本教程認爲，行政規則或裁量基準具有內部效力不會引起爭議，但它們也同樣約束作爲制定主體的行政機關，而不僅僅約束下級行政機關。制定行政規則或裁量基準的目的就是爲了使各級行政機關在執行和適用法律時具有基本一致的標準。行政規則或裁量基準的內部效力屬於指示性的效力，從立法的角度看，制定行政規則的權力不是行政機關的固有立法權力，因爲如果需要賦予行政機關固有立法權，這樣的固有立法權是在憲法中規定的；比如，行政機關制定的行政法規具有與法律那樣的一般效力。從行政裁量的角度看，無論哪一級行政機關如果在行政裁量中需要適用更高的價值才能實現個案實質正義，那麼，行政機關便可以根據法律的授權和法理進行裁量，而這樣的行政裁量實際上是廣泛存在的；它們往往個案式地產生外部效力。也就是說，行政規則無法爲這樣的裁量提供基準。

對於行政規則或裁量基準的效力問題，存在無外部效力和有外部效力的對立觀點，也有直接外部效力和間接外部效力的對比觀點。本教程認爲，行政規則或裁量基準不具有外部效力。理由如下：

I. 法律效力無直接與間接之分。法律效力都是直接的，這是因爲法律來源於全體國民，受「源於全體約束全體」原則的支配，因此，法律效力對每一個國民都具有平等、直接的約束力。II. 行政規則或裁量基準本身不是法律。它們既不是行政機關根據固有立法權制定的，也不是來源於具有法律效力的上位規範和法理。它們對行政機關作行政裁量的約束是軟約束，是行政機關作判斷和裁量的參考標準，行政機關在作判斷和裁量時只受立法和法律意旨、法律授權、不確定法律概念和行政目的的約束。III. 行政規則或裁量基準不是行政機關作出裁量決定或裁量處分的根據，也就是說，行政機關在裁量中不是適用行政規則或裁量基準，而是適用本身具有法律效力的內容。因此，行政規則或裁量基準不可能在裁量決定或裁量處分中產生對相對人的效力。IV. 行政法學通常認爲行政規則經由「行政實務」及「平等原則」產生對外效力。行政規則透過經常性適用，建立規律的行政實務（行政慣例），如無合理的理由，自不得對相同的事件，作

不同於該行政實務的處理，從而產生「行政自我拘束」。實際上，這是平等原則、信賴保護原則、誠信原則、比例原則等對行政機關的約束。這也不是自我約束，而是法律約束，也就是說，行政機關在作判斷和裁量時必須遵守這些法律原則，不得違反這些原則。如果違反，相對人是根據這些原則而不是行政規則或裁量基準請求司法機關保護。比如，根據信賴保護原則，行政相對人有權要求行政機關遵守其自行制定的行政規則。由此可知，信賴保護原則對行政機關的約束力，以及行政規則的效力對象是行政內部人員，而非行政外部的相對人。再如，在裁量幅度內如何裁量，雖然需要更細緻的標準，但此標準仍然是基於法律原則如平等原則或比例原則作法益衡量。而在裁量幅度之外，比如，違章建築必須拆除，但在執行時是否拆除、拆除的順序，通常可能有裁量基準，即對相對人造成的損失最小，但實際上這是比例原則約束下的法益衡量。

3. 經驗法則

3.1 經驗法則概述 [20]

　　經驗法則是由平均人的生活歷練累積後體會而形成的：人類對其生活中的種種事物及大自然現象，經意識及感官知覺上沉澱累積，致使能於某特定事件或現象開始、進行、完成等各階段及連結過程的判斷時，即產生心理映像與根據。經驗法則是經驗中被觀察到的連續現象。「經驗法則」是由平均人透過價值判斷過程的思維作用確認而成的：重複發生的事件及現象，須能使平均人在某特定形態的事件出現前後，即已產生相同願望、預測及契合的推論等心理狀態。經驗法則來源於客觀現象，卻又是通過主體的價值判斷（主觀）而形成的。「經驗法則」是由平均人引用爲作爲預測、判斷、評價一定且特別事件及關係基準而形成的：「經驗法則」形成後，須將其運用、適用於各個領域的事務的預測、判斷和評價，且可依其所具有的高度蓋然性作爲衡量的預設標準，而能使一定數量的人在其基本

---

20 陳柏箐，經驗法則初探，載城仲模主編：《行政法之一般法律原則（二）》，三民書局，1997 年。

常識的認知下接受和相信。

　　因此，經驗法則是平均人經由其各類不同的生活行為，包括主觀精神作用及客觀行動表現，所感受且透過其個別的價值判斷過程，成為對其生活的各種形態、事件及因果關係可認同或可預測的評判基準。簡言之，經驗法則是由社會生活累積的經驗歸納所得之法則，是日常生活所得的通常經驗，是基於專門知識所得的專門經驗。

3.2　經驗法則的作用

　　行政法學通常將經驗法則作為行政法的法源，這是值得商榷的。本教程認為，經驗法則不是自然法則。自然法則是客觀存在的，是先於人們的認識而存在的，是先於法律而存在的。自然法則是無須證明的真理，因此，自然法則先天地約束每一個人。自然法則先天地是法律的來源，或者說就是法律。但是，經驗法則的形成在於經驗，即法則是從經驗中形成的，而經驗是認識者在生活中的累積；經驗是通過對雜多的現象的感知而生成的。因此。經驗法則具有相當的主觀性。在一個主體或一個群體中被視作經驗法則的東西在另一個主體或另一個群體中可能不被視作經驗法則。因此，經驗法則的約束力是局部和有限的。如果經驗法則是法源，行政機關在行政裁量中便可以用作法律上的根據約束相對人；但是，如果行政機關認可的經驗法則不被相對人認可或相對人提出相反的經驗法則，行政處分便難以作出，因為行政機關不能證明經驗法則是法律，無法要求相對人接受約束。只有當經驗法則被相對人接受時，經驗法則才具有對相對人的約束力。因此，這產生出經驗法則的另一個特性，即或然性。正如上述的「平均人」那樣很難界定，經驗法則在社會生活中也很難獲得一致性。經驗法則亦因社會的變動而流動，故具有不確定性的特性。將經驗法則作為法源反而會增加行政裁量的不確定性。

　　但是，經驗法則在行政裁量中也具有作用，即它們是行政機關進行判斷的價值參考之一。經驗法則作為一種價值判斷與法益衡量的參考，在多元價值中，選擇最符合大多數人認同的價值，在各種相互衝突的法益中，作出能達成行政目的的衡量。當經驗法則符合一般法理、行政法原則時，

經驗法則的具體性、規則性便有助於行政裁量的準確性；當經驗法則是社會公認的價值規範，並爲相對人所認同時，行政機關的裁量決定便容易爲相對人所接受。[21]

五、行政裁量的制約

行政裁量雖然是立法機關和法律賦予行政機關的自由裁量權。但是，自由裁量不是隨意裁量、任意裁量、恣意裁量，因此，法律，包括判例法，同時也賦予司法機關對行政裁量的審查權。這是權力分立原則在行政裁量領域的體現。除此之外，行政法學通常也將行政機關在裁量中的自我約束作爲制約行政裁量權的方式。本教程分別論述三種主要的制約方式：先例約束、司法審查、法律原則。

1. 先例約束

先例是指憲法法院、行政法院、普通法院對於行政裁量的審查所產生的判例，它們通常產生具有法律效力的原則和規則。在對行政裁量的司法審查——從程序瑕疵之審查到裁量決定實質上是否公平之審查，從行政裁量的作爲審查到不作爲審查——中已經形成了大量這樣的先例，產生了大量關於行政裁量的原則和規則，約束行政機關行使裁量權的合理性。這些原則和規則主要有：禁止不適當動機或目的；禁止考慮不相關之因素；未考慮相關因素；非理性；法律期待的違反；違反比例原則；法律解釋錯誤；違反誠信；禁止恣意；裁量怠惰；濫用裁量；禁止反復；禁止過分；公平裁量；等等。事實上，最初要求行政機關應公平裁量的原則就是從司法審查中產生的。[22]

---

21 同上。

22 參見 Rooke 案（1598）5 Co. Rep. 99b. 該判例係指英國水利委員會在修復泰晤士河的河堤後僅對原告 Rooke 課徵修復費。Rooke 因此提起訴訟，向法院主張對因修復河堤而免除危險並因此獲益的全部土地所有人公平課徵費用。法院審理後判決原告 Rooke 勝訴。引自林惠瑜，英國行政法上之合理原則，載城仲模主編，《行政法之一般法律原則（一）》，三民書局，1999 年。

本教程之所以將先例約束與司法審查分別論述，除了是因為先例約束是「事前」約束，司法審查是「事後」約束外，還因為行政法學通常也將先例約束解釋為「行政先例」或「行政慣例」的拘束，這樣理解不符合行政裁量的本質規定性。先例不應該是指行政機關自己在裁量中形成的決定或處分。立法和法律賦予行政機關作判斷和裁量意味著行政機關可以在裁量中盡可能地發揮「自由」決定的功能，即根據個案之事物本質作出裁量，即使是相同或相似案情的個案在流動的時間和不同的地區或不同的環境下也可能要求作不同的對待才能符合合理性原則。對於相同或相似案情的個案，在不同時空或不同環境下也不能直接援引先前的裁量決定作為根據。正是因為如此，行政裁量也就是行政機關的自由裁量。如果行政先例或慣例對行政裁量具有約束力，那麼也等於是形式平等原則對行政裁量具有約束力，但行政裁量追求個案正義的實質平等要求又否定了行政機關自己的先例約束的形式平等原則。同時，行政裁量中的形式平等要求也抵觸個案之事物本質，而約束行政裁量的行政合理性正是從對事物本質的正確認識和裁決中產生的。因此，平等不是行政裁量的最高價值；實質正義，即在裁量中追求符合個案事物本質的個案實質正義才是行政裁量的最高價值。從這個視角論證，行政法學通常認為行政自我拘束原則是從平等原則中演繹而來這樣的觀點就是值得商榷的。實際上，在行政裁量過程中，行政機關的自我約束原則是誠實信用原則和信賴保護原則中產生的。本教程將在下一節提及。

2. 司法審查

行政裁量是立法和法律賦予行政機關在法定範圍內的決定自由，因此，原則上，行政相對人並無權利請求作成特定裁量決定，而只有請求作出無瑕疵裁量的權利。當裁量決定使權利受到損害時，相對人還可以請求司法機關約束行政機關作糾正有瑕疵的裁量。因此，司法審查也是制約行政裁量權的通常做法，這主要是因為司法審查可以防止、禁止或糾正裁量瑕疵。行政程序法和行政訴訟法上關於逾越權限或濫用權力的條款，也是

司法機關制約行政裁量的根據。裁量瑕疵有以下幾種：I. 重大事實誤認。行政機關在進行裁量時，如對裁量的前提要件事實的認定有誤或將事實涵攝於構成要件（要件的認定）有誤時，裁量決定或處分即存在違法瑕疵。II. 違反行政程序。行政裁量的程序是保證行政決定的公正，因此，裁量處分的作成如違反行政程序法，即構成違法。III. 裁量逾越。裁量逾越是指行政裁量的結果超出法律授權的範圍，逾越法律授予的權限。如果裁量是基於法律授權，尤其不得違反授權之目的或超越授權之範圍，此屬於裁量時應遵守的義務。裁量與上述義務有悖的，構成裁量瑕疵。IV. 裁量濫用。裁量濫用是指行政機關作成裁量與法律授權的目的不符，或具有不相關、不適當的動機，或參雜與授權意旨不相關因素的考量，或未充分考慮有關行使裁量權的基準性觀點。行政裁量如違反一般法律原則和基本權利的意旨，也構成裁量權的濫用。V. 裁量怠惰。裁量怠惰是指行政機關依法享有裁量的權限，但因過失（過失是指不知有裁量權存在）或故意不行使裁量權。比如，在衛生、食品等法律中規定了主管機關對衛生質量認定的裁量權，但主管機關不行使裁量權，導致安全事故發生。這表示行政機關不能毫無理由地不作為。在實務上常見的裁量怠惰情形是行政以自我控制為理由，由上級限制下級的裁量權行使。VI. 違背基本權利及一般法律原則。憲法所保障的基本權利以及其所產生的憲法上的價值判斷和規範行政行為的一般法律原則都是裁量的客觀界限，行政機關在裁量時應予以遵守，如有違反，裁量決定即有瑕疵。[23]

裁量瑕疵既可能在行政管理領域也可能在行政給付領域發生，也就是說，在管理和給付領域都可能發生裁量逾越、裁量濫用、裁量怠惰的情況。

3. 法律原則

如上所述，法律原則對行政裁量具有約束力；比例原則因其合理性考

---

23 翁岳生，《行政法（上）》，第212-217頁，元照出版公司，2006年。

量的本質規定性對行政裁量的約束範圍最廣。其他法律原則對行政裁量也具有不同程度的約束力，甚至是不可或缺的約束力。這裡主要提及行政應急性原則、比例原則、誠實信用原則、信賴保護原則。

3.1 行政應急性原則

行政裁量是依法行政後的行政活動。行政裁量中往往會遇到特殊的裁量問題。行政法學通常用裁量縮減或裁量縮減至零的概念討論行政機關的特殊裁量問題。

裁量縮減或裁量縮減至零是指行政裁量在某些特殊情況下，被收縮到只能作成某一個合理的決定，也只有該決定才會被認爲是無裁量瑕疵的決定，此時，裁量權幾乎已萎縮到零。比如，「有下列情形之人，警察得管束之：I. 因身體或生命之危害有保護必要，特別因其顯然喪失自由決定意思能力或無助狀態時，……」。「得管束之」是法律要求行政機關應當履行管理的義務，在此際，行政機關已無裁量餘地。[24]

裁量縮減或裁量縮減至零時，意味著行政機關的選擇裁量已不存在。此時，法條結構上的「得爲」字樣已經不是裁量授權，而是「應當」的要求，即行政機關應當採取措施、作出決定。至於採取何種措施、作出何種決定，係根據具體個案的特殊性而具體對待。這裡便引出另一個行政法原則，即行政應急性原則。

一般而言，行政裁量是依法行政原則後的行政行爲，而行政機關適用行政合理原則是在具有多個裁量效果的情況下。當裁量縮減或裁量縮減至零時，意味著行政機關已無裁量餘地，此時，行政機關須根據行政應急性原則行政，始符合行政目的，才能保護相對人的權益。裁量縮減至零時的情況往往是緊急情況，行政機關不能以裁量自由爲理由而不作爲，否則，即違反行政目的。同時，在這種情況中，總會有相對人權益的存在，相對人也可以提起課予義務之訴。

---

[24] 金東煦，《行政法 I》，第 74-77 頁，趙峰譯，中國人民大學出版社，2008 年。

3.2 比例原則

比例原則本質上就是合理性原則，因此，這個原則約束行政裁量的整個過程，包括行政判斷。行政裁量決定或處分是否合理意味著它們是否符合比例原則。比例原則由妥當性原則、必要性原則和衡量性原則構成。[25]

對於行政機關而言，妥當性原則要求行政機關為目的的實施和達成，對相對方的基本權利的限制措施是妥當的。必要性原則要求行政機關為達成目的，對相對方基本權利的損害應是最小的。衡量性原則要求目的所產生的法益應大於所選擇的措施對相對方產生的不利。

3.3 誠實信用原則

誠實信用係指行使權利履行義務應該以誠實及信用的方法。誠實信用原則是指法律關係雙方當事人就法律關係的形式及行使權利履行義務的方法，均應以誠實信用的態度和方法為之，而不應濫用權利和規避義務，破壞法律生活的公平狀態。[26]在行政裁量領域，誠信原則的適用，主要是對裁量權行使方法的要求，即在法律所認可的界限內合理裁量。立法和法律賦予行政機關自由裁量，意味著立法和法律允許行政機關按照自己認為合理的方法作出裁量決定或處分。這就是說，立法和法律相信行政機關能夠合理地作出裁量決定或處分。因此，合理性要求包含誠實信用的要求。自由裁量的概念中同時包含著合理與誠信的價值。如果行政機關的裁量行為和結果不合理，即違反誠信原則。由此可知，自由裁量的基準，特別是主觀基準，主要是從誠信原則中演繹而來的。比如，在自由裁量中，行政機關人員不得以個人意欲隨意裁量；不得持不當動機的情緒；不得持損害之意圖；禁止惡意妨害；禁止政治偏見而濫用權力；禁止荒謬的恣意；禁止以個人動機或利益作裁量等。

---

25 謝世憲，公法上之比例原則，載城仲模主編：《行政法之一般法律原則（一）》，三民書局，1997 年。
26 謝孟瑤，行政法學上的誠實信用原則，載城仲模主編：《行政法之一般法律原則（一）》，三民書局，1997 年。

3.4 信賴保護原則

行政機關作爲管理和給付主體，擔負增進國民福利、提升國民生活品質的國家職責；[27]行政機關因此與國民之間產生較多的法律關係，而爲了維護法律秩序的穩定性，行政機關對已作出的行政行爲，特別是對相對人的授益行政行爲，負有保護相對人信賴的義務。基於此種認識，在公法上產生具有約束力的信賴保護原則。信賴保護成立的條件是：I. 受益人相信行政行爲的存在。II. 受益人的信賴值得保護。III. 受益人的信賴利益大於因恢復合法性的公共利益。[28]信賴保護原則有時與依法行政原則一致，有時會與依法行政原則衝突。前者是指授益性行政行爲係合法行爲；後者是指授益性行政行爲係不合法行政行爲。依法行政原則要求保持合法的狀態，撤銷一切違法的行政行爲；而信賴保護原則要求保護受益人對行政機關作出行政行爲所造成的狀態的信任，維持已作出的行政行爲。德國聯邦行政法院的推論部分源自在法治國原則中得到確認的法律安定性，部分源自誠實信用原則。其中，最具有說服力的當屬法律的安定性，它是行政行爲法律效果不受瑕疵影響和存續力的根據。[29]由於行政裁量行爲大多數只是涉及行政合理性問題，對授益性行政行爲的維持符合誠實信用原則的要求。因此，信賴保護原則與誠實信用原則一起成爲有瑕疵的授益性行政裁量行爲之存續力的根據；行政機關的裁量行爲也受信賴保護原則約束。如果授益性行政裁量行爲違反法律，對其的撤銷須同時考慮依法行政原則與信賴保護原則，通過法益衡量決定撤銷與否。

---

[27] 城仲模，現代行政法學發展的新趨勢，載城仲模，《行政法專輯（一）》，第 126 頁，1990 年。

[28] Hartmut Maurer, *Allgemeines Verwaltungsrecht*, Verlag. C. H. Beck München, Aufl. 13, 2000, 高家偉譯，第 278 頁，法律出版社，2000 年。

[29] 同上，第 277 頁。

第二部分

税　賦

第四章　國家與社會二元理論

　　國家與社會的關係理論是我們瞭解稅賦的關鍵。如果不確定國家與社會的關係，我們就無法瞭解稅賦制度。

一、稅賦的自然哲學基礎

　　稅賦是人類自然演進的產物。稅賦的歷史與城邦的歷史一樣悠久。稅賦是城邦（演變爲後來的國家）產生和存在的基礎。

1.家庭、村莊與城邦

　　人類共同體的最初形態是家庭。家庭（Oikos）源自於遠古人類對自然界的動物的模仿而產生異性結合、生殖、繁衍的欲望。家庭是男人與女人因具有自然繁殖的欲望，爲日常的目的自然形成的。家庭是原始的自然聯合體。當多個家庭爲獲得比生活必需的更多的東西而聯合起來時，村莊（Kōmē）便產生了。村莊是由爲了適應更大範圍生活的多個家庭構成。村莊的自然形式是由一個家庭繁衍而來，所以有人稱其成員爲同乳子女，都存在親屬關係。村莊就是從家庭的自然關係發展而來。而城邦（Polis）由多個村莊構成；人在本性上是適合於城邦生活的動物。城邦是一個自足或自我完滿的聯合體；它是爲了生活而存在，是爲了優良生活而繼續存在。[1]因此，家庭是村莊／氏族（演變爲後來的社會）的基礎；村莊／氏族是城邦（演變爲後來的國家）的基礎。

---

[1]　Aristotle, *Politics*, 1252a20-29, 1252b9-10, 1252b15-17, 1252b28-1253a2; in *The Politics, and the Constitution of Athens,* Cambridge University Press, 1996.

2. 城邦的目的

從家庭到村莊／氏族，再從村莊／氏族到城邦，這個進程既是自然必然性的體現，也是自然合目的性的要求。也就是說，這個進程如同自然事物的生成、生長那樣是自然而然地發展出來的。而自然事物的生成、生長不是無目的的，而是合目的的，即總是以最好的目的生成、生長、存在和發展的。因此，城邦的生成、存在和發展是以自然事物爲摹本；城邦的目的就是使它的居民過一種優良的生活。城邦是若干家庭和村莊結合而成的保障優良生活的共同體。在古希臘哲學家看來，優良的生活就是有德性的生活，有德性的生活就是幸福的生活。[2]

城邦的生成是爲了共同防禦；城邦的優良生活必然產生公共事務，必須有公共機構、公共設施、共同管理，[3]因此，納貢和稅收是城邦存在的物質基礎。Aristotle 進一步認爲，擔任公職的人一定是自由人和納稅人，因此，財富和自由是必要要素；否則，城邦不可能存在。而正義和勇氣也同樣必要；否則，城邦就不能令人滿意。Aristotle 甚至更具體地要求城邦的管理者關心城邦的收入，城邦須有相當豐富的儲蓄。徵稅是爲了城邦的公共事業，管理者不能將公帑爲己使用。[4]

3. 幾何學公理與物理學定律

國家與社會的關係結構呈二元平行並進的形態最有利於國家與社會各自的發展。這個命題已經在憲法學中獲得了證明。主權在民原則作爲憲法中的首要基本原則就是通過該原則產生的制度系統可以將國家與社會構建爲二元形態。這種證明也能通過幾何學公理得到理解。幾何學中「兩條平行線不相交」的原理表明國家與社會平行才能並進；也就是說，國家不能過度滲透到社會中，社會也不能無視國家存在而任意地自我發展。國家與社會各有各自不同的運行規律。

---

[2]　Aristotle, *Politics*, 1280b35, 1329a23-25. in Ibid.

[3]　Plato, *Laws*, 758. Benjamin Jowett, *The Dialogues of Plato*, Thoemmes Press, 1997.

[4]　Aristotle, *Politics*, 1283a17-23, 1314a40 -1314b15.1328b10-11.

　　我們經常看到一些法治國家時而減稅，時而增稅，這實際上是尋找國家與社會之間的最大合力：應該說明，國家與社會應該呈平行並進狀態並不是說國家與社會不能發生關係，而是儘量少發生關係。國家與社會的關係主要表現在兩個方面：一個方面是普選，另一個方面是稅賦。這正好構成一個四邊形：國家、社會、普選和稅賦分別是這個四邊形的四條「邊」。由於普選是定期的，那麼，要使這個四邊形的對角線最長（即合力最大），只有調整一條邊，即稅賦法律。

　　幾何學公理與物理學定律是古希臘哲學家從自然宇宙的運行中發現的。它們是自然事物之間的自然關係，是永恆不變的自然法則。自然法則蘊涵著物理學、邏輯學、倫理學的思想。自然法則不僅支配自然事物的生成、生長、存在、發展，而且也約束人類生成、生長、存在、發展。因此，遵循自然法則、根據自然法則設置人類自己的社會與國家制度，不僅有利於人類自己，也有利於自然宇宙本身。

二、國家與社會二元論

　　國家與社會二元論，在國家理論上有舉足輕重的地位。1789 年，法國《人權及公民權利宣言》第 2 條明白揭示：國家的目的在於確保及維護不可侵犯的人權，並且聲明自由、財產、安全及反抗壓迫是天賦人權，神聖不可侵犯。這項宣言的意思是：國家是國民社會的國家，個人是社會生活的主體，同時也是國家的基礎，先於國家存在。國家與社會區分的意義是構成一種保障個人自由的機制。與此同時，德國君主立憲制也呈現出國家與社會二元結構：社會是一個從國家中抽離出來的私領域，藉此作為對抗國家干預的根據，以確保人民的自由與財產。相對而言，國家不是屬於社會的一個環節，而是君主本身——君主為一個國家機構，是國家主權的體現。十九世紀德國的國家概念是國家為一種法人，擁有一定的機構，是

權力的總和。[5]綜上可知，國家與社會二元是十九世紀歐洲國家的基本特徵，國家與社會構成具有基本界限的兩個領域。君主立憲制的基本特徵就是用憲法聯結君主與國民；人民享有憲法確立的基本權利，作為國家代表的君主受憲法約束。這種制度設置即使在隨後不斷興起的議會民主制和共和制的憲法中也仍然是國家的主要體制。基於民主原則確立的憲法是國家與社會行為的根據。憲法中的基本原則，即主權在民原則，確立了國家與社會之間的基本界限。國民享有憲法上的基本權利，國家在一些領域消極地不作為、在另一些領域積極地作為，都是為了使國民實現基本權利。

1.「二元論」概述

國家與社會的關係既是從自然關係中產生的，也是自然關係體現出來的特殊關係。自然關係是一種契約關係。個人之間的自然關係形成社會；個人之間的契約關係形成國家。換言之，社會在自然關係中形成，國家在契約關係中形成。國家與社會的關係是基於自然關係的契約關係。契約關係是兩個不同事物之間的關係。也就是說，社會與國家是兩個不同的事物。正是在此種認識基礎上，在國家與社會的關係理論上形成了二元論。二元論思想大致可以概括如下：第一，國家是普遍性領域，社會是特殊性領域。國家是社會普遍利益和普遍意志的代表而立於社會之上。正如國家來源於社會一樣，具體化的國家權力，也是來源於具體的個人的權利。國家與社會的相對分離正是為了使社會中的個人的權利制約國家權力成為可能。第二，國家是自為性領域，社會是自在性領域。國家作為管理社會的公共權力機關，其一切活動不是任意的，而是自覺地通過一整套法律制度將社會活動限制在一定的秩序內。社會作為自在性領域，其一切活動則是自發的，社會的行為準則只有約定作用，而沒有像國家法律那樣的強制作用。社會的自在性表明，國家權力不可以無孔不入地滲透到社會的一切領域。一方面，國家通過法治將社會規範在一定的秩序之內；另一方面，

---

[5] 李建良，自由、人權與市民社會──國家與社會二元論的歷史淵源與現代意義，載《憲法理論與實踐（二）》，第 10-14 頁，2000 年。

國家對社會的管理權力也必須由法律事先確定其權力邊界，從而不至於阻礙社會正常的發展過程。第三，國家是承擔權力的載體，社會是享有權利的載體。國家一切活動的最主要特徵是它的權力性質。沒有權力就沒有國家。在國家領域內，其構成的任何關係都是「權力—權力」關係，國家管理社會的方式主要是運用權力。而社會活動的基礎是權利的行使，沒有權利就沒有社會，社會的基本關係是「權利—權利」關係。國家與社會的關係實質上就是「權力—權利」關係，包括相互依存、相互轉化、相互促進的關係。

但是，在國家與社會關係理論上，存在二元論必要說與二元論過時說。[6]

1.1 二元論必要說

這種觀點認為，國家與社會在原則上加以區分在今天仍然是必要的，只是二元論的具體內容與理解方式應該隨時代變遷而有所發展。具體來說，國家與社會的關係，不能單純地視為兩種不同事務領域的區分，而應視為組織或制度性的分類；應將國家與社會作為構成國家的結構的兩種不同要素加以考察。[7]國家與社會是兩種不同的功能模式，不同的組織結構，不同的制度建構。「國家與社會在各種事務和功能上可能交叉重疊，不再理解為互為割裂與孤立的領域。」[8]這是與最初的國家與社會關係相對而言。這就是說，社會自身無法完全自行規整調節，而有賴於國家作為有組織的工具，用以保障具體或一般的個人自由。國家的部分事務可由社會管理，社會的部分事務可由國家管理。二元論的基本意義在於國家的公權力雖非不能干預人民生活，但須對國家與社會作區分，作為個人自由的基本條件。[9]

6　葛克昌，《國家學與國家法》，第 10-13 頁，元照出版公司，1997 年。

7　Forsthoff, *Der Staat der Industriegesellschaft*, S. 21, 1971. 引自同上。

8　E. W. Böckenförde, *Die verfassungstheoretische Unterscheidung von Staat und Gesellschaft als Bedingung der individuellen Freiheit*, 1973, S. 29, Anm. 68. 引自同上。

9　Hesse, *Bemerkungen zur heutigen Problematik und Tragweise der Unterscheidung von Staat und Gesellschaft*, DOV, 1975, Helt 13/14, S. 437. 引自同上。

本教程持二元論必要說的觀點，在自由法治國和社會福利國之兩面向現代國家，國家與社會二元論就是其理論基礎。如果沒有國家與社會的二元結構，自由法治國和社會福利國兩個國家面向既無法區分，也不可能存在。更重要的是，國家與社會的二元結構是憲法上主權在民原則存在與運行的前提，基本權利正是在這個結構中發揮功能。因此，國家與社會二元理論仍然是理解基本權利、憲法、國家和社會關係的前提。

1.2 二元論過時說

這種觀點認為，國家與社會二元論是大陸法系國家的法律體系的基礎理論，從十九世紀迄今，至少有二百年歷史。根據二元論，國家被理解為具有目的理性，有權制定規範，擁有法定組織的人為統治團體。其功能亦限於政治決策，而不及於社會整體。社會則為自發形成的秩序，先於國家而存在，受私法自治原理支配的個人或團體。社會對其自我目標、自由發展的領域，有免受國家支配的自由，兩者互不干預。[10] 社會是自發形成的，國家是人為製作的。社會與國家互不干預。這是對兩者關係的最初理解。十九世紀的憲法其主要內涵是界定國家權力的範圍。自由是免於國家干預的私人領域。基本權利是對抗國家的消極防衛權。

在說明了二元論的來源與涵義後，二元論過時說進而認為，國家與社會二元論產生於資產階級革命後，是為避免君主極權制度而設計。國家僅作為「看守人」，而社會擁有廣泛的自治權。而在現代福利國家，國家功能擴展，與社會的界限模糊。社會福利國原則使國家對於社會事務的滲透大為增加。而從社會領域觀察，社會利益多元化、各種不同的社會利益團體對國家決策的滲透和影響，已擺脫了二元論的桎梏。

國家與社會區分的思想基礎是自由主義經濟思想。自由主義經濟思想以擺脫國家管制為基本原則。私有經濟模式要求契約自由、所有權自主、社會成員個人所有制；因此，社會被視為人類共同生活所自發形成的秩

---

10 Böckenförde, *Die verfassungstheoretische Unterscheidung von Staat und Gesellschaft als Bedingung der individuellen Freiheit*, 1973, S. 9ff, 29, Anm. 68; 引自同上第 10-11 頁。

序，以追求自我利益為動力。所以，社會以私有制為核心，特別是經濟關係：契約所有權。而國家則為人為的創造，是具有目的理性與統一的秩序。[11]

2. 二元論的主要學說

2.1 Hegel 理論

Hegel 國家理論的根據是自然哲學。Hegel 的國家概念是從自然的倫理性中產生的。自然的倫理性與自然的理念的關係是從自然事物中體現出來的。自然哲學將各種自然事物在自然中生成、生長、存在和發展的必然性、比例性、合目的性視為自然的倫理性。自然事物生成、生長、存在和發展所構成的自然秩序具有正義性、必然性、目的性、均變性、一致性、整體性、和諧性、永恆性等特性。這些特性就是自然事物所蘊涵的理念。因此，自然的理念蘊涵著自然的倫理性。自然的理念是現實事物的原型，現實事物是自然的理念的摹本。

Hegel 將家庭、市民社會、國家作為倫理生活的三個環節。自然的倫理性在這三個環節的發展是自然的理念逐步客觀化的進程。家庭是倫理性的第一環節；家庭是自然的倫理精神。市民社會是倫理性的第二環節；市民社會是個體成員的聯合體。第三個環節是國家；保障人身和財產的法律制度，以及維護特殊利益和公共利益的外在制度就是國家。[12]

Hegel 的市民社會是基於自然必然性、自發性和各種需要的總和組成的。市民社會處於家庭與國家的仲介地位。家庭是它的構成成分；國家是作為一個獨立的存在立於其上。市民社會具有三個原則。第一個原則是個人通過自己的工作達到滿足的原則，這同時關聯到所有其他人的工作和需要。這樣就構成一個需求系統，個人的幸福因此產生。第二個原則是普遍性的產生，真正的普遍性就是自由的普遍性，自由在本質上是無限的；自

---

11 Binder, *Philosophie des Rechts*, S. 596ff, 1925. 引自萬克昌，《國家學與國家法》，第 14 頁，元照出版公司，1997 年。

12 Hegel, *Elements of the Philosophy of Right*, § 157, Translated by H. B. Nisbet, Cambridge University Press, 1991.

由的人格也是自由。這個原則是自由的產生及對自由的保障。第三個原則
是將個人的特殊利益作爲共同利益加以關懷。[13]

　　Hegel 將市民社會視爲一個需求系統。在 Hegel 看來，市民社會是個
體成員相互需要的體系，即物質生活關係的體系。他把「需求系統」歸納
爲三個要素：I. 需要及其滿足的自然性。個人在此一環節中是具有物質生
活需要的人。當這種需要和滿足的自然性具有一般化的抽象性質時，就成
爲個人之間相互關係的規定性。這種規定性就是社會的屬性。II. 勞動的
性質。勞動是滿足需要的方式。勞動是實現生活目的的過程。勞動因分工
而提高了個人的技能，同時，勞動技能和方式的抽象化使「市民社會」的
成員在滿足他們完全必要的其他需要中產生依賴和互惠。III. 財富。人們
在勞動過程和對需要的滿足中相互關聯，個人主觀上爲己的勞動也會對他
人的需要有所貢獻。這種轉化可以產生普遍而持久的財富。Hegel 特別指
出，在社會需要系統內，直接和自然的需要與精神的需要結合爲一體；精
神需要因其具有普遍性發揮著支配作用。[14] 從市民社會的「需求系統」可
以看到社會與國家的關係：基於不同的結構而相互依存。國家的任務在於
將社會成員的個體性和社會的特殊性與國家自身的普遍性有機地結合在一
起。既能體現社會的主體性，使個人得以實現自由和財產權，又能適應成
長著的國家理性，使不同的個體都能符合普遍性，都與國家的普遍利益相
一致。

　　從 Hegel 的國家概念中可以看到自然秩序。也就是說，Hegel 的國家
是與自然一致的國家類型。這樣的國家與社會及個人的關係自然地符合自
然秩序的要求。從家庭到市民社會，再從市民社會到國家，是自然必然性
和自然合目的性的自然秩序規定性在人類社會中的展現。從倫理生活的三
個環節可以看到，Hegel 的國家基於市民社會，市民社會基於家庭。Hegel

---

[13] Hegel, *Elements of the Philosophy of Right*, § 182, § 188, Translated by H. B. Nisbet, Cambridge University Press, 1991. Hegel, Vorlesungen Über die *Philosophie des Rechts*, § 188, Herausgegeben von Klaus Grotsch, Band 26,2, Felix Meiner Verlag Hamburg, 1821/22 und 1822/23.

[14] Hegel, *Elements of the Philosophy of Right*, § 190-199, Translated by H. B. Nisbet, Cambridge University Press, 1991.

用「市民社會」的概念與此前的各種「社會」概念作區分。Hegel 的市民社會是指資產階級革命取得勝利、現代憲法體系已經確立後的社會形態。顯然，此時的國家與社會是正宗的二元結構。因此，特殊性是 Hegel 市民社會概念的本質規定性，普遍性是 Hegel 國家概念的本質規定性。國家與社會的關係是普遍性與特殊性的關係。社會將原子式的個體聯合起來，國家基於個體與社會的結合。Hegel 的國家理論綜合了社會契約論和政府契約論。

Hegel 將家庭、市民社會和國家作爲倫理生活的聯結階段完全是因爲倫理原則產生於自然宇宙秩序。倫理原則與物理原則在自然宇宙中同時關聯地生成，構成物理原則的正義、理性、合理性、合目的性等基本概念也是倫理學的基本概念。所以，Hegel 說，國家是倫理理念的現實體現，是作爲顯現出來的實體意志的倫理精神。國家是自在自爲的理性的事物。自在自爲的國家是倫理整體。[15]

2.2 Stein 理論

Lorenz von Stein 認爲，國家與社會受不同原理支配。社會決定財富的分配，規範勞動組織，推動需求體系，是維繫兩性間家庭與法律長期穩定的生活共同體。社會秩序有別於國家，不是出於人爲，而是奠基於自然的生活要素，是出自自然形成的秩序。國家是公意的組織體，不是自然形成，源於意志作用的自我決定，有賴於共同體的自決。Stein 進而指出，國家與社會分別基於不同的原理原則。社會是屬於特殊利益的範疇，社會是從人們個人之間的關係基礎上發展而來，而特殊（個別）利益的形成是由每個人同其他人關係上構成生活行動的重心。在社會中，個人之間形成相互依賴的關係。反之，國家是將所有個人意志整體提升爲人格的統一體，個人超越其個別生活、個別利益、參與國家意志的形成。國家意志形成的原理要求，爲「一切人的參與」及將個人提升爲平等的自由狀態。因

---

15 Hegel, *Elements of the Philosophy of Right*, § 257-258, Translated by H. B. Nisbet, Cambridge University Press, 1991.

此，從國家原理與社會原理角度考察，二者間有衝突矛盾之處。正是由於
此種對立，不得不要求：在國家意志形成時，任何人都是自由平等的。其
衡量標準不在於社會成員追求個別利益的多少，而在於國家為社會提供正
當的社會機制，對不同利益的正當調節。這是國家的主要功能。[16]

　　國家—社會關係的二元結構是資產階級革命的主要成果。資產階級革
命的勝利使得社會擺脫國家的集權統治、國家從社會中分離出來成為可
能。商品經濟的發展要求經濟自由、所有權自主；商品生成、交換的活動
需要免於國家的干預。社會因此成為純粹的私人活動領域，形成私人利益
關係的特殊體系。國家則是純粹的公共活動領域，代表普遍公共利益關係
的利益體系。社會成為權利的載體，而國家則是權力的載體。國家與社會
的關係實際上就是權力與權利的關係。國家與社會二元化就是基於權利與
權力在本質上的衝突性。正因為如此，在它們之間要有界限。所謂私人利
益與國家利益的對立，從形式上看，是私人利益與國家利益的衝突，而這
種衝突在實質上可能就是權利與權力的衝突；而權利與權力的衝突是可
以通過民主解決的。Hegel 的倫理生活三環節，國家為最後環節，這表明
Hegel 的國家概念建立在充分的個人基本權利之上的。現代憲法對基本權
利的承認就是對國家社會二元論的承認。

　　國家與社會二元論，一方面符合商品經濟發展、市民社會形成的要
求，另一方面也成就了自由法治國形態，成為現代憲法中所確立的基本原
則的理論基礎。第一，主權在民原則以及基於該原則的普遍選舉制和代議
制民主的確立。主權在民原則是現代憲法的第一基本原則。根據這個原
則，社會成員成為平等的個體，享有平等的選舉權。國家的立法權和行政
權都是通過全體選民選舉產生。選民通過普遍選舉產生代議機構日常地行
使委託的權力。普遍選舉是社會與國家之間的直接關係。社會成員的政治
權利通過主權在民原則得以實行和實現；普遍選舉構成了社會成員個人最

---

16 R. Schnur hg., *Staat und Gesellschaft, Studien über Lorenz von Stein*, S. 65ff, 282ff, 1978. von Stein, *Geschichte der sozialen Bewegung in Frankreich*, Band 1, S. 40; Band 2, S. 1-3. 1850. 引自葛克昌，《國家學與國家法》，第 16-17 頁，元照出版公司，1997 年。

重要的政治利益。市民社會的成員實際上稱爲公民。公民就是平等享有一切政治權利的社會成員。第二，權力分立原則確立。權力分立原則是基於主權在民原則的另一個憲法基本原則。由普遍選舉產生的立法權和行政權與司法權分立由不同公職人員行使。立法機關制定法律，行政機關執行法律，司法機關保障立法和法律的正當性以及行政的合法性與合理性，同時保障國民的基本權利與自由。主權在民原則與權力分立原則是現代憲法的龍骨。它們既是國家與社會二元化的產物，也是國家與社會二元結構得以存在的保障。人們從這兩個原則的重要性即可以看到國家與社會二元化的必要性。

3. 二元論的憲法意義

　　立憲國家都會對國家與社會之關係作出選擇，但是，憲法一般不明確規定國家社會應呈二元結構，而是以具體制度加以體現。因此，只有從憲法體制上加以觀察，才能認識國家與社會二元論的意義。

3.1 現代憲法體制的確立

　　國家與社會關係的二元結構源於憲法上確立的主權在民原則；國家與社會二元結構的存在與運行需要一系列與主權在民原則相應的憲法制度。這些制度是主權在民原則的具體化，構成一個民主與共和的憲法體制。換言之，要使國家與社會呈現二元結構，並以二元結構運行，必須具有一個民主與共和的制度體系，並在憲法上加以規定。這個民主與共和的制度體系包括：普選制，即由全體國民產生國家權力。基於個人所有權（即私有制）的政治平等與自由，這樣的政治權利與自由是社會成員個人參與國家事務、監督國家權力正當行使的保障。權力分立，即國家權力由不同的機關行使。基於權力分立的司法審查，即司法機關作爲最後的權力機關對立法行爲和行政行爲的合法性與正當性進行審查，以保障國民的基本權利和自由。凡是在憲法上確立了這些制度，其國家與社會必然呈現爲二元結構。而保障這些制度的運行是一個基本權利體系，其中，「本質內容（如

人性尊嚴和基本人權內容）」是先於立法的，是立法機關不可改變的。

3.2 國家與社會平行並進

　　國家與社會呈現二元結構可以使二者平行並進。但是，二元平行並不是說國家與社會不發生關係。如前所述，國家與社會的關係通過普選制和稅賦法律聯結。二元平行的要求在於國家與社會不同的存在與運行的特性。社會基於私法自治而運作；在社會領域，社會成員可以追求個人利益，當然不得違反公益。國家的任務在於對各種利益作正確和正當的調節。國家行為應以正義為準則，應符合多數社會成員的正義觀。

　　但是，國家與社會並非截然二分，國家與社會關係有定期的聯結之處，也有日常性的聯繫之處。國家的行政機關就是與社會發生日常性關係的機關，行政權日常性的作用領域和對象就是社會及其個體成員，通過立法機關制定的法律使社會處於正常、正當的秩序之中。國家與社會二元結構的意旨是國家（包括立法）對社會的管理不能制約社會自身的自在性和發展，特別是社會及其個體成員的創造力，國家（包括立法）對社會的給付不能使社會及其個體成員產生依賴性、養成惰性。

3.3 基本權利和自由的保障

　　國家與社會二元論劃定了國家行為的基本界限。憲法上的基本權利和自由，有消極與積極之分。憲法理論均承認，對基本權利和自由的保障，需以國家與社會的二元結構為前提。比如，消極自由被稱為免於國家干預的自由，思想自由、良心自由即屬此類。在二元結構的前提下，從基本權利和自由中演繹出來的一些權利和自由需要國家的積極作為，才可實現。基本權利和自由的制度性保障，應由國家與社會維持均衡穩定關係為前提。國家與社會二元結構使國家行為得以自我限制。特別是在社會福利國面向上，如果國家給付總額沒有上限，對納稅義務人和受益的社會成員個人都是不利的。

三、一元國家與國家與社會二元論

　　資產階級革命取得勝利後所確立的憲法基本原則在於通過限制國家權力，以確實保障國民的基本權利與自由。對國家權力的限制，主要通過對基本權利與自由的保障、權力分立及司法審查等法治方法來實現。此種理論與自由主義的「社會」概念有關。自由主義倡導國家與社會二元論。社會領域是不受國家干預的領域，保護社會領域自在地存在之最重要工具，即爲憲法上基本權利與自由。通過基本權利與自由以確保社會領域及私人領域不受國家干預，這就是古典消極防衛權，僅在例外和嚴格的條件下，國家公權力始可以有限度對它們加以限制。[17]這種理念支配的國家與社會關係給以私有制爲基礎的國家帶來了一百多年的繁榮時期。在憲法學和行政法學中，這樣的國家與社會關係形態也被稱作自由法治國。

1.社會福利國的生出

　　隨著時間的推移，自由法治國的弊病也逐漸顯露。缺乏節制、無序競爭、貧富分化、失業與隱性失業、社會責任感喪失等等，對社會本身的存在和成長造成損害，進而也遏制了國家的發展。於是，十九世紀末因應對勞工問題，國家制定了勞工法律。勞工法意味著國家公權力伸展至社會領域。至二十世紀初期，勞工法與社會福利法開始成爲新興的法律領域，其興起標誌著對自由法治國的反省。自由法治國所考慮的「典型人」是擁有資產、受過良好教育的市民，即資產階級而非勞工階級，議會基本上是由資產階級代表組成。所以，勞工取得選舉權及工會組織合法化，同時藉由結社自由、罷工權的保障，也形成了利益團體，產生了政黨，政黨與利益團體的發展，對立法和行政產生重大影響。[18]

　　在此時和此後，從自由法治國中生長出社會福利國，自由法治國的基本形態仍然存在，自由法治國仍然是國家與社會關係的基本形態，是國家

---

17 葛克昌，《國家學與國家法》，第 45 頁，元照出版公司，1997 年。
18 同上，第 45-46 頁。

與社會各自發展的前提。社會福利國旨在使個人基本權利和自由獲得平等實現。而國家須為個人實現人性尊嚴和人格的獨立發展提供基本的社會條件。國家的法律仍然區分為公法與私法，只是在公法中生長出支配給付行政的經濟公法，以滿足自由法治國中生長出的社會福利國的需要。古典基本權利與自由仍然是個人生存的保障，伴隨著社會福利國的需要，在古典基本權利與自由中演繹出個人的一系列其他基本權利。基本權利與自由的本質內容無任何變化，反而因社會福利國的生長得到更有效的保障。但是，個人的一些基本權利也附加了一些義務，比如，所有權從絕對到相對，即所有權仍然是個人立足於社會的基本權利，亦即個人所有權，但擁有所有權亦須履行社會義務。國家的行政除了遵循自由法治國的基本原則外，也不同程度地履行一些社會功能，提供作為人類生存與自我決定能力的基本條件的基本生活資源，比如提供水電交通等公共設施。在國家與社會交接處產生了不可計數的「公共任務」，造成國家與社會兩個領域事實上的部分重疊。由於社會福利國的生成，人民對行政給付的依賴性愈來愈強；給付行政增多，行政領域有所擴大。

　　行政法學通常將這樣的國家與社會形態論述為自由法治國向社會福利國的轉化。本教程認為，自由法治國和社會福利國是一個國家的兩個同時並存的面向：自由法治國是基礎面向，社會福利國是輔助面向。無論是自由法治國還是社會福利國都以國民實現基本權利和自由為旨歸。自由法治國得以形成和成長的古典基本原則和制度，如主權在民原則、權力分立原則、私法自治原則、契約自由原則、個人所有制、政治平等與自由原則、普選制，在今天仍然存在，並發揮著國家與社會共同發展的主導作用。因社會福利國的生成所產生的一切制度都是從這些古典基本原則和制度中演繹出來的，它們沒有改變而是補充和豐富了這些古典原則和制度。職是之故，自由法治國和社會福利國仍然是一元國家。只有這樣解釋自由法治國和社會福利國的關係，法學才能融貫國家與社會關係的學說。更重要的是，這樣解釋有利於立法、行政，也有利於司法審查。

　　因此，一元國家中的國家與社會仍有區分之必要：第一，以私法自治

原則為核心的私有制和以主權在民原則為基石的普選制仍然存在，並且是國家與社會二元結構的基本保障。私有制和普選制已經被證明為最符合人性的制度。只要私有制和普選制存在，一元國家中的社會與國家關係仍然是適當分離的，仍然要求國家與社會關係的適當分離。第二，選舉的民主化、普遍選舉制的確立使社會與國家發生了定期的直接關係，因此，國民個人的權利—國家權力的關係仍然是社會與國家的主要聯結關係。而只有國家與社會存在二元結構，才能存在國民與國家的這種聯結關係。第三，利益團體的興起同時也使社會中的不同利益團體產生利益關係，利益關係中不可避免的衝突往往難以由社會自行調節。因此，社會公正的實現要求有獨立於社會之外的國家存在與作為。

2. 自由法治國與國家與社會二元論

　　自由法治國也簡稱為自由國、自由國家。自由法治國的基本特徵：I. 主張天賦人權，基本權利神聖不可侵犯，亦即不可以公共利益為理由予以限制和侵犯。II. 法律分為公法與私法。民主正當性體現為個人的權利與自由免受國家干預的基本法律秩序。III. 國家為純粹的公權力主體，受公法支配；國家行為均以法律予以規定；國家權力分立，權力的行使根據法治原理。IV. 社會自在於國家，社會安定由社會自身達成。國家的預算，僅用於消極地維護法律秩序，亦即以維護市場自由競爭機制為限。V. 契約自由，契約優先於法律；私法自治為私法首要原則。VI. 司法審查保障個人權利與自由，制約國家權力。[19]

　　國家與社會二元論是立憲的基礎，自由法治國是立憲的原則。國家與社會相對分離是現代憲法得以產生的前提，這可以通過憲法的基本原則一目了然。而自由法治國是立憲的原則，這可以從憲法上對基本權利與自由的承認獲得認知。在憲法上，國民的基本權利與自由通常被稱為消極權利

---

[19] 葛克昌，《國家學與國家法》，第 50-51 頁，元照出版公司，1997 年。Alfon Hueber, *Otto Mayer — Die "juristische Methode" im Verwaltungsrecht*, 1981, S. 52-54, 64-65. 引自陳愛娥，德國行政法的新發展，載《行政契約之法理》，第 165 頁，元照出版公司，2009 年。Eberhand Schmidt-Aßmann, *Das Allgemeine Verwaltungsrecht als Ordnungsidee*, Rn 80. 1998.

與自由，即這些權利與自由是免於國家干預的權利與自由。也就是說，只要國家不干預，國民即可實現這些權利與自由。同時，憲法確認國民能夠積極地參與國家權力，這就是國民的參政權，包括選舉權、創制權、罷免權、請願權、公決權。國民享有平等地權利產生國家權力機關，並可以平等地行使憲法所確認的其他政治權利，包括參與具體國家事務的權利。憲法上的這些權利與自由是自由法治國理念的成文化。它們的存在顯示著自由法治國的存在。它們既源於國家與社會的相對分離，又可以保障國家與社會相對分離。這些基本權利與自由在社會福利國生成後，不但沒有被削弱，反而因社會權的增加而得到加強。這可以從社會福利國出現後的立法、行政，以及司法審查的實務中得到證明。因此，自由法治國與國家社會二元結構是一種相輔相成的關係。

3.社會福利國與國家與社會二元論

　　社會福利國也被稱作社會法治國，或者簡稱為社會國。1921 年德國行政法學家 Piloty-Schneider 在 *Grundris des Verwaltungsrechts*（《行政法概論》）中提出「社會法治國」的概念。1954 年德國公法學家 Forsthoff 發表 *Begriff und Wesen des Sozialen Rechtsstaats*（「社會法治國的概念與實質」）一文，同時使用社會法治國與社會福利國表達相同的意思。[20] 行政法學所說的「社會國原則」通常也是指稱社會福利國。社會福利國具有如下基本特徵：I.「基於法律上平等的基本權利保障；建構與維持一種實質性法治狀態，國家不僅須保障國民在法律範圍內自由發展，還致力於在一定方向上形塑社會狀態。行政目的在於生存照顧，提供實質平等，促進基本權利的實現及國民人格尊嚴的全面發展。」[21] II. 法律仍然區分為公法與私法；在公法領域生長出支配給付行政的經濟公法。本教程將「強義務—強權利」法律關係作為經濟公法的基本結構。在這個基本結構中，「強義

---

20 Forsthoff, *Begriff und Wesen des Sozialen Rechtsstaats*, VVDStRL 12, 1954. 引自萬克昌，《國家學與國家法》，第 48 頁，元照出版公司，1997 年。

21 H. J. Wolff/O. Bachof/R. Stober, *Verwaltungsrecht*, Band I, 10. Aufl., 1994, § 18 Rn 6. 引自陳愛娥，德國行政法的新發展，載《行政契約之法理》，元照出版公司，2009 年。

務主體」是政府，「強權利主體」是社會成員。「強義務主體」的意思是
政府在這一基本結構中，義務多於權力；「強權利主體」的意思是社會成
員在這一基本結構中，權利多於義務。這個基本結構，也就是經濟公法的
理論根據：政府責任理論、個人本位理論、實質平等原理和福利國家理
論。凡是符合這個基本結構，又能以上述理論為根據的法律就能納入經濟
公法的範疇。以「強義務—強權利」關係為基本結構的一類法律，顯然不
同於公法和私法，它既不是規範不平等主體之間的法律關係（如「權力—
權利」關係），也不是規範平等主體之間的法律關係（如「權利—權利」
關係），它是從公法體系中產生的法律關係。經濟公法的範疇包括社會保
障法、社會福利法、公益促進法、勞動法、工會法、教育法等等。行政法
學通常將此範疇的法律稱作社會法，但是，這些法律實際上仍然屬於公法
範疇，是從憲法中演繹出來的行政法，是實現憲法上的社會權的法律。因
此，經濟公法是一個不錯的名稱；社會法是一個錯誤的名稱。「社會法」
概念中的社會是與國家相對的領域。而正是在國家與社會相對分離的二元
結構中才有給付行政，經濟公法就是給付行政的根據。支配行政給付的法
律完全需要行政機關通過稅賦（經世濟民之來源）加以實施，社會（公共
產品的受體）及其成員（最低生活標準的受體）是純粹的受益者。社會法
的概念不能清晰地表達此類法律的性質，社會法中的「社會」也不能等同
於社會與國家關係中的「社會」概念，卻又是相同的名詞。III. 國家確保
提供必要的物質條件，來達成個人自由的社會發展機會。此種物質條件，
包括為國民提供社會生活最低限度的直接保障、提供社會保險、社會救助
等等。[22] IV. 從社會福利國面向上可以看到自由法治國的面向，即國民在享
有充分的社會基本權利的同時，在道德意識、價值取向、行為活動、因具
體事務而形成法律關係時、家庭教育教養等方面體現出對自由法治國的維
護和尊重，亦即對納稅義務人的基本權利和行政機關運用共和原理行政的
維護和尊重。

---

22 葛克昌，《國家學與國家法》，第 56 頁，元照出版公司，1997 年。

　　國家與社會的二元結構不取決於社會福利國，沒有社會福利國，這個二元結構也會存在，因為二元結構來源於憲法上的主權在民原則。根據主權在民原則產生的立憲國體最初就是自由法治國的雛形，因而也可以說主權在民原則的最初涵義包含自由法治國的理念。由此也可以看到，社會福利國是從自由法治國中生出的而不是轉化的國家面向。當然，也可以說社會福利國的憲法基礎是主權在民原則。這是主權在民原則的演進，如同自由法治國的演進一樣。

　　社會福利國完全依賴於國家與社會二元結構的存在。具體地說，社會福利國要求國家積極地促進全體國民基本權利和自由的平等實現。這樣的國家功能取決於國家權力來源的正當性，而普遍選舉產生國家權力機關就是權力正當性的基本保障。同時，社會福利國的實施需要以稅賦為前提，而稅賦是聯結國家與全體國民（即納稅人）的給付基礎。普選基於主權在民原則，稅賦實質上也是基於主權在民原則。因此，社會福利國依賴於普選和稅賦。基於主權在民原則的普選和稅賦正是在國家與社會二元結構中持續存在的。

　　確定社會福利國與自由法治國的關係對於立法、行政、司法審查都具有重要意義。

　　就立法而言，首先，自由法治國也要求立法機關必須尊重主權在民這一憲法基本原則，因為沒有這一基本原則，自由法治國和二元論都不可能存在。有這一原則作保障，民主就自然地成為國家制度的持續基礎。而立法機關的一切作為都是以民主為基礎。在行政法學中，通常將社會國原則解釋為憲法基本原則。但本教程認為，社會國原則無必要、也不能成為憲法基本原則，因為主權在民原則包含著社會國原則。根據主權在民原則由普選產生的立法機關和行政機關必然以國民充分實現社會基本權利為立法和行政的目的與目標。如果將社會國原則作為憲法基本原則，那麼，有可能削弱自由法治國的地位；進而損害主權在民原則和國家社會二元結構。因此，社會國原則不是、也不能是憲法基本原則。其次，立法機關在制定社會福利國的法律時須保證自由法治國的基本原則和制度得以持續存在，

須保證國民持續地享有在自由法治國面向下的基本權利和自由。立法機關因為社會福利國的實施和實現對某些基本權利（比如私有財產權）附加的義務不能影響自由法治國的正常運行。合比例地對某些基本權利附加義務與社會福利國的存在與實現是一致的；對某些基本權利附加義務正是為了使國民能夠更充分地實現社會權利。再次，立法機關得以合比例地制定自由法治國與社會福利國各自的法律，以及制定它們之關係的法律，而不至於使後者湮沒前者。此對於法律體系的合理性極為重要。自由法治國的法律多為消極規範，即要求國家權力消極地行使；社會福利國的法律多為積極規範，即要求國家權力積極地行使。積極規範與消極規範應符合比例性存在，使法律規範體系既能積極地為國民實現社會權利，而又不至於損害屬於社會和私人領域的古典基本權利和自由。而從自由法治國與社會福利國的關係來看，有些社會福利國面向的法律與自由法治國面向的法律是相互依存的。比如，福利給付和養老金給付的法律須以保障職業自由和勞動權為前提。社會福利國的法律規範往往同時需要國家管理的積極規範。比如，一項社會公正的法律規範須有國家維護公平競爭的管理法律規範同時存在。

　　就行政而言，合理的法律體系是行政的基礎。在社會福利國領域，依法行政雖然仍是行政機關活動的主要原則，但行政機關也擁有多於管理行政的自由裁量權，這是因為聯結自由法治國與社會福利國的法律體系已經由立法機關建立起來，這個法律體系就是稅賦法律體系。公正合理的稅賦法律體系既能保證自由法治國的存在，也能保證社會福利國在自由法治國的基礎上運行。換言之，建立公正合理的稅賦法律體系是使自由法治國與社會福利國同時正常、正當地存在與運行的有效方法。國民也可以通過稅賦法律體系感受到自己在自由法治國與社會福利國關係中的雙重存在。在稅賦法律體系已經建立的前提下，國家對社會及其成員的給付總額基本確定。根據權力分立原則，行政機關作為稅賦法律體系的執行機構，擁有直接支配此給付總額的權力，如何運用稅賦給付使社會福利國正常、正當地運行，行政機關擁有實際行使的權力和直接實施的權力。在國家層面上，

行政機關對社會及其成員的給付根據是稅賦法律體系和稅賦總額；在社會層面上，此給付根據就是國民的社會權利和給付請求權。但是，即使立法機關已經建立起公正合理的稅賦法律體系，即使這個稅賦法律體系可以保證自由法治國與社會福利國同時正常、正當地存在與運行，行政機關行使給付裁量權仍然須受合理性原則約束。也就是說，在給付總額確定的前提下，行政給付仍然須考慮和保障自由法治國與社會福利國諸要素及其關係合比例地存在與運行。立法機關對此的考慮是整體考慮，行政機關對此既要整體考慮，也要具體考慮，因爲行政給付既體現爲整體給付，也體現爲對局部的、部分的給付。

就司法審查而言，根據權力分立原則，司法機關受不告不理原則的約束，往往被動地行使權力。但是，本教程認爲，司法機關有義務能動地審查稅賦法律體系的正當性與合理性，並予以充分的論證。這是因爲稅賦法律體系對於自由法治國與社會福利國的重要性足以影響到它們的存在、運行與成長；進而影響到國家與社會二元結構的存在。支配司法權的權力分立原則立基於主權在民原則。如上所述，主權在民原則是國家與社會二元結構、自由法治國與社會福利國存在的憲法根據。主權在民原則通過權力分立原則約束司法權。司法機關對稅賦法律體系的整體審查不是代替個案審查，但可以減少個案發生。司法機關仍然需要處理涉及自由法治國與社會福利國的個案請求權。無論是整體審查還是個案審查，其審查的基準都是自由法治國與社會福利國各自的本質規定性，以及它們關係的本質規定性。司法審查的結果不能違反此本質規定性。只要司法機關恪守這樣的基準，就不會僭越司法審查權的界限，就不會損害權力分立原則和主權在民原則。

對於行政法學研究而言，公正合理的稅賦法律體系可以避免對自由法治國和社會福利國在界定上的爭議。自由法治國和社會福利國作爲一個國家的不同面向，既具有各自的特徵、功能、表現形式，又須有一個適當的制度系統將兩者聯結起來，根據主權在民原則，此制度系統就是稅賦法律體系。用稅賦法律體系聯結自由法治國和社會福利國可以使兩者各自的特

徵、功能、表現形式頓時顯現。有了主權在民原則，稅賦法律體系的公正合理的程度較易把握。稅賦法律體系的公正合理的程度實際上就是國民對國家權力運行的滿意程度。對此，可以將「動態定量分析方法引入法學研究。定量分析方法就是圍繞現實情況對特定對象的總體作出必擇其一的判斷」。特別是，對於稅賦而言，「法律模態化的過程密切關聯著將法律關係各個維度形式化的過程。」[23] 只有研究法律上的關係，而不只是解釋個別性的法律規定，才能得出綜合性的、體系性的科學的法學知識。[24] 在稅賦法律體系中，通過對收入和消費指數的總體情況定期的定量分析，把握社會成員收入支出比例，基此瞭解社會對稅賦法律體系的滿意度，為適時調整稅賦、強化國家與社會的合力提供根據。同時，將稅賦法律體系作為自由法治國和社會福利國的聯結要素可以無可爭議地將稅賦法律納入本應所在的憲法和行政法的領域。稅賦法律理論實際上就是憲法和行政法原理通過稅賦法律體系體現出來的理論。稅賦法律學是憲法學和行政法學的分支。

---

23 Денис Андреевич Дегтерев, Примнение Математических Методов В Юридической Методологии, Государство И Право, 2014, № 8, с . 82-87. 這種方法被稱作「數理法學」，係交叉學科的研究領域。在其中，法律系統、法律現象、法律任務之形式化的參數仍有待詳細地分析研究。而每一項研究都應該基於一般原理，即關於被研究的現象和過程的定量分析對象和實質的一般原理。如果研究者不僅考慮定量參數，而且考慮非形式化的定量知識，那麼，數理法學可能是富有成效的。參見 Керимов Д. А., Философские проблемы права. Москва, 1972. Чубукова С. Г., Элькин В. Д., Основы правовой информатики. Москва, 2010.

24 Коркунов Н. М., Лекцин по общей теорин права. СПб., 1907.

第五章　稅賦公正與行政

　　公正合理的稅賦法律體系建立起來後，行政機關作為執行法律的機關是支配稅賦收入進行管理和給付的國家機構。因此，稅賦公正與行政機關也有著密切關係。

一、稅賦公正的原理

1. 稅賦公正的涵義

　　稅賦公正首先應該是指公正合理的稅賦法律體系，即以直接稅為主幹的稅賦法律體系、直接稅與間接稅的合理比例、所得稅的合理比率、累進稅率的合理上限、稅賦負擔的對償原則與量能原則等等。接著應該是指公正地實施稅賦法律。再次應該是指合理地使用稅賦收入，包括合比例的管理開支與給付支出。在管理開支方面，奉行節約反對浪費是公正。在給付支出方面，遵循平等原則係公正，即在一些方面實現形式平等，在另一些方面實現實質平等。這是通常的對稅賦公正的理解。事實上，稅賦公正的構成包含更為豐富的內容。

2. 稅賦公正的構成

　　本教程認為，稅賦公正的構成包括：自然限度、稅賦法律體系、稅賦總額上限、量能課稅與公平競爭機制、滿足需求（管理開支與給付支出）。

2.1 自然限度

　　稅賦公正不是以滿足國家與社會的需求為原則，而是以自然限度為原則。也就是說，需求不是徵稅的邏輯起點，自然限度才是徵稅的邏輯起點。稅賦源於財產；財產源於自然資源（包括再生資源）和其他資源。

自然限度與徵稅總額的關係，是指以自然資源及其他國家資源的可持續
爲原則確定每年徵稅總額的上限。徵稅總額的上限必須在自然限度以下；
徵稅總額的增減應該與自然資源的增減成比例。超過自然限度徵稅便不具
有正當性，因爲國家及其國民生存在自然宇宙中；自然宇宙法則約束著國
家及其國民的生存活動，對它們的違反就是對自然宇宙正義的違反。自然
限度與稅賦的關係看似間接，實爲直接。如果以需求爲邏輯起點徵稅，或
者說，如果以需求爲原則尋找財政來源，那麼，由於需求受消費剛性的驅
使，便會無止境地向自然索取財富，這樣就會衝擊自然限度，無疑地會直
接影響到自然的可持續發展，進而直接制約國家的可持續發展。自然的可
持續就是稅賦的可持續。以稅賦的可持續來源爲原則滿足需求，自然與需
求就會形成良性循環。

2.2 稅賦法律體系

稅賦體系是指各類稅種有機地組合構成，通常由所得稅、營業稅、增
值稅、消費稅、資源稅、關稅等構成。稅賦體系按照納稅負擔是否可以轉
嫁，可以將各類稅種分爲直接稅和間接稅。憲法學通常用直接稅與間接稅
的合理比例證明稅賦公正，因爲稅賦是從憲法基本原則中產生的。公正的
稅賦體系基於直接稅與間接稅的合理比例。

直接稅是指納稅義務人與納稅負擔爲同一者的稅賦。間接稅不是以稅
賦負擔的屬人因素爲基準，而是以稅賦所能掌握的經濟客體爲基準的稅
賦。[1]直接稅使納稅義務人可以直接感知自己的納稅情況，包括課稅的輕
重，並通過課稅輕重感受到稅賦公正與否。因此，納稅義務人就會通過議
會的代表表達自己的意見、控制政府對公共資金的使用。在間接稅制下，
由於納稅人與稅賦義務是分離的，這樣，納稅人作爲國家權力的直接來
源便失去了直接控制國家課稅的權利，從而損害了憲法上的主權在民原
則。[2]

1　葛克昌，《國家學與國家法》，第 82-83 頁，元照出版公司，1997 年。

2　Dieter Brik, *Steuerrecht*, 3., Auflage, Rn. 43, Rn. 1260; Alfred Katz, *Staatsrecht*, 14., Auflage, 1999, C. F. Müller Verlag Heidelberg, S. 71. 引自同上。

　　稅賦法學家已經證明，與間接稅相比，直接稅更符合人性，而符合人性就是符合公正合理的基本價值。所得稅被認爲是最基本的直接稅。德國稅法專家 Neumark 說：「所得稅比其它任何稅都更能體現人性、民主性和社會性。」[3]將所得稅作爲主要稅種的直接稅，把納稅人的個人財產權、納稅人主權、政府合理使用權和議會民主有效地結合起來，從而培育出積極的選民、合格的代表、有效的議會和節約型政府。因此，以直接稅爲主要稅源的稅賦體系是基於民主、可以實現稅賦公正的稅賦體系。

　　稅賦作爲個人對國家的經濟貢獻需要法律的約束來完成。對於個人而言，稅賦必須是個人實現經濟自由情況下的一個可預見的負擔因素；對於國家而言，稅賦是國家一個可規劃的量值，藉此確定任務範圍和完成任務的財政因素。正是與法律相聯繫，稅賦才成爲國家制度的一部分，正是通過法律才使稅賦負擔分配公平成爲可能。稅賦法律不僅體現了作爲國家制度基礎的公平原則，同時還體現了國家的目標、價值觀和國家與國民的關係。稅賦法律和稅賦體制的性質，對國民與國家的關係和普遍的納稅道德起著決定性的作用。[4]稅賦法律體系是一個國家的法律體系的一部分。稅賦公正包括稅賦體系的公正和稅賦法律體系的公正。

2.3　量能課稅原則

　　稅賦法律根據量能課稅原則分配稅賦負擔。量能課稅是「依納稅人個人經濟負擔能力平等課稅」的簡稱。量能課稅是指基於營利的事實，而非營利能力；針對所得或財產之現有的狀態，而不及於其應有的設想；非基於人人平等，亦非按有無工作能力或教育程度，或受就業救助而增進之就業能力，而負擔相同稅賦。量能課稅原則是從憲法中的平等原則即實質平等原則導出的。[5]稅法上的量能課稅原則是憲法上的自由、平等、博愛理念的體現。自由係指國民與國家的關係只通過稅賦來聯結。平等是指用實

---

[3]　Fritz Neumark, *Theorie und Praxis der modernen Einkommensbestuerung*, S. 1, Bern, A. Francke, 1947.

[4]　Dieter Birk，《德國稅法教科書》，第 13 版，第 1 頁，徐妍譯，北京大學出版社，2018 年。

[5]　葛克昌，《國家學與國家法》，第 63 頁，元照出版公司，1997 年。

質平等保證形式平等，用實質正義保證形式正義。博愛意味著無能力者也可獲得國家給付。

　　量能課稅原則是稅賦公正在稅賦法律上的體現，對其的度量是以相對的方式爲之，亦即兼從納稅義務人相對負擔的大小認識徵稅是否符合量能課稅原則，因爲個人負擔稅賦的能力難以以絕對度量。量能課稅原則通常以平等課徵來體現，但是，量能課稅的實質公正的內容出自於該原則本身，而非源於平等原則。平等的體現只是在納稅義務人客觀之負擔能力的限度內，基於納稅義務人對於國家在稅賦上之義務關係，對納稅義務人之負擔能力的利用，應維持其相對的合理關係，而平等課稅。一個不顧納稅義務人最低生活需要的所得稅不因其課徵符合平等原則而符合稅賦公正，因爲其違反量能課稅原則。根據量能課稅原則，所得需減除保障生存的必要費用及負擔，始得爲課稅的起徵點。[6]在社會福利國面向上，國民生存所必要的需求或者生存基本額的法定要件須在經濟公法體系中予以明確規定，作爲行政給付及國民請求的根據。

　　量能課稅原則無疑地可以體現稅賦公正。深入地考察，在量能課稅原則前面應該還有一個原則保證該原則的公正存在和運行，這就是平等競爭原則。稅賦源於財產。公正合理地取得財產是稅賦公正的前提。擔稅能力是與取得財產的能力成正比的。如果納稅義務人沒有公正合理地取得財產的能力，怎麼會有擔稅能力。換言之，如果納稅義務人不能公正合理地取得財產，怎麼會公正合理地承擔納稅義務。在這樣的狀況下，納稅義務人的實際納稅義務不可能與其實際的財產所得相對應。而所得稅是國家財政的主要來源。因此，國家擁有保證公平競爭的法律機制是國民公正取得財產的前提；而公正取得財產又是量能課稅的前提。因而，公平競爭的法律機制雖然在稅賦法律體系之外，卻是稅賦公正（包括稅賦法律體系公正）的前提。

6　黃茂榮，《稅法總論》，第 148-149 頁，元照出版公司，2005 年。

2.4　滿足需求

　　稅賦用於需求包括國家管理的需求和國家給付的需求。稅賦用於國家管理與國家給付的比例係以自由法治國與社會福利國各自的思想以及它們的關係爲根據。原則上，自由法治國要求國家消極地行使權力，社會福利國要求國家積極地行使權力。因此，稅賦用於自由法治國面向應少於用於社會福利國面向。這個比例關係也可以適用於管理行政與給付行政的比例關係，但又不是絕對的，因爲在某些方面，管理方法與給付方法必須同時使用才能成爲管理行政或給付行政。

　　稅賦用於國家管理方面，不像用於國家給付那樣，可以估算出一個基本確定的數額。因此，稅賦用於國家管理只能遵循一些原則，比如奉行節約，能省則省的原則。具體地例說，國家應建立一個可實施的正當的法律體系，根據此法律體系既可以使國家機構正常正當地運轉，也可以維護社會秩序。這便是管理成本最小、效益最大的體現。在自由法治國面向上，國民就是根據這樣的公正的法律體系的指引，在法律秩序內進行私人活動，以及私人之間的活動。

　　在社會福利國面向上，是在給付總額確定的條件下，確定社會及國民的需求給付，而不是相反。這種邏輯理念成爲國策時還可以降低人口出生率。韓國計畫生育政策的口號「多生會變窮」就是告誡國民國家的生存給付總額是有限度的。給付總額應該是在滿足國民最低生存標準的基礎上還有給付能力滿足國民實現更多的基本權利，後者如提供公共設施。而從社會角度看，社會及國民的需求是可以計算的，因爲需求的法律要件是可以確定的。

　　對於社會，國家提供的公共設施應該能夠滿足社會的基本需要，比如，文化生活是在相應的文化設施內；體育活動是在體育場館、場地內；等等。這是可以通過對一個城市或地區的人口數的統計予以確定的。

　　對於國民個人，滿足需求的法定要件是需求事由。國家對個人或家庭的生存照顧係針對不足最低生存標準所必要之需求，其需求之法定要件不在於個人或家庭經濟上的匱乏，而在於其匱乏之特殊事由，比如疾病、文

盲、無謀生能力、失業、受災者、低收入等等。[7]此種法定要件的根據是國家給付以個人自我負責爲基礎，個人應首先通過自我努力維持生活與生存。在竭盡一切方法後仍未能達到最低生存標準時，個人或家庭應該得到國家給付救助。

在這種國家救助義務的前面還有一個義務，就是國家保障自由公平競爭的就業環境。國家的此一義務先於其給付義務。就業環境越是自由公平，國家對個人或家庭的救助給付就會越少。個人行使基本權利以達到自我實現、自我成就，國家以保障自由公平競爭爲主，以救助給付爲輔。

3. 稅賦公正與基本權利

現實已經證明，社會福利國高度發展的結果，其自身已成爲社會問題。由於要求國家給付的社會需求越來越多，國家對國民的給付不斷擴展，這使得國家一面對有工作所得者課以較重的稅賦，一面對失業者給予相當的救濟，使工作所得者和失業者雙雙喪失工作意願。提供給付的來源總是不及需求的增加。因而，只注重給付而忽略給付來源的社會福利國在稅賦法律體系上是會影響稅賦公正的問題，在憲法上會損害基本權利和自由，在自然哲學領域會衝擊自然限度。[8]關於稅賦公正與自然限度的關係已如上述，這一節只論述稅賦公正與基本權利的關係。

3.1 課稅權行使的原則

在立憲國家，憲法對稅賦以及徵稅權的規定應該包括：I. 課徵稅賦的各種名稱，直接稅與間接稅的比例分配。II. 中央與地方各自的徵稅權限。III. 對稅賦正當性的司法審查權。稅賦因國家管理與給付的需要而徵收，

7　葛克昌，《國家學與國家法》，第 64 頁，元照出版公司，1997 年。
8　關於是否爲「福利國家」，其判定基準很多，有以社會安定體系是否達到特定標準者，有以中央政府預算福利國家經費是否達到一定程度者，有以國家對人民經濟生活干預的大小爲準者。本教程的判定標準是：①每人擁有一張平等的選票選擇國家的最高立法權與行政權。②法律體系關於國民的社會權利及其請求權的規定極爲詳盡。③國民個人每年工作六至七個月就可以生活得很好（指經濟收入），餘下時間用於進修、休閒等。④大學本科以下的教育全部免費；醫療保障爲終生；養老等社會保障沒有爭議。但是，是否能夠建立此等福利國家，應視國家能力而定，包括納稅義務人的擔稅能力；還需要檢視納稅義務人的主觀意願。

課稅權的行使以必要和平等爲原則。

3.1.1 必要原則

　　就課稅權的行使而言，對基本權利和自由的限制之最常見的標準即是否爲公益所必要的 I.「必要原則」。課稅方式不得超過其公益目的——公共需求的平均分擔，亦即 II.「禁止過當原則」。尤其課稅以公平負擔國家財政需要爲目的，自應選擇 III. 對納稅人損害最小的方式，且不得使目的與方式之間達到顯然不相當的地步。同時，只能對納稅義務人的財產「以法律限制」。換言之，只能「限制」而不能「剝奪」。稅賦是以納稅義務人經濟上處分自由爲前提。納稅義務人對自己的財產享有自由處分的權利。納稅客體（指所得、不動產、營業等）是納稅人處分自由的基礎，如被剝奪，稅賦亦無存在的可能。課稅自然不得損及自身存在基礎：過度課稅，會損及人民納稅和工作的意願，即損及個人工作及投資意願、因而會減緩經濟和就業的成長，而首當其衝者即是低收入者。課稅的限度，以 IV. 不妨及再生利益爲限，即不損害到擴大再生產的能力，財政學上保持稅源法則，同時也是法律規則，個人對經濟活動的積極性是稅賦國的前提，國家一方面對此加以保障，並藉以取得稅賦，以推行其國家任務。國家財政常規收入，全部依賴稅賦；同時，非稅賦的財政手段，僅在特殊的正當理由下，始得許可。[9]

3.1.2 平等原則

　　平等原則在稅法上的特殊性：I. 稅法是否違反平等原則，在於立法者是否經過權衡，而爲合理的不同處置。進一步看，是否違反平等原則，端視是否經過權衡、是否合乎比例原則，如果立法者經過權衡，又不違反比例原則，依權力分立原則，應尊重立法裁量權；這是一種觀點。另一觀點認爲，稅法是強制性規範，納稅人具有絕對義務。不能僅以法律有依據，即有服從義務。立法是多數決定，爲保障少數人，稅法應受嚴格平等原則的拘束，不能僅以立法者經過權衡、不違反比例原則爲標準。II. 平等原

9　葛克昌，憲法國體——租稅國，載《經社法制論叢》，第 3 期，1989 年 1 月。

則在稅法上適用有雙重涵義：一是平等原則作爲稅法的立法原則，立法者受平等原則拘束，所立之法應與憲法正義價值觀相一致，此種稅賦正義應平等無差別地在法定要件中貫徹。二是平等原則作爲法律適用原則，要求法律面前平等，亦即徵稅機關和法院，在適用稅法時，應符合平等原則。III. 平等要求，應適用較爲嚴格的審查基準，以免根據多數決定原則而制定的法律侵犯少數人的權益。IV. 平等原則在稅法上，實際上是指實質平等。就所得稅立法而言，平等原則的適用有兩個方向，一個是在稅賦公平與稅賦正義要求下的平等原則；另一個是強調立法機關在立法時對所得稅須通過衡量，加以決定，包括對財政政策、經濟政策與課稅實務的衡量在內。但須注意的是，國民之間稅賦負擔的相對平等所形成的稅賦正義，是民主憲政國家的基石。如果立法衡量權過大，則使得量能原則成爲立法原則，導致實務中仍停留在政策決定的地位，無法取得憲法保障。量能原則在個別稅法中，可視爲體系性平等要求，在量能原則的體系下平等負擔稅賦，立法者的立法須在此體系下，嚴格衡量其正當合理性。[10]

　　從上面的論述可以看到，課稅權行使的必要原則和平等原則都屬於合理性原則。所謂「必要」，意味著國家必須徵稅才對納稅人徵稅，而「必須」又是因爲用於管理與給付的需要。因此，必要原則涉及立法、行政、納稅義務人及國民之間的多重合理關係。所謂「平等」，實際上是運用實質平等實現形式平等。因此，無論是立法機關的立法還是行政機關的執法，徵稅權的行使都體現爲共和理念。徵稅權產生於民主；徵稅權的行使基於共和。共和高於民主；運用共和的難度也高於運用民主。由此可以看到，公正合理的稅賦法律體系的建立及其運行對於一個國家的重要意義。

3.2　納稅義務與基本權利

　　就基本權利和自由的功能而言，基本權利和自由對課稅權具有約束力。財產的個人所有權是自然權利。「自然法賦予每一個人一種稱作所有

10　葛克昌，《所得稅與憲法》，第 46-49 頁，翰蘆圖書出版有限公司，2003 年。

權的權利，這種權利是個人利用自己的勞動創造財富的前提。」[11]私有財產權（個人所有制）是憲法上的基本制度，與私法自治原則結合，產生職業自由、經營自由、契約自由。因此，憲法保障個人經濟活動自由。進而，財產權受憲法保護。納稅義務人必須保留其職業收入、資本收益、不動產使用的經濟利益。如果納稅義務涉及到對財產權的侵犯，便是憲法所禁止的。財產權自由之基礎是個人的整體財產。個人稅賦負擔過度是指對個人整體財產受到侵害。[12]再次，個人自由是納稅義務的基礎。基於個人自由的經濟上的自我負責是個人生存的前提，國家救助給付行為因而只是補充性的行為。只有通過稅賦履行財產權的附加社會義務，財產所有人才能實現在經濟活動中的自由與自主。

　　如前所述，量能課稅原則也是稅賦法律體系中納稅義務與基本權利關係的結構性原則。稅賦並非國家對私有財產權的分享，而是對財產權人經濟活動行為所得的法定盈餘參與分配，因此，其稅賦客體由納稅義務人的經濟負擔能力所組成。[13]量能課稅原則具有保障個人及家庭的財產權和經營自由的功能。量能課稅原則通過平等權約束立法機關的稅賦法律制定權。換言之，稅賦法律對納稅義務的規定是否侵害基本權利，量能課稅原則是其基準。量能課稅原則在對稅賦法律的司法審查中也具有基準功能。

　　就私有財產權的義務而言，私有財產權不僅不能妨礙國計民生之平衡發展，而且負有義務。不僅負有納稅義務，而且其行使須有利於公益。因此，對財產權課稅包括對財產取得課稅（比如所得稅等）、對財產權之使用課稅（比如各種間接稅）、對財產權持有課稅（比如地價稅、房屋稅等）。根據憲法上的保障，個人的財產權只有在行使時，國家才能介入課稅。對於靜態的財產權狀態，即單純的財產權持有，只能例外地課以輕稅。[14]並且，「政府利用社會成員繳納的、政府自己有權支配的稅賦保護

---

[11] Поль Анри Гольбах, Основы Всеобщей Морали, или Катехзис Природы, Vol. I, cha. 1, § 25, Издательство Социально-Экономической Литературы, Москва, 1963.

[12] 葛克昌，租稅國危機及其憲法課題，載《台大法學論叢》，第 20 卷第 2 期，1991 年。

[13] 葛克昌，《國家學與國家法》，第 65 頁，元照出版公司，1997 年。

[14] 葛克昌，租稅國危機及其憲法課題，載《台大法學論叢》，第 20 卷第 2 期，1991 年。

社會成員餘下的所有私有財產。只有在這種條件下，人民才會同意把自己
的一部分收入交給國家」。[15]

二、稅賦公正與行政

1.國家稅賦總額上限的根據

以私有制爲主體的經濟體制承認私有財產權、納稅義務人的職業和營
業自由，並肯認私法自治原則，國民據此自行安排其社會及經濟生活。國
民無公法上的勞役義務；國家對生產工具無概括及全面的支配權。國家財
政之來源主要是取之於稅賦。[16]從形式上看，稅賦作爲財源來源於個人或
法人的財產，而從實質上看，稅賦終極地來源於自然資源。因此，稅賦總
額的上限包括自然資源的可持續來源和其他資源的可持續來源。

1.1 自然可持續的論證

受自然宇宙法則支配的自然實體是稅賦的可持續來源。通過對自然資
源的可持續論證可以確定稅賦的可持續來源，即以自然資源的可持續確定
稅賦總額的上限。通過稅賦的可持續來源制定國家的發展政策。對自然資
源的可持續論證需要確定論證的對象，即確定作爲終極的稅賦來源的自然
資源。地下資源、土地、可再生自然資源是論證的主要對象。論證結果的
精確度取決於獲取的資料的質量。如果通過稅源的調查，即以主要稅種和
稅源的來源制定國家的發展政策，就是忽視了自然實體對國家發展的決定
性作用。因此，稅源保持原則的前面實際上還有一個原則，即自然資源的
可持續原則。它對於稅源保持具有重要作用。在稅賦體制和稅賦法律體系
中，「所謂徵稅就是對個人所得和法人所得徵稅，對財產所有徵稅，對收
入和財產使用徵稅」。[17]由此可見，徵稅的內容在在關聯到自然資源。

---

[15] Поль Анри Гольбах, Основы Всеобщей Морали, или Катехзис Природы, Vol. II, cha. 6, § 12, Издательство Социально-Экономической Литературы, Москва, 1963.

[16] 葛克昌，《國家學與國家法》，第 176-177 頁，元照出版公司，1997 年。

[17] Dieter Birk，《德國稅法教科書》，第 13 版，第 21-27 頁，徐妍譯，北京大學出版社，2018 年。

1.2 其他資源來源的可持續論證

現代國家，稅賦是國家的主要財政收入，稅賦也是國家的主要支付能力。所以，課稅是唯一合法形態。其他公課非有特別的法律依據不得為之。稅以外的公課包括規費、受益課徵、公法團體會費、其他非財政公課及社會保險費。稅賦法律不適用於上述公課。稅賦是為了滿足一般財政需求，而根據納稅義務人的擔負能力為標準；其他公課的衡量標準不在於擔負能力，而是根據不同情況而有所不同地課徵。[18]在稅賦法律體系之外，行政機關為了平抑物價、抑制壟斷、充實國庫收入用於給付等行政目的，也通過國家企業從事經營活動。

2. 滿足國民需求

滿足國民需求不是指國民需求的上限，而是國民的基本需求，包括最低生活水準和各種社會保障。

2.1 最低生活水準

最低生活水準的根據大致包括兩個方面內容：I. 最低生活所需。最低生活費用標準根據在一個城市或當地前一年家庭的經常性支出的平均數額的百分比範圍內訂定。II. 需求給付的法定要件。以家庭每年總收入按照該家庭人數的平均數額是否低於最低水準。[19]

但是，最低生活水準在不同國家能力的國家是不同的。特別是，最低生活水準不能被理解為只是物質水準，即不只是滿足衣食住等物質需要，而應該包括起碼的精神和文化上的需要，在這些方面也能達到一定水準。甚至是對特定群體的全面生存照顧，特別是對兒童撫養、教育、培養，使其能夠正常成長，也是國家對國民的基本給付保障。比如，在俄羅斯聯邦社會保障法律體系中：I. 國家對殘疾人的社會援助，除了退休生活保障外，根據法律和規範性法令保證他們有充足的社會生活保障。國家實施體

---

18 葛克昌，憲法國體——租稅國，載《經社法制論叢》，第 3 期，1989 年 1 月。
19 同上。

系性的經濟、法律、社會援助措施，爲殘疾人提供條件，使他們克服生活障礙，旨在爲他們創造機會參入社會。[20] II. 國家充分保障兒童以及不論機構資格形式和所有權形式的機構生活必需的設施系統（各類建築物）。國家爲居民，列入兒童，提供社會服務，以及積極實施工作保證完整的生活，維護健壯成長、學習、教養、休息，增進健康，保證兒童發展，滿足他們的社會需要。[21]國家要求各種機構（無論機構的資格形式和所有權形式）都須實行措施爲兒童以及公民提供社會服務（包括社會援助、給予社會福利、醫療社會性（медико-социальной）、心理教育、法律服務、物質幫助，各種機構須保證兒童的休息和衛生條件、在困難生活情況下的應變，保障這樣的兒童在達到勞動能力年齡時獲得就業），實施非教育性的法人企業家活動爲居民（列入兒童）提供社會服務。[22]III. 國家對老兵的社會援助，採取體系性的措施，包括特種退休金，給付資助金，提供住房給付，支付市政服務的費用，提供醫療保健服務。[23]IV. 爲老年國民提供社會服務，比如，到家裡的社會服務（包括社會—醫療服務）；社會服務機構在住處提供日間（夜間）的流動社會服務；常設的社會服務機構（養老院、膳宿公寓、及不論名稱的其他社會服務機構）的常設的社會服務；定期的（срочное）社會服務；社會—諮詢援助。[24]再如，《日本生活保護法》第 2 條規定：對全體國民給予無差別的平等保障；第 3 條規定：根據本法保障的最低限度的生活必須是能夠維持健康的、具有文化意義的生活水準的生活。據此，保障的範圍也就不只是物質幫助，而包括更多的內容。《日本生活保護法》第 11 條規定：保障的種類包括生活扶助、教育扶助、住宅扶助、醫療扶助、介護扶助、分娩扶助、就業扶助等等。一般

20　1 Федерального закона от 24 ноября 1995г. № 181-ФЗ «О социальной защите инвалидов в Российской Федерации».

21　1 Федерального закона от 2 июля 1998г. № 124-ФЗ «Об основных гарантиях прав ребенка в Российской Федерации».

22　1 Федерального закона от 24 июля 1998г. № 124-ФЗ «Об основных гарантиях прав ребенка в Российской Федерации».

23　13 Федерального закона от 12 января 1995г. № 5-ФЗ «О ветеранах».

24　1, 16 Федерального закона от 2 авеуста 1995г. № 122-ФЗ «О социальном обслуживаинн граждан пожилого возраста и инвалидов».

認為，給付保護需要個人提出請求，但是，這也不是一律的要求。政府可以根據情況需要利用職權主動保護。《日本生活保護法》第 7 條規定：保護之開始基於需要保護者、其扶養義務者或者其他同居親屬的申請。但是，在需要保護者處於急迫狀況時，作為例外，即使沒有申請，根據職權可以進行必要的保護。所謂急迫狀況是指，不僅僅限於無法維持最低限度的生活狀況，還包括如果置之不管，將威脅到保護對象的生存，因此根據社會通常觀念不得已根據職權介入的狀況。[25]

2.2 社會保障體系 [26]

社會保障主要依賴於稅賦，在給付總額確定的前提下，行政機關有權力也有義務建立社會保障體系，並通過立法機關的立法予以確定。社會保障體系的憲法基礎是以生存權為主的社會權利體系。社會保障是指對於社會成員因疾病、負傷、身心障礙、老年、失業等種種因素所致之生活貧困，由國家以救助方式保障其最低限度生活外，並通過公共衛生與社會福利的提升，使所有國民得以享受符合文化社會的生活。據此，社會保障體系涵蓋社會救助、社會保險、社會福利服務、社會津貼等方面。

社會救助。國家對難以維持生活之窮困者提供扶助，稱為社會救助。救助的來源係稅賦及其他國庫收入。社會救助的特徵在於：I. 公費負擔，無須救助者事前分攤。II. 以貧困者為救助對象。救助的條件是受救助者以己力（資力、能力）無法維持法定之最低生活水準。因此事前須有資產調查。III. 根據「生活自己責任」原則，國家僅負補足最低生活水準部分的補充義務。IV. 現金給付為主，通常具個別性。

社會保險。社會保險是將保險技術應用於勞工、國民的生活危險事故的保障，除保險固有原理外，尚須結合社會性（扶養性）原理。社會保險由於其某種程度的自償性並受收支均衡原理的拘束，為世界各國普遍採用，可以說是最重要的社會保障方法。社會保險的制度特徵在於：I. 應用

25 《日本生活保護法》條文，韓君玲譯，載《日本最低生活保障法研究》，商務印書館，2007 年。

26 蔡茂寅，社會保障法概說，載《人權、正義與司法改革》，元照出版公司，2014 年。

保險技術，因而具有分散風險的特徵。II. 基於其社會性，強調社會連帶與互助，因而常設計成強制保險。III. 其給付對象不限於貧困者，發生生活事故者也是主要給付對象，因而具有防止貧困的功能。IV. 加入保險，繳納或分攤保險費（乃至保險稅）是受給付的條件，但通常仍有公費負擔或雇主負擔。V. 保險給付雖爲個別給付，但一般化適用的程度極高。

　　社會福利服務。社會福利服務係指將身心障礙、老年等在社會生活上的障礙作爲必須保障的範圍，對之提供助成性的醫療、收容於福利機構、居家照護，或其他實物給付等非金錢給付，藉此減輕、緩和，及至除去生活上之障礙。社會福利服務的制度特徵是：I. 公費負擔。II. 服務對象與範圍係生活之障礙者，與貧困無必然之關聯。III. 以服務給付爲主，但不排除現金給付。IV. 無須事前分攤費用，亦無須資產調查。V. 制度目的在於重建受保障者的社會生活。此處的社會福利服務係一個概念，指對社會生活有障礙者的救助服務；其中的「社會福利」的內涵與外延遠小於社會福利國概念中的「社會福利」。

　　社會津貼。社會津貼係指以法定的生活事由之發生爲條件的給付，給付通常伴隨有所得限制、年齡限制等。社會津貼是以社會救助、社會保險所難以涵蓋的育兒、身心障礙等所生之負擔、支出之增加爲必須保障事由。社會津貼的制度特徵是：I. 公費負擔，不以受給付者的攤付爲前提。II. 以法定生活事由之發生爲給付條件，無須資產調查。III. 均一式的現金給付。IV. 屬於社會救助與社會保險的中間類型。

3. 減免稅的自由裁量權

　　以私有制爲基礎的現代國家，稅賦是國家的主要財政來源。因此，稅賦目的往往即是國家目的。稅賦的主要目的是滿足國家的財政需求，同時，稅賦也要協助其他國家任務的達成，如調整經濟景氣、促進資本變動、國民所得重分配、環境保護、充分就業等等。[27]但是，應對這些動

---

27 葛克昌，憲法國體——租稅國，載《經社法制論叢》，第 3 期，1989 年 1 月。

態因素通常不能通過稅賦法律規則予以規定，而是在稅賦法律中授予行政機關作自由裁量。行政機關的自由裁量權是指在法定的幅度內減稅、免稅，當經濟景氣及相關因素需要時，又可恢復已減、免的稅，直至法定幅度。「行政機關的稅賦法令不得抵觸稅賦法律；不得修改或增補稅賦法律。」[28]此爲《俄羅斯聯邦稅賦法典》確立的行政機關實施稅賦法律的原則。

3.1　調整經濟景氣

　　稅賦作爲調控國家與社會關係的經濟和法律方式，通過稅率、稅賦擔負、稅賦減免等措施可以直接影響經濟增長和社會發展。在公正合理的稅賦法律支配下，行政機關可以運用法律賦予的自由裁量權，通過減免個人所得稅，促進私人儲蓄和私人投資等形式的資本積累；通過對科技產業和國外高端科技人員的工作所得給予減免稅賦和優惠，促進科學技術進步；通過減免稅賦，降低生產者的生產成本，並控制成本推動的通貨膨脹。在社會發展方面，稅賦本身具有促進社會發展的功能。在經濟穩定增長的條件下，低稅賦和減免稅賦可以使國民有更多積累用於進修和深造，從而可以爲個人更好地發展準備條件。

3.2　創造就業機會

　　社會福利國的本質要求在於國家積極地爲國民實現人性尊嚴和人格發展。國民個人實現人性尊嚴和人格發展的前提是具有正當性的法律秩序和基於法律秩序的社會條件。只有具有這樣的社會條件，國民個人才能擁有滿足精神和物質需求的可能性。而工作權或勞動權又是實現這種可能性的前提。國民個人的充分就業是個人自由的組成部分，因爲就業首先可以使個人獲得自由發展的物質基礎，還可以實踐和實現個人的專業能力，此爲個人人性尊嚴和人格發展的組成部分。行政機關，一方面通過稅賦法律上的法定要求，另一方面通過行使稅賦自由裁量權，爲社會提供必要的物質

---

[28] Налоговый Кодекс Российской Федерации. http://kodeks.systecs.ru/nk_rf/

條件使國民個人獲得發展的機會。而所謂行使稅賦自由裁量權就是在經濟景氣良好的情況下，行政機關可以通過減稅或免稅創造就業機會。行政機關通過行使稅賦自由裁量權提供就業機會使國民獲得人性尊嚴和人格發展是稅賦公正的應有內涵。

3.3 強化國家與社會的最大合力

在國家與社會二元結構下，國民與國家定期的聯繫是普選。而稅賦是聯結國家與國民的另一個要素。比作一個四邊形，國家與社會是兩條平行的邊。國家與社會平行才能並進。普選和稅賦是聯結國家與社會的兩條邊。由於普選是定期的，那麼只有通過稅賦這條邊尋求其對角線最長，也就是國家與社會的合力最大。稅賦法律體系的設計在於尋求國家與社會的最大合力。一個公正合理的稅賦法律體系本身就是國家與社會合力最大的表示。但是，社會是變動不居的。這種動態因素往往需要通過行政機關應對，因為法律不能經常修改。通過稅賦使對角線最長，即合力最大，就是行政機關的任務。因此，行政機關擁有減稅、免稅的自由裁量權。一方面，立法機關制定的稅賦法律應該賦予行政機關此種裁量權，另一方面，行政機關行使這種裁量權是為了實現行政目的。通過在法定幅度內調整稅賦，使稅賦法律體系發揮產生最大合力的功能，保障自由法治國和社會福利國雙雙處於最佳運行狀態。

三、請求權與行政

國民的請求權及於一切國家權力機關。在法律體系已經建立起來的前提下，行政機關作為執行法律的機關，是接受國民個人請求權最多的國家權力機關。

1. 人性尊嚴——請求權的根據

人性尊嚴作為基本權利的本質內容源於「天主教徒的信念，一個人係

透過其作爲神的替身性格才獲得其本身的價值。因而其信奉人類尊嚴不可侵犯，以及要求人性尊嚴應受保護，都是因爲他是神的創造物，而且他的靈魂就是作爲神的替身而被創造出來的」。[29]這種宗教信念具有深厚的倫理內涵。人作爲神的創造物的思想既是源於神學，也是源於自然哲學。在自然哲學中，自然學家往往將神等同於自然宇宙的本原或者將神比作某一自然事物。自然的生成同時產生了植物、動物和人類。自然中的萬物之所以是以這種方式而不是以那種方式生成、生長、存在和發展，是自然宇宙法則使然。自然宇宙法則作爲不可改變的法則本身蘊涵著自然正義。它是倫理原則的源泉。人性尊嚴是自然賦予人的價值，它是自然正義的組成部分。人性尊嚴是從基於自然正義的自然秩序中體現出來的。也就是說，人既是自然存在，也是倫理存在。

　　人性尊嚴與時間和空間均無關，而是應在法律上被實現的東西。它的存立基礎在於：人之所以爲人乃基於其精神（Geist），這種精神使其有能力從非人的本質中脫離，並基於自己的決定去意識自我、決定自我、形成自我。[30]這就是說，人性尊嚴得以存在是因爲人是一種精神存在；正是這種精神使人自己能夠從非人的動物類中獨立出來。人性尊嚴是人之爲人的基礎，是人的基本構成成分，是一種普世價值。因此，法律體系既是演繹自人性尊嚴，又是實現人性尊嚴的基礎。法律上的一切請求權都是基於個人的人性尊嚴。職是之故，一些國家直接在憲法文本中確立人性尊嚴條款，其基本權利體系就是從人性尊嚴條款演繹而來；一些國家雖然沒有明確的人性尊嚴條款，但其在憲法上承認和保障個人享有自然權利即爲對人性尊嚴價值的肯定。

　　憲法學通過研究《德國基本法》上的人性尊嚴條款，將人性尊嚴的法律性質大致分爲三類：I. 宣示性規定。其意思是《德國基本法》對人性尊

---

29 Wernicke, Kurt Georg, im: Bonner Kommentar (Zweitbearb), Art. 1 GG, Randnr. 2, Hamburg: Joachim Heitmann, 1983. 引自蔡維音，德國基本法第一條「人性尊嚴」規定之探討，載《憲政時代》第十八卷第一期。

30 Günter Dürig, Maunz/Dürig/Herzio/Scholz, Grundgesetz Kommentar, Art. 1 Abs. 1, Rdnr. 18. München: Beck, 1987. 引自同上。

嚴的保護是一種宣示性的確認規定，因為人性尊嚴是人類固有的，並非由國家創造再賦予個人的。基本法對人性尊嚴條款的具體化、確定化，係屬肯認的行為。人性尊嚴條款也不只是一種倫理性的宣示，其本身不容修憲者加以變更意味著其是具有拘束力的客觀法律之性質的規範。[31] II. 最高法律價值。德國憲法法院將人性尊嚴宣示為內在於合憲的法律秩序的最高法律價值。[32] 基於文義解釋，人性尊嚴是不可限制的；基於體系性解釋，人性尊嚴是整個憲法價值體系的基礎，其影響力及於一切請求權系統，支配各個部門法律中特殊價值的解釋與適用，而不得與之抵觸。其規範效力及於一切國家權力。[33] III. 主觀權利。人性尊嚴是一個實質的首要基本權利，是其他基本權利的最原始的泉源，其效力不僅及於國家，而且也及於私人之間的法律關係。特別是，《德國基本法》第 1 條第 1 項存在一個基於人性尊嚴的請求權，因此，是一個可在訴訟上實施的主觀權利。[34] 這意味著人性尊嚴先於立法和其他國家權力而存在；對人性尊嚴的關注與保護是一切國家權力機關的義務。同時，人性尊嚴的約束力也及於私人主體之間。將人性尊嚴視作主觀權利，而主觀權利存在於主體自身，使個人能夠對自己的自然權利加以認知。既然主觀權利是其他權利的來源，主觀權利當然也就是一切請求權的來源。

　　不僅在憲法上，人性尊嚴也是社會福利國面向上所有法律的基礎。換

---

[31] Günter Dürig, Maunz/Dürig/Herzio/Scholz, Grundgesetz Kommentar, Art. 1 Abs. 1, Rdnr. 73. München: Beck, 1987. v Münch, Ingo, im: Grundgesetz Kommentar, Art. 1 Abs. 1, Rdnr. 36. München: Beck, 1981. Ernst Benda, Die Menschenwürde, im: Handbuch des Verfassungsrecht der Bundesrepublik Deutschland, S. 110, Berlin: de Gruyter, 1983. 引自同上。

[32] BverfGE 1, 322. Ingo Richter, Casebook Verfassungsrecht/von Ingo Richter und Gunnar Floke Schuppert. S. 77, München: Beck, 1981. 引自同上。

[33] Michael Kloepfer, Grundrechtstatbestand und Grundrechtsschranken in der Rechtsprechung des Bundesverfassungsgerichts-Dargestellt am Beispiel der Menschenwürde, im: Bundsverfassungericht und Grundgesetz, Bd., 2, S. 411, Tübingen: Mohr, 1976. Günter Dürig, Maunz/Dürig/Herzio/Scholz, Grundgesetz Kommentar, Art. 1 Abs. 1, Rdnr. 4, 5. München: Beck, 1987. Ernst Benda, Die Menschenwürde, im: Handbuch des Verfassungsrecht der Bundesrepublik Deutschland, S. 110, Berlin: de Gruyter, 1983. 引自同上。

[34] Günter Dürig, Maunz/Dürig/Herzio/Scholz, Grundgesetz Kommentar, Art. 1 Abs. 1, Rdnr. 4, München: Beck, 1987. v Münch. Ingo, Grundgesetz Kommentar, Art. 1, Rdnr.27. München: Beck, 1981. 引自同上。

言之，社會福利國的法律體系就是爲了實現人性尊嚴。比如，《日本社會福祉法》第 3 條：福祉服務以維護個人尊嚴爲宗旨，其內容爲提供支援，使受服務者身心均得到健康培養，或者能夠按照其具有的能力自行料理日常生活。《日本介護保險法》第 1 條：本法的目的是⋯⋯爲了使受介護者能夠保持尊嚴，使其盡己所能地擁有日常生活的自理能力，基於國民的共同連帶責任理念，建立護理保險制度，並制定該保險可獲得的福利等必要事項，以期提高國民醫療保健水準，提高社會福祉。爲實現憲法上規定的人性尊嚴，俄羅斯聯邦立法機關制定了一系列具體的法律，保障國民獲得基本生活條件，比如，《最低生活標準法》、《最低勞動工資法》、《勞動保障法》、《國民健康保障法》、《社會服務基礎法》、《低收入補助金實施法》、《職業聯合會及其權利與生活保障法》。[35]

2. 實體與程序──請求權的雙重功能

國民針對行政機關的請求權既是實體權利也是程序權利，既是實體法上的權利也是程序法上的權利。一個請求權同時包含著實體權利和程序權利。行政法上的請求權既不是單純的實體權利，也不是單純的程序權利。比如，在給付行政領域，國民對行政機關請求給付須通過行政程序，但請求給付的理由和獲得給付的結果都是實體法上的權利或實體權利。在給付救濟領域，針對司法機關的請求權在提起訴訟時從形式上看係程序權利，但卻是基於實體權利而提起。直接要求行政給付，或者通過司法機關要求行政給付，都是實體權利與程序權利的結合。僅將請求權視爲程序權利導致兩個問題：第一，請求權與請求理由分離。這就是說，請求權是程序權利，但請求理由是實體權利或聯結著實體權利。而沒有請求理由（或主觀理由或法定理由或事實理由），請求權就不能產生。請求權與請求理由不可分離表明請求權既是程序權利也是實體權利。第二，因請求權產生的法律效果與請求權沒有直接關係。也就是說，實體權利的獲得無法與請求權

---

35 Ю. М. Козлов, Админисмрамивное Право, Москва, Юристь, 2003г. Н. М. Конин, Админисмрамивное Право России, Москва, Юристь, 2003г.

直接相連，因爲進入程序後，意味著請求權的功能已經完成，此後的法律效果與請求權沒有直接關係。但是，在法律上它們是一種直接關係。一旦請求權成立，即進入法律程序，這並不意味著請求權的程序功能已經完成，因爲請求權的效力在程序上一直約束到最終的法律效果產生。請求權是一種爲了實現某一個具體權利的權利。此權利包含程序權利與實體權利。請求權是同時實現程序權利和實體權利的權利。因此，請求權難以被區分爲實體權利與程序權利。也可能是很難區分，有的論述將這種區分表述爲實體意義上的行政法請求權與程序意義上的行政法請求權。這種表述也是錯誤的。在行使請求權之前或之時，能否產生意義，能夠產生何種意義（或實體意義或程序意義），請求權人是不能確定的。在實體法上，如果行使請求權獲得給付或給付救濟，此時，實現的是實體權利。所謂實體意義上的權利就是行政決定或行政處分中的具體權利，請求權包含在其中。要言之，也不可將請求權區分爲實體意義上的行政法請求權與程序意義上的行政法請求權，而只有行政法上的請求權，它同時產生程序功能與實體功能。

3. 請求權與行政法基本原則

在行政法上，國民行使請求權的根據，或者行政機關爲國民實現請求權的根據也可以通過行政法基本原則加以解釋。或者說，對於國民的請求權，行政法基本原則對行政機關具有約束力。

3.1 請求權與依法行政原則

在行政法上，國民的請求權基於法定、事實或事實的發生；行政機關在依法行政原則約束下爲國民實現此類請求權。

基於法定的請求權是指此種請求權是從法律規定中產生的，包括：I. 法律明確規定的請求權。II. 從國家的義務中推定的請求權，因爲法律上的明確規定往往可能遺漏國民應該享有的請求權。那麼，在缺乏明確規定時，可以通過國家義務推定國民的權利。比如，尊重和保護人性尊嚴是一

切國家權力機關的義務。根據此種規定，國民自己可以通過主觀權利認識和判斷自己的權益，然後請求國家積極作爲以實現自己的權益。在國家權力機關的行爲違反義務規定而侵犯到個人的權益時，國民也可以提出停止侵犯的請求。

對於國民能否請求行政機關制定規範（即立法）的問題，行政法學多持肯定的觀點。但是，本教程認爲，對此也有討論的餘地。這涉及如下幾個方面：I. 行政機關有無固有立法權，即憲法是否賦予行政機關立法的權力。如果行政機關享有固有立法權，那麼對於國民請求事項的立法是否會與立法機關的立法權發生衝突，是否會違反法律保留原則。II. 更重要的是，行政法上的請求權係個體行使的權利，而立法請求權往往需要達到法定人數一起行使，且有更爲嚴格的後續法定程序。其法理在於立法的結果是產生具有一般約束力的規範。這是立法上「約束全體源於全體」原則的要求。對於立法請求權的事項通常在關於立法程序的法律上都有明確的規定，國民可以根據法律規定行使請求權。而要求制定法律規範行政機關作爲或不作爲的請求最好是向立法機關提出，因爲行政機關自己立法自己實施違背權力分立原則。

基於事實或事實的發生也可以產生請求權，這是指當一個事實情況發生時／後，國民也當然地擁有請求權，比如，自然災害造成了個人損失，個人可以向行政機關請求救濟。相對於個人此類請求權的行政機關的義務一般都規定在法律中。

行政機關受依法行政原則的約束爲國民實現上述各種請求權，行政機關不享有自由裁量權。司法審查的對象包括行政機關對待請求權的合法性與處理請求權而產生的法律效果的合法性。

3.2 請求權與行政合理性原則

在依法行政原則的約束下，行政機關也被授予廣泛的自由裁量權。行政機關行使裁量權須受行政合理性原則的約束。換言之，行政機關決定裁量是法律義務，但在裁量時合理地作出行政決定或行政處分也是一種法律

義務。從這種義務中可以推定相對人的請求權，即相對人可以要求行政機關作「無瑕疵的裁量」。這種請求權既可以在裁量之前向行政機關提出，也可以在行政機關違反合理性原則後向司法機關提出。

在行政法學中，有「無瑕疵裁量請求權」的學說，係指個人可以積極地請求行政機關作出無瑕疵也即合法合理的裁量處分的權利。[36]對於行政機關，「無瑕疵裁量請求權」只有在裁量決定作出之前提出才有意義。在裁量決定作出之後，裁量有無瑕疵應由司法機關判斷。同時，「瑕疵裁量」也可能是涉及違法的裁量，包括違反授權目的或超越授權範圍，甚至違反法律規定。此時，「無瑕疵裁量請求權」只有向司法機關提出才具有意義。

在行政法學中，通常將「裁量縮減至零」的情況與行政裁量的合理性聯繫論述。但是，本教程認為，「裁量縮減至零」往往是一種緊急情況。在此種情況下，可以推定請求權存在而無須相對人提出。其理由是：I. 從行政權中推定行政機關的必然義務。行政權本身具有主動、積極、應對緊急情況、追求效率等特性，並負有基於此類特性保護正當法益的責任。II. 此時，行政機關受行政應急性原則約束。行政機關必須採取措施，作出行政決定，保護相對人的權利。III. 行政權是直接作用於國民的權力。相對人可以從行政機關先前的行為和可預期的行為中產生信賴利益。因此，信賴保護原則要求行政機關適時作為。IV. 在無裁量餘地的情況下，行政程序已不存在，行政機關的必然義務在於直接保護相對人的實體權益。

3.3　請求權與信賴保護原則和誠實信用原則

信賴保護原則出自誠實信用原則。信賴保護原則和誠實信用原則同時約束因請求權產生的法律關係。

3.3.1　信賴保護原則

行政法上的信賴保護原則指行政機關作為管理與給付之主體具有增

---

36 金東熙，《行政法 I》，第 73 頁，趙峰譯，中國人民大學出版社，2008 年。

進國民福利、提升國民生活水準的職責；國民生活與行政機關的關係直接、密切，行政機關須致力於提升公信力以維護法律秩序和行政活動的穩定性，保障國民的信賴。信賴保護原則由信賴基礎、具體的信賴表現、值得保護的信賴三個要件構成。信賴保護原則在公法上的適用表現在如下方面：I. 行政處分之職權撤銷與廢止，意指行政機關對已作出的行政處分（包括授益處分、負擔處分、不合法的行政處分）的撤銷與廢止受該原則約束，須作法律原則、行政處分、相對人及第三人信賴之法益衡量。II. 法令不溯及既往，其目的在於維護生活關係的穩定性，保護既得權和權益，維護信賴保護、法律尊嚴、政府公信力。III. 計畫保證，意指行政計畫作出後即與國民生活密切相關，國民亦信賴計畫的存續與實施而行動。因此，根據該原則，行政機關具有計畫保證責任。IV. 行政法上的承諾，係指行政機關依其性質對於相對人所爲之高權的自我課予義務的行爲。其與信賴保護原則的聯結點在於承諾的約束力。[37]

　　行政法上的信賴保護原則從形式上看是作用於行政機關與國民之間，但該原則的存在與適用要求是國家必須建立一個具有正當性而使國民信賴的法律體系。這樣的法律體系應該具有如下特性：基本權利在法律體系中具有至高地位，特別是其本質內容不能缺少；國家權力的存在與運行基於主權在民原則和權力分立原則；私法自治原則是社會成員個人以及個人之間活動的基礎；當個人的基本權利和自由遭到侵害時有足夠有效的法律救濟途徑。這些就是信賴的具體對象的前提，也是信賴基礎。行政法學通常將法律的穩定性價值作爲信賴基礎。但只有當法律的穩定性價值是在上述諸特性的基礎上產生，才能構成信賴基礎。信賴保護原則的宗旨是使國民充分實現基本權利；行政處分的根據本身應該具有充分實現基本權利的可能。在救濟途徑上，信賴保護請求權可以向行政機關提出，也可以向司法機關提出。

---

[37] 吳坤城，公法上信賴保護原則初探，載城仲模主編，《行政法之一般法律原則（二）》，三民書局，1997 年。

3.3.2 誠實信用原則 [38]

　　誠實信用原則係指行使權利、履行義務，應以誠實及信用的方法。這項原則的實質內涵，即指在法律關係上雙方當事人就法律關係的形式及行使權利、履行義務，均應以誠實信用的態度和方法爲之，而不應濫用權利或規避義務，破壞法律生活的公平狀態。從這個定義可以看出，誠實信用原則原本是私法上原則，但是，其同樣也是公法上的原則也已經成爲法學的通說。此認識採取一般法律思想的原理，認爲公法中的誠信原則並非基於私法規定的類推，而是潛在於公法中的相同原則。德國法院認同公法與私法的基本屬性是相異的，承認行政法上存在誠實信用原則，但不是類推而得來的。而是依據公法思想；誠實信用原則是公法思想在法律上的體現。德國法學界多數學者持此觀點，他們認爲誠實信用原則爲倫理原則，不只是法律中的一個規定，而當它與法律結合時，成爲一國法律體系中的共有法源，可使法律規定保持一致性，行政法不能無視誠實信用原則的此種功能。誠實信用原則作爲倫理原則和具有濃厚倫理價值的法律原則無疑約束行政權整個運行過程。公權力行政與私人行使權利一樣，應受一般法律原則的約束。因此，無論是在行政機關的管理行政和給付行政中，還是在行政機關與國民之間基於私法形成的關係中，誠實信用原則都具有約束力。忽視誠實信用原則就會損害信賴保護原則。而在行政訴訟和司法審查中，法院也應平等地要求行政機關和相對人受該原則約束。

3.3.3 請求權與信賴保護原則和誠實信用原則

　　如上所述，信賴保護原則和誠實信用原則相輔相成地存在。在行使請求權時，個人基於誠實信用原則請求信賴保護，而行政機關通過信賴保護原則體現誠實信用。請求權與信賴保護原則和誠實信用原則的關係可以通過如下簡圖解釋：

---

[38] 謝孟瑤，行政法學上的誠實信用原則，載城仲模主編：《行政法之一般法律原則（一）》，三民書局，1997年。

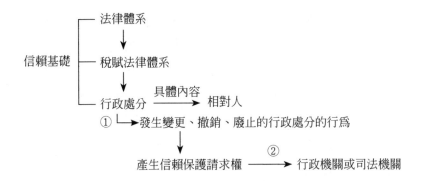

本教程以基於稅賦法律作出的行政處分為例，簡要解釋請求權與信賴保護原則和誠實信用原則的關係。在稅賦法律上，信賴保護原則由三個要素構成：I. 具有正當性的法律體系；II. 行政機關的授益性行政處分；III. 相對人值得保護的信賴基礎。信賴保護原則要求這三個要素必須同時存在。

信賴基礎本為具體的行政處分，但該行政處分是根據法律體系和基於法律體系的稅賦法律體系作出的。因此，它們也是行政處分的構成部分。法律體系和稅賦法律體系的正當性是行政處分正當性的必要前提。對具體的行政處分的合法性與合理性作司法審查時，必然要審查該行政處分之根據的正當性。信賴基礎須具有正當性，因為信賴產生於信賴者的個人認知，具有完全民事行為能力的人應該被推定為具有判斷正當與否的能力，以及只有對正當之事物才產生信賴的確定能力。

行政機關的授益性行政處分是相對人的信賴的對象，之所以為要素之一在於相對人已信賴該授益性行政處分的存續。這個要素要求行政處分已經作出，且是授益性處分；相對人已經有效地獲得該行政處分的權益。信賴值得保護是信賴保護原則指向相對人的要素。通說認為下列事由為信賴不值得保護：I. 信賴基礎基於當事人惡意欺詐、脅迫或其他不正當方法而獲得。II. 當事人對重要事由為不正確或不完全之說明。III. 當事人明知或因重大過失而不知信賴基礎違法，亦不值得保護。IV. 其他如預先保留變更權、顯然錯誤之信賴基礎，亦不值得保護。[39] 在上述情況下，該原則的

---

[39] 吳坤城，公法上信賴保護原則初探，載城仲模主編，《行政法之一般法律原則（二）》，第241 頁，三民書局，1997 年。

一個構成要件已經不能成立，故不得要求行政處分存續。在一個行政處分中，如果個人受益與公益發生衝突，未必應該一律以公益高於私益為決定原則，而是取決於信賴的法益，即如果保護私益所產生的法益高於保護公益所產生的法益，則應該選擇保護授予私益的行政處分。在一個行政處分中，如果對相對人是授益處分，而對第三人是負擔處分，或者相反，對這樣的行政處分的維持或撤銷也要通過對信賴法益的衡量才可決定。

誠實信用原則在如上簡圖①、②環節具有約束力。

在①：行政機關在變更、撤銷、廢止已作出的授益性行政處分時須受誠實信用原則約束。誠實信用包含「信任、信賴、可靠、可信賴」的涵義。用誠實信用原則解釋行政機關已作出的行政決定，就是行政機關應該是值得被信賴地對待相對人的信賴，因而須受自己的行政行為的約束，這也是與相對人的法律關係中的義務的約束。在信賴保護原則下，所謂「已作出的行政決定」應該是合法的與授益的行政決定。維持這樣的行政決定以保護相對人的信賴與該原則的要求一致。但是，如果「已作出的行政決定」是不合法的，那麼予以撤銷與依法行政原則一致。但在信賴保護原則下，行政機關在撤銷不合法但對相對人是授益的行政決定時仍須作法益衡量，包括依法行政、信賴保護、相對人權益之間的法益衡量。在這種情況下，相對人也擁有信賴保護請求權。

在②：相對人在向行政機關或司法機關提出信賴保護請求時須受誠實信用原則約束。同樣地，相對人受誠實信用原則約束意味著需要以誠實、忠實的態度對待授益性行政處分，其信賴才能得到保護。這就是說，相對人不能故意以違法的方式獲得授益。稅賦法律以及基於稅賦法律產生的法律關係往往涉及到第三方的權益，如果行政機關已作出的授益性行政處分確實存在瑕疵（或違法或不合理），那麼相對人如果同意行政機關作變更、撤銷、廢止，也就不會損害信賴保護原則。在這種情況下，相對人可以請求行政機關通過其他方式給予補償。

第六章　給付行政

　　行政權的行使分為管理和給付兩大部類，因此，行政可以分為管理行政和給付行政。管理行政是指行政機關通過行政作為和行政不作為使國民的行為處於法律秩序內；給付行政是指行政機關通過行使行政權為國民提供良好的生活秩序。管理行政與給付行政是相輔相成的行政方式。給付行政不只是社會福利國面向上的行政方式，管理行政也不只是自由法治國面向上的行政方式。在自由法治國面向和社會福利國面向上都同時存在管理行政和給付行政。

一、給付行政的基本原理

　　給付行政的概念出自於 Ernst Forsthoff 於 1938 年發表的論文「作為給付主體的行政」。Forsthoff 將國家對國民的「生存照料」所採用的各種行政方式統稱為「給付行政」。[1]在行政法學中，一般認為，在十九世紀及以前，根據當時的自由主義政治經濟思想，國家的作用限定在國防與秩序維持方面，國家原則上不得對經濟與社會加以干預；其他領域則是國民自由活動的範圍，個人擁有自主生活領域，並擁有全面自由發展的權利。稅賦的負擔在於滿足國家維護治安及排除干擾所需。隨著產業革命的完成、私有財產制度擴大與市場經濟發展，而形成了與此前不同的社會結構與條件。由於這種社會結構和條件的變化，在滿足個人日常生活需要方面，需要依賴國家作為的領域也在擴大。因此，國家除了原來的任務外還需要執行各種旨在滿足國民日常生活需要的各種任務，為全體國民提供生存照顧；特別是，旨在保護國民生活的社會保障制度也是為了適應這種社

1　Ernst Forsthoff, *Die Verwaltung als Leistungstrager*, 1938.

會結構而產生。國家為國民提供服務和利益，需要基於稅賦。換言之，國家除了維持管理秩序外，對社會的給付及給付範圍逐步擴展，徵收稅賦的範圍與稅賦的功能同時擴大。但是，如果從稅賦產生、存在和發展的事實上看，給付行政與國家徵收稅賦的行為同時產生。國家對國民的給付之多少與稅賦負擔之多少成正比。國家徵稅、國民納稅的目的就是使國家能夠為國民提供服務；國家服務包括管理和給付兩個方面。管理行政與給付行政同時產生，並行發展。

1.給付行政的特性

　　基於上述對給付行政概念的理解，給付行政具有如下特性。

1.1 全體性

　　行政給付是對行政權行使範圍內的全體國民的給付。根據權力分立原則，對全體國民的生存照料是行政權的功能，也是行政機關的任務。生存照料超越最低生活水準之給付及社會保障之給付，此兩者都不是涵蓋全體。給付行政包括此兩者，但不只是此兩者。「全體」可以理解為國家整體或總體及其全體國民。如設置和建立學校、博物館、圖書館、體育運動場館、醫院、公園、花園、綠化設施等，是供全體國民利用；供給水電或提供郵電電訊、客貨運輸的服務，是為了全體國民；為需要給予最低生存照顧的國民群體提供最低生活條件；為需要社會救助和社會保險的國民群體提供社會保障；等等。

1.2 平等性

　　給付行政受平等原則的約束。在給付行政中，平等性既有形式平等的要求，也有實質平等的要求；平等原則既體現為合法性原則，也體現為合理性原則。形式平等要求根據法律一致地貫徹，實質平等要求根據法律合理地對待。因此，行政機關在提供一類給付時，須平等地對全體給付，比如學校。形式平等性的要求是：每一個適齡國民都可以接受學校的教育；每一國民都有條件接受基本平等水準的教育。再如提供公共設施，城市與

農村沒有差別，大城市與小城市沒有差別。實質平等性的要求是：對處於弱勢的社會群體給予特別保障；對需要特別保障的個人給予特別保障；對因長期累積的不平等狀況給予實質平等對待。

行政給付的平等性基於國民的平等權。在給付行政中，國民的平等權就是平等地分享基於稅賦的國家對社會的給付的權利，這也是基於納稅義務的權利。所謂納稅人即國民全體。而納稅義務人是具有擔稅能力的國民。稅賦取之於全體，用之於全體。在這裡，稅賦聯結著平等權與平等性。

1.3 均衡性

均衡性既是國家與社會平行並進的要求，也是國家促進社會共同、均衡地發展的要求。均衡性要求行政機關在行使行政權時須作整體思考、整體對待。均衡地發展不是作經濟學考量，而是憲法學要求。在給付行政中，經濟學考量的發展受成本—效益約束，越是發展越是失衡。憲法學的要求是基於民主的共和。主權在民原則的理念是每一個國民都是平等的存在者。在主權在民原則上產生的共和要求將平等提升為均衡。因此，給付行政的均衡性要求行政機關特別注意現存的不均衡差別，進而消除不均衡差別。均衡性體現為無不均衡的差別，而只有各具特色的均衡發展。職是之故，不同地區或地域的不同特點也是行政給付的均衡性的基礎。利用這種不同特點可以減少給付的投入，而獲得均衡的發展。

2. 給付行政的原則

給付行政的原則是直接支配給付行政的原則。這些原則不是憲法上的基本原則，而是一般法律原則；或者也可以說，這些原則是給付行政行為的一般基準。但需要注意的是，並不是說給付行政不受憲法基本原則約束。憲法基本原則直接約束行政權的存在與運行，通過一般法律原則約束行政機關的給付行政權。行政機關的給付行政主要受社會國原則、合法性原則、合理性原則約束。

2.1 社會國原則

　　社會國原則是對《魏瑪憲法》之後各國社會立法內容的概括，其首要任務是創造符合人性尊嚴的社會經濟條件，保障國民的最低社會經濟生活需求，追求社會公正與安全。社會國原則不是爲國民實現基本權利創造所有前提條件，而主要是創造社會經濟文化條件。社會國原則用實質平等對待和解決不平等狀況。[2]「社會國原則賦予行政機關建立正義的社會秩序的權限和義務。正義的社會秩序是指共同體所有成員都能有正常的人的生活，尤其是保障可以適當地滿足經濟文化需要的法律地位。根據社會國原則，旨在保障正常生活必須的給付行政，即旨在實現健康、文明的市民生活的最低生活條件，也應當視爲國家的權限與義務。提供、支給國民日常生活所必需的服務、財物也成爲國家的義務。」[3]由此可知，社會國原則不是一個獨立存在和實施的法律原則，而是憲法基本原則支配下的原則。它需要與其他原則同時存在和實施才能完成憲法賦予國家權力機關的任務。正如憲法上的社會基本權利需要與其他基本權利同時存在和行使才能保障人性尊嚴和人格的自由發展。因此，社會國原則就是憲法上的社會基本權利透過立法機關的立法而由行政機關履行的行政給付目標。行政機關對社會的給付就是國家實施社會國原則的通俗說法。實施社會國原則不僅可以幫助國民實現社會基本權利，而且還可以鞏固國民的政治權利、保障社會安全、促進社會正義。

　　作爲支配給付行政的社會國原則，其效力範圍與給付行政的範圍相同。也就是說，社會國原則的效力及於全體國民。社會國原則不是補充性原則或輔助性原則。補充性原則或輔助性原則適用於最低生活水準的給付行政與社會保障的給付行政，其效力範圍與此兩類給付行政的範圍相同。

---

[2]　Josef Isensee und Paul Kirchhof, *Handbuch des Staatrechts der Bundesrepublik Deutschland*, Band V. *Allegemeine Grundrechtslehren Zweite*, durchgesehene Auflage, C. F. Müler Juristischer Verlag Heidelberg 2000, § 115, Rn. 159ff, Rn. 228, § 124, Rn. 45, Rn. 151; S. 939-940; BverfGE 22, 180 (204); BverfGE 29, 221 (236). 引自萬克昌，《國家學與國家法》，第48-59頁，元照公司出版，1997年。

[3]　Wolff/Bachof, *Verwaltungsrecht* III, S. 190. 引自金東煦，《行政法 II》，第9版，第185頁，趙峰譯，中國人民大學出版社，2008年。

2.2 合法性原則

　　給付行政與管理行政一樣，須受依法行政原則、法律優位原則、法律保留原則支配。也就是說，合法性是給付行政的基本要求。行政給付權力與行政管理權力是同等的憲法上的固有行政權，須受相同位階的法律的約束。給付行政的法律根據包括憲法、稅賦法律、所有經濟公法、以及演繹自人性尊嚴條款的所有社會基本權利。行政機關只能在法律範圍內實施給付，且只有在法定的幅度內行使給付裁量權。合法性作爲給付行政的首要要求基於如下認知：I. 行政給付的物質來源是納稅義務人繳納的稅金，作爲納稅根據的稅賦法律具有憲法效力位階。由全體納稅人經普選產生的最高立法機關制定的法律理應包含正當性；行政機關依法行政即可以體現出正當性。II. 作爲行政給付根據的憲法、稅賦法律、所有經濟公法、以及社會基本權利，在產生時理應包含合理性，包括合比例地實施和實現社會福利國與自由法治國、合理地對納稅義務人徵稅、合比例地規定自由法治國的基本權利和社會福利國的基本權利、合理地使用自然資源，等等；行政機關根據這些根據實施給付也可以體現出合理性。

2.3 合理性原則

　　概言之，合理性原則對給付行政的要求就是公正合理地給付。公正合理地行政給付，就是：I. 均衡地給付。如上所述，均衡地給付需要對整體作考量。錦上添花有可能失去均衡，雪中送炭才可以達到均衡。這是對均衡給付的形象表達。這就是說，在需要給付的地方作給付，對需要給付的群體作給付，才能顯示公正合理。事實上，這也是給付行政的本來涵義，因爲支配給付行政的法律體系（比如社會保障法律體系）就是基於這樣的原理制定的。II. 實質平等地給付。實質平等是合理性的基本內涵。形式平等須根據法律一致地實施，實質平等是根據具體情況合理地實施。均衡需要實質平等，實質平等可以達到均衡。

　　合理性也體現在行政給付的裁量權的行使中。法律對行政給付作出系統地規定，法律也賦予行政機關在給付行政中的自由裁量權。行政機關的

給付自由裁量權須受合理性原則的約束。合理性原則排除了「行政給付係
對相對人的授益性行爲而多多益善」的見解。如果給付不能實現均衡存在
和發展就是違反合理性原則，對特定地區或特定群體的給付超過基本和實
質需要也違反合理性原則，因爲給付的內容來源於納稅義務人的財產權。
合理地給付既能幫助受給付地區或受給付者實現社會基本權利，又能保障
納稅義務人的財產權。

　　合理性原則也要求行政機關在實施給付時須行使裁量權，因爲法律規
定係一般性要求，而給付行政總是針對具體的範圍和對象，因此法律不可
能細緻到規範所有給付行政行爲，行政機關在給付時作裁量是一種法律義
務，往往是，只有通過裁量才能實現均衡，才能體現公正合理。

3. 給付行政的內容

　　行政機關對社會和全體國民的給付和對不同群體的不同給付包括物質
和精神兩個方面的內容。

3.1 行政給付內容的基準

　　行政給付內容的基準大致就是社會福利國的要求和標準。社會福利國
是給付行政的目標和標準。因此，行政機關是直接實施社會福利國的主
體。社會福利國的受益者是社會和全體國民。社會福利國的目標和標準旨
在爲國民充分地實現社會基本權利。以人性尊嚴和人格發展爲核心的社
會基本權利包括如下具體內容：I. 工作權或勞動權。此項權利是國民「生
活自我負責」的前提，由此導出行政機關的給付職責，即提供國民充分
就業的機會、適當的工作或勞動的環境和條件，並允許國民有選擇職業的
自由。通過此項權利，國民個人可獲得基本的物質生活財富和精神生活利
益。II. 文明發展權。此項權利包括：文化教育的權利，以及擁有精神生
活的權利，此項權利與物質生活條件相輔相成，是文明生活的基礎。個人
的文明發展構成社會的文明發展。文明發展權還包括生態自然權利，這是
指個人應該能夠生活在一個自然的生態環境中。這是文明發展不可或缺的

條件。III. 社會保障權利。此類權利涵蓋社會扶助、社會保險、社會福利等方面。社會基本權利為行政給付確立了基礎；它們既是行政給付的內容，也是行政給付的標準。社會國原則要求行政機關為社會和國民充分實現這些權利創造條件和提供給付，以達到社會平等和社會正義。

3.2 最低生活水準與社會保障

行政機關對國民個人的給付包括最低生活水準給付和社會保障給付。

最低生活水準給付。最低生活水準可能涉及到國家給付能力、社會發展程度、國民所得水準等方面的因素，但確立一個最低基準並不困難。就居住條件而言，每個國民有居所和住所是最低水準。就生活所需而言，每個國民能夠吃飽穿暖、衣食無憂是最低水準。就文明生存而言，每個國民能夠受到初中（包括初中）以下的免費教育是最低水準；每個國民的一般病症能夠獲得免費治療是最低水準；每個國民能夠呼吸清潔的空氣、飲用乾淨的水、食用無污染食物是最低水準。根據日本生活保護法的界定，最低限度生活水準是指必須能夠維持作為人生存或生活的基準，並且是健康的、具有文化意義的生活水準。因此，最低生活水準還應該包括一定程度的文化生活。

社會保障給付一般包括社會保險、社會福利、社會津貼等。社會保障給付的水準根據不同類型而確定，並且也關聯到國家給付能力、社會發展程度、國民所得水準、社會經濟發展的變化等方面的因素。儘管如此，在社會保障各自的領域確定一個給付標準仍然是可能的。社會保障不只是保證最低生活水準，國家對特定群體的生存照顧也是社會保障的範圍。同時，最低生活水準也不只是確定一個數額，而且對特定群體的生存照顧也是確定最低生活水準的範圍。對此，無論在立法上還是在行政實務上，都有成熟的例證。比如，《俄羅斯聯邦憲法》規定，國家保證處於患病、傷殘、失去供養人、撫養子女以及法律規定的其他情況的每一國民都可以根據年齡享受社會保障。國家鼓勵自願參加社會保險，建立其他補充形式的

社會保障和慈善事業。[4]根據《俄羅斯聯邦稅賦法典》的規定，上述憲法規定都有具體的實施措施。比如，在確定個人所得稅稅基時，賦予特定納稅人享有標準減免、社會減免等稅賦減免福利。其中，作爲標準減免範圍的撫養減免覆蓋範圍較廣，包括未成年子女、父母、父或母的配偶、養父或養母的配偶、監護人。[5]社會減免涉及教育、醫療、保險、慈善和養老儲蓄等領域。[6]

3.3 公共設施與精神產品

　　公共設施是指行政機關爲社會和國民個人提供的公共產品，如鐵路、道路、橋梁、公立醫院、學校、圖書館、運動場館、文化娛樂設施等。行政機關使用公帑爲社會和國民個人提供公共產品只是純粹的行政給付，以使國民實現社會基本權利，屬於「生存照顧」的範疇，因爲沒有這些公共產品，國民就無法正常生活，以及從事其他活動。

　　公共設施應該包括自然公共設施，如河流、湖泊、海灘、自然公園等，由行政機關加工改造後供社會和國民使用，這是實現生態自然權利的一部分。自然公共設施還包括在城市市民、農村居民居住地區建立生態設施，以使國民能夠生活在風景如畫的「自然環境」中。

　　精神產品如文化藝術博物館、音樂廳、電影院等，它們是爲了滿足國民精神生活需要而設置。精神產品還包括與人類文明相適應的學術成果，它們是國家將學術成果當作國民的精神產品、國民同時認同該等學術成果爲精神產品而出現。

　　因此，公共設施或公共產品，包括精神產品，可以界定爲由行政機關使用稅賦爲社會和爲國民實現社會基本權利所作的給付。行政機關所作的此種給付都是根據公法。在行政法學中，也有給付主體的公法組織形式與

4　Конституция России Федерации, Статья 39(1, 3). http://www.duma.ru
5　Налогового кодекса России Федераии, Глава 23. Налог На Доходы Физических Лиц Статья 218. Г. Ю. Касьяновой, Все Налоги На Зарплату, с. 90ff. Москва, 2010. 引自童偉，《俄羅斯法律框架與預算制度》，中國財政經濟出版社，2008 年。
6　Налогового кодекса России Федераии, Глава 23. Налог На Доходы Физических Лиц Статья 219. Г. Ю. Касьяновой, Все Налоги На Зарплату, с. 360ff. Москва, 2010. 引自同上。

私法組織形式的區分。前者指行政機關本身，後者指行政機關設立私法人作給付，如設立電力公司、自來水公司、汽車運輸公司等等。這種區分並不符合給付行政的涵義和性質。只要是行政給付，都是公法性質。行政給付的主體一定是行政機關，都是公法主體，而經營上述公司不一定是行政機關，可以是私法人。行政給付是國家義務，是為社會和國民提供生存照顧；而經營上述之類的公司可以採取私法方式作有償服務。因此，須區分給付主體與經營主體。不能將經營上述公司的私法人稱為給付主體，它們的經營活動不是行政給付。比如，國家有義務為各個地區建立電力系統、水資源系統，因為照明、飲水是基本生存需要，此為給付行政，由國庫財政開支；因此，建立電力系統、水資源系統，就是行政機關履行了給付義務。但是，水電公司可以由私人經營，國家根據公司所得徵收稅賦。行政給付可以不包括設立和經營此類公司。再如，建設道路、橋梁是行政給付，而汽車運輸公司可以由私人經營，不屬於行政給付。當然，行政機關也可以委託私法人建立地區性的水、電系統，此時，等於委託私法人履行行政給付義務。但是，此類行政任務往往是全國性的，比如電力系統。再如鐵路公路系統，私法人難以承擔此類給付任務；私法人通常只有經營能力。

二、給付行政的基礎

1.行政給付的物質基礎

1.1 稅賦

以私有制為主體的經濟體制均以稅賦為國家的主要財政收入來源；國家獨占課稅權作為財政工具，課稅權為現代國家統治權之主要象徵。稅賦是國家財政收入的合法形態。現代國家既是作為法律秩序的維護者，也是作為社會秩序的促成者。作為前者，國家消極地維護法律秩序，亦即以治安、預防、維護市場自由競爭機能為限，以防杜權力濫用，保障個人基本

權利和自由。作爲後者，國家積極地達成保護、教養、預防、重分配等功能。兩者皆以稅賦爲主要財政來源。[7]

稅賦作爲行政給付的主要財政來源並不意味著稅賦負擔是無限的。一方面，稅賦法律對徵收稅賦確定了必要原則，徵收稅賦不得超過其公益目的——給付之公平負擔，徵收稅賦須以公平負擔國家財政需要爲目的；另一方面，稅賦本身有其內在限制，即稅源保持，徵收稅賦不得損及其自身存在的基礎，以不妨及再生利益爲度。[8]

1.2 其他財政收入

稅賦作爲用於行政管理和給付的主要財政來源。其他財政收入包括國營公司、財政專賣，有時有公債的發行，有時有非稅公課的採用，等等。

國家通常對影響國民經濟命脈的領域使用調控權力，其調控方式就是經營此類公司。調控的目的是爲了平抑物價、抑制壟斷；而經營此類公司獲得的收入可以充實國庫財政，用於行政給付。

財政專賣表現爲對商品的生產和銷售的專營權力，以取得收入。行政機關管轄下的各種專賣部門即屬於此類，其獲得的收入當然地流入國庫，是行政管理和給付的財政來源之一。但現時，財政專賣越來越少。[9]

公債的舉借也是財政收入的方式。公債的舉借與稅賦的徵收不同。公債之承購係私法上的交易行爲，納稅人不負有依法承購公債之義務。雖然政府也可能發行強制性公債，但其強制性發行的根據不是憲法規定，而須另有合法合理的根據。一般性公債的發行也不在憲法上的稅賦立法權範圍內，而是其他國家任務的立法權。因此，公債雖爲財政收入之一，但對其的限制很多。比如，I. 憲法上的限制。公債之發行須經過各級議會決議，且需要在憲法上明確規定此決議爲重大事項，故不能以簡單多數通過，而須以剛性多數通過，即以三分之二，或四分之三，或五分之四多數通過。公債發行的上限應在憲法中規定，即不得超過國民生產總額的多少分之

7　葛克昌，憲法國體——租稅國，載《經社法制論叢》，第 3 期，1989 年。
8　同上。
9　同上。

一。[10] II. 民主原理的限制。其意思是現時政府對公債的發行為未來的政府產生返還本息之義務，因此只有在對未來有利的公共投資範圍，始能例外許可。並且，對此類公債的發行須附有附帶條款的限制，應同時公布投資計畫，舉債總額不得超過投資總額；其公債的發行應該對未來的稅賦負擔有利，或至少是未來的稅源因而得到加強。[11]

　　非稅公課包括規費、受益費、公法團體會費、非財政公課、社會保險費等等。在行政法學中較少討論這些非稅公課，而在稅賦法律學或財政學中都會涉及這些內容。非稅公課權不是憲法上的權力，非稅公課是附著於行使權力過程中的特定對象。既然是非稅公課，也就不能適用稅賦法定主義原則。此類費用可以收取，也可以不收取。以規費為例，可以瞭解此類費用一般特徵。收取規費的根據由收取機構制定。規費的收入並不是流入國庫，而是在專用基金中進行管理。規費係行政機關在實施管理和給付過程中收取的特定費用，比如，頒發各種證書、執照而收取的成本費或略高於成本的費用，所適用的法律原則係等價原則。一種非稅費用只能向同類群體收入，可以通過預設的利益情況或者通過特殊的共同點將該群體與其他群體區分開來，比如，社會保險費（勞保、公保）在該勞保、公保群體內適用連帶原則。因此，規費的收取必須對群體有利，也就是說，要符合整個群體的利益。規費須在財政計畫的附加規劃中登記；收取規費的機構負有提供資訊的義務。[12] 雖然非稅公課權不是憲法上和法律上的權力，但是，這些費用的收取是權力─權利關係的體現，因此，合憲性是此類非稅公課的前提，行政機關的相對人享有請求司法審查保護的權利。

10　Vogel, *Verfassungsgrenzen für steuern und Staatsausgaben*, F. S. Maunz, 1981, S. 425. 引自葛克昌，租稅國危機及其憲法課題，載《台大法學論叢》，第 20 卷第 2 期，1991 年。

11　葛克昌，租稅國危機及其憲法課題，載《台大法學論叢》，第 20 卷第 2 期，1991 年；葛克昌，人民有依法律納稅之義務，載《台大法學論叢》，第 19 卷第 2 期，1990 年。

12　Dieter Birk，《德國稅法教科書》，第 13 版，第 35 頁，徐妍譯，北京大學出版社，2018 年。葛克昌，憲法國體──租稅國，載《經社法制論叢》，第 3 期，1989 年。

2. 國庫理論

　　國庫理論是指國家被分成兩個各自獨立的法人，一個是具有公法人性質的國家，即行使公權力的國家；另一個是具有私法人性質的國家，即可以作為私法關係的主體從事活動。對於後一意義上的國家，人們稱之為國庫（Fiskus），用以區別行使公權力的固有意義國家。根據此一理論，從事私法行為的「國家」實際上並非國家，而是國庫，一個獨立於固有意義之國家的私法人。這是十九世紀的國庫理論。到了二十世紀，通說認為，公權力主體的國家與私法主體的國家並非兩個互相獨立的法人，而是具有同一性的單一法人，即使國家以私法主體形態出現，並不改其國家之本質，「國庫」一詞雖仍被援引，但只是國家從事私法行為時的另一個名稱，並非指與國家並立的另一獨立人格體。

2.1　國庫理論的內容

　　在傳統行政法學中，國庫理論具有通說地位，但對國庫的性質也存在不同觀點。大致存在三種學說：I. 獨立法人說。國庫被視為與行使公權力的國家並存的獨立法人。這種學說是從國家賠償的來源認知國庫的性質。當個人的權利因國家不當行使公權力而受到損害時，可向法院起訴，請求國庫給予賠償。從這裡可以看到，國庫是一個擬制出來的獨立法人，代替國家負侵權行為的損害賠償責任。II. 財產主體說。此說認為國家為統一的法人，不能在公權力的國家外另有國庫此一獨立的法人。因此，所謂國庫，乃是作為財產主體的國家。國庫的功能在於保障個人的權利，即國庫的存在，個人可以請求國家承擔損害賠償責任。III. 私法主體說。此說將國庫作為私法主體，即作為私法交易當事人的國家或公法團體。國家作為法人，既可以以公法的形式活動，也可以以私法的形式活動。國庫就是國家以私法形式活動時的法律形態。

　　國庫理論在今天的行政法學中仍占有通說地位；行政法學也創造出「國庫行政」的概念。行政法學在對行政作區分時將「國庫行政」作為與「公權力行政」並列的「私經濟行政」。根據這種區分，「公權力行

政」是指行政機關居於統治主體的地位所實施的各種行政。凡是人民與國家之間、地方住民與地方自治團體之間的權利義務事項，均屬於「公權力行政」的對象。「公權力行政」係以國家的強制力為其後盾。「公權力行政」的表現形式通常是行政命令、行政決定、行政處分。而「私經濟行政」是指行政機關以私法主體所從事的行政方式。「私經濟行政」又分為：行政輔助行為、行政營利行為、行政私法行為。行政輔助行為是指行政機關以私法形態購置行政必要物資的行為，如購入辦公用品。行政營利行為是指行政機關以私法法人的形態從事經濟營利的行為。行政私法行為是指行政機關以私法方式直接完成行政任務的行為。行政私法行為也用於指稱私法形式的給付行政。

2.2 有國庫而無國庫行政

本教程認為，國庫理論的三種學說都是不能成立的。國庫本身不構成任何形式的主體，亦即國庫不能成為任何屬性的法人。國家是國庫的主體，因此，國家是國庫的法定代表人。國庫始終是公法形式，具有公法屬性，因為國庫的財產主要來源於稅賦，以及通過國家權力行為產生的利益。國家因侵犯國民權利而履行國家賠償的功能並不是「國庫」的功能，而是國家行使權力的表現。國家從事私法形式的活動時只是支配國庫的財產，因為國家是國庫的法定代表人，行為主體仍然是國家，而不是國庫。國庫不是國庫財產的所有人，國家才是國庫財產的所有人，因此，國庫也不是財產主體。

本教程認為，國庫行政的概念也是不能成立的。有國庫但無國庫行政。行政法學將國庫行政解釋為私經濟行政，而私經濟行政是基於與公權力行政的區分。私經濟行政包括行政輔助行為、行政營利行為、行政私法行為。這三種行為都不是行政行為。行政行為是受公法支配的行為，是行政機關行使行政權的行為，即行政行為是權力性行為，是對國民產生公法上約束力的行為，是對相對人產生直接拘束力的行為，是對相對人產生法律效果的行為，是可能引起相對人請求救濟的行為。但是，通說中的

行政輔助行爲與行政營利行爲都不是行政行爲。行政輔助行爲是受行政規則支配的行政機關的內部行爲。行政輔助行爲也不是行政行爲的構成成分；行政行爲的構成成分必須都具有外部屬性，即必須都是指向行政權的相對方，才能稱爲外部行爲。行政輔助行爲不是行政行爲還因爲這種行爲不會引起公法上的訴訟。如果行政行爲侵犯了個人權利，司法救濟不可能將侵權責任與行政輔助行爲聯繫起來。通說中的行政營利行爲也不是行政行爲，並且「行政營利行爲」的表述及其定義（即指行政機關以私法法人的形態從事經濟營利的行爲），並不符合此類活動的事實情況和法律法理根據。的確存在國家所有、行政機關經營的經濟實體，但是，這些經濟實體的存在基於公法、受行政目的支配，而不是受經濟目的支配。這些經濟實體（國營公司）的運行是爲了抑制壟斷，平抑物價，其產生的收益可以充實國庫，用於行政管理和給付。由此可知，通說中的「行政營利行爲」更應該恰當地稱爲「行政調控行爲」。行政調控行爲才是行政行爲。行政調控行爲是行政機關行使行政權的組成部分，完全符合上述行政行爲的特徵。行政調控行爲可以歸於公法體系和公權力系統，但行政營利行爲根據通說是私經濟行政，此與行政權的法律來源和行政權的公法性質相矛盾。

是故，公權力行政與私經濟行政之區分不能成立。此區分不能成立，國庫行政的概念也就不能成立。國庫完全受公法管轄，而與通說中的基於國庫的「國庫行政」的法律性質（即私經濟行政）和法律基礎（即私法）相衝突。在國庫的上面有憲法（包括稅賦法律）和行政法（如財政管理法等），在國庫的下面是管理行政行爲和給付行政行爲。國庫是國家權力存在和行使的組成部分，國庫根據公法體系而存在和運行。

2.3 基本權利與國庫

正是因爲國庫是公權力系統和公法體系中的元素，基本權利的效力才能及於國庫以及基於國庫的管理行政行爲和給付行政行爲。

關於基本權利對國庫的效力理論有三種觀點：I. 肯定說。此說認爲，任何國庫行爲均應受基本權利的限制。基本權利限制一切國家權力。基本

權利之所以限制國家行為，是因為行為主體是國家這一事實。至於國家行為方式是以公法還是以私法為之並不是關鍵。即使國家從事私法行為也是一種履行國家任務的行政行為，因而也應受基本權利的限制。II. 否定說。此說認為，國庫行為是國家與私人之間因意思表示一致而成立的基於私法的交易行為，它不同於權力之行使，因「權力」概念表明一種法律上不對等的上下服從關係，本質上與私法行為無法相容。基本權利作為直接適用的法所約束的國家權力即是此種意義上的權力。III. 折衷說。此說認為，基本權利對於以直接履行公共任務為目的的行政私法行為有直接拘束力，對於不屬於直接履行公共任務的單純國庫行為則只能通過私法概括條款發揮間接拘束效力。本教程認為，肯定說符合基本權利與國家權力之關係的性質，即基本權利約束國家權力。此說將國庫附著於國家的解釋也是正確的。但是，國家基於國庫財政的行為是否為私法行為則是值得商榷的。私法行為是基於契約自由的行為，受私法自治原則約束。基本權利對私法行為的效力以存在一個公法關係為前提，即基本權利對私法行為的效力是在「權力—權利」關係中產生的，基本權利的效力通過約束國家權力（公法行為）而可能產生對第三人的效力；於是產生兩個私人之間的權利關係，此權利關係才是私法上的關係。如果將國家基於國庫財政的行為解釋為私法行為，那麼這種行為與相對方發生的關係就是私法關係。要言之，如果將國家基於國庫財政的行為解釋為私法行為，則否定了肯定說的立論。因此，基於國庫財政的行為都應該被解釋為公法行為和國家行為，基本權利才能產生約束效力。否定說的問題顯而易見，即未將國家視為國庫的主體，沒有國家作為主體實施行為就沒有國庫行為；而有主體的國庫行為就是國家行為，基本權利對其具有約束效力。「折衷說」產生了「行政私法」概念及理論。

3. 行政私法理論的檢討

　　二十世紀 60 年代，因應都市化、工業化、技術化等社會經濟條件的急劇變化，國民對於行政的依賴、需求程度越來越高；而福利國家、給付

國家理念的確立及影響，為達成行政任務所適用的方法明顯多樣化。尤其是，為國民提供服務的給付行政領域，或在經濟活動中對企業的指導、協助，常常使用契約形式或其他私法方式以達成行政任務。比如，基於促進產業發展的政策融資、債務保證、利息補貼，或為穩定市場價格的買進賣出等，都是以私法上的契約形式所為的行政活動。因此，在行政法學中，出現了行政私法的概念。本教程完全否定行政私法理論。

3.1 行政私法的涵義

　　行政法學的通說認為，行政私法是指行政機關為追求公法上的任務所賦予的行政目的（給付目的或引導目的）而形成私法上的法律關係。在形式或內容上，有別於國庫行為，故適用特別的「行政私法」理論。其具有如下特性：I. 行政私法理論以直接履行行政任務為標準，將國庫行為分為行政私法行為與純國庫行為（即行政輔助行為與行政營利行為）。II. 行政私法行為從形式上看屬於私法行為，其實質內容是公法行為，因此不能完全適用私法自治原則，也應受公法規定之補充、修正與限制。比如，行政機關給予私人提供經濟輔助而與私人訂立借貸或保證契約，不得擅自約定保留某種控制權或指示權而使相對人淪入不平等契約關係中；或在訂立私法契約而選擇契約相對人以及決定契約內容時，不得作不合理差別對待。III. 行政私法行為大致相當於第三類國庫行為，即私法形式之給付行政行為，比如，行政機關為生存照顧而以私法方式給國民提供水、電、交通運輸、電信服務等。IV. 雙階理論是行政私法的典型理論，特別適用於給付行政中。即在特定行政領域採用兩階段法律關係構成一個行政行為，即結合一個公法上的保護機制與私法上的形成方式。第一階段是指行政機關須決定是否給付，該決定無論為允許或拒絕的行政處分均被視為公法行為，因此須受公法一般原則，特別是基本權利的拘束。第二階段是指行政機關與受給付的相對人之間的法律關係採用私法關係。比如，給予低利息貸款即為私法借貸關係；在補貼時，也屬於私法上的贈與關係。V. 在給付行政領域，由於給付行政的目的和方式與管理行政有顯著區別，因此，

給付行政的法律關係不必然是公法性質，給付行政也可以採用私法形式。

3.2 行政私法理論的問題

　　行政私法理論雖然在行政法學中具有通說地位，但也引起很多批評，比如，認爲以行政任務的履行作爲區分標準在實務上難以實施；而主張國庫行爲有一部分與行政或公益無關的見解更無法想像，因爲國家根本沒有私益而只有公益。

　　本教程認爲，需要在完全否定國庫行政的前提下檢討行政私法理論。換言之，如果否定國庫行政，則必然否定行政私法理論。下面對上述五點加以分析。

　　對於 I：從國家權力的整體來看，所謂國庫行爲，實際上就是國家使用國庫財政進行國家活動的行爲。在給付行政中，所謂國庫行爲，實際上就是行政機關根據憲法上固有的行政權使用國庫財政對社會和國民個人作給付的行爲。這種行爲是行政行爲，卻不是行政私法行爲。本教程接著在下面分析行政私法行爲。國庫行爲是否可以分爲行政私法行爲與純國庫行爲（即行政輔助行爲與行政營利行爲）呢？答案爲否。如上所述，行政輔助行爲不是行政行爲；行政營利行爲實際上是行政調控行爲。因此，純國庫行爲並不存在。

　　對於 II：一個行政行爲是由形式與內容共同構成的。內容通過形式體現爲行爲，形式通過內容表現行爲的性質。形式的法律屬性是由內容決定的。因此，不能根據形式決定行政行爲的性質；而沒有形式，也無法決定行爲的性質，內容不能直接體現爲行爲。形式與內容是一個統一的整體時才構成行政行爲。因此，確定一個行政行爲的性質的根據是形式與內容之統一的整體。行政行爲完全受公法支配。如果將行政機關給予私人提供經濟輔助而與私人訂立借貸或保證契約解釋爲私法關係和私法上的契約，其前提必須是這種借貸或保證的內容（即經濟輔助）應該適用於全體國民；如果是這樣，也不會存在不平等的問題；如果是對需要輔助的國民作給付，其本身就是實質平等的體現。如果行政機關在給付時擅自約定「不平

等」條款或存在不合理差別對待，那麼此為行政機關濫用給付裁量權，應該根據公法或具有公法效力的一般法律原則追究。

對於 III：給付行政行為不同於有償的服務行為。一般而言，給付行政行為都不是有償行為，因為給付行政行為的金錢來源是稅賦。稅賦受「取之於民用之於民」的原理支配。因此，不能將有償提供的服務解釋為給付行政行為。基於稅賦的給付行政也不同於基於有償服務所得的「給付行政」。前者是按照量能課稅原則獲得給付收入，後者是按照有償原則獲得的收入。前者是所有權和經營權與收益權（即徵收稅賦的權力）分立而形成所謂的「稅賦國」，後者是所有權、經營權、收益權合為一體。在主權在民原則下，「稅賦國」面向的涵義就是基於稅賦作給付是國家和行政機關的法律義務，如果不作給付，國民享有給付請求權。

對於 IV：雙階理論將一個行為分為兩個部分是不正確的。首先，在給付行政中，如不作給付，則沒有雙階理論的適用；如作給付，則該給付是一個完整行為。其次，行政給付是國家義務，是對國民提供生存照顧，給付行政是必然存在的。再次，一個給付行政行為是一個整體，只能由一種性質的法律，即公法加以規範。如果將給付方式（比如，低利息貸款、補貼等等）解釋為私法關係，其前提就是同類的給付可以適用於全體國民，如果這樣，也就不是行政給付或給付行政了。實際上，這種對需要生存照顧的國民給予低利息貸款或補貼是給付行政行為的組成部分，是行政機關對國庫財政的處分權的表示，即仍然是公法上的行政行為。至於給付行政行為以何種形式與受給付者個人發生關係並不能改變行政機關行使行政權的公法性質。

對於 V：由於給付行政與管理行政都是行政機關行使行政權的方式。既然都是行使行政權，其法律根據應該同為公法。即使給付方式採用了契約方式，此契約關係也不是私法上的契約關係，仍然是公法上的行政機關與相對人的「強義務—強權利」關係。「強義務」是行政機關基於行政權的必須作為的給付義務；「強權利」是相對人獲得特別生存照顧的基本權利。

3.3 公法——給付行政的根據

由於行政法學認為給付行政既具有公法性質，也具有私法性質，以及公法與私法的混合性質，因此，對給付行政的性質作出說明顯得尤為必要。本教程認為，給付行政的法律根據是公法，給付行政的性質完全是公法性質，體現為如下方面。

3.3.1 給付行政是憲法上固有行政權的範圍

憲法上的固有行政權基於憲法基本原則產生。憲法上的行政權是一個整體性的權力，其性質只能作整體界定，如果管理行政為公法性質，給付行政必然也是公法性質。行政機關是憲法上行政權的實施主體；行政機關實施行政權的根據是憲法。也就是說，支配行政權運行的基礎根據是憲法，其他根據都是根據憲法產生。這意味著行政權是公法上的權力，對此的理解的意義是作為公法權力的表現形式的行政行為只能是公法性質的行為。行政行為的作用是發生公法效力的作用。行政機關行使行政權的物質基礎主要是稅賦。國庫財政為國家整體所有，行政機關擁有國庫財政的使用權和處分權。行政機關的此類權力都是公法上的權力，都具有公法性質。在管理行政方面，此類權力的公法性質不受質疑。在給付行政方面，行政機關所作的給付是行使基於公法的財政處分權。給付方式不能決定給付的性質；給付方式只是一個給付行為的組成部分，而給付行為即給付行政行為。決定給付行政性質的是支配給付行政的權力的性質，以及支配給付行政行為的法律的性質，而不是給付方式的性質。私法方式是基於合意的平等主體間產生的方式，這種產生私法方式的方法對所有國民一律適用；而行政給付的方式由行政機關決定。因此，即使給付方式通過契約實施，給付行政也不是私法性質，因為此類契約不是基於私法產生，也不是對所有國民一律適用。它仍然是作為公法權力的行政權的一部分，是行政機關行使財政處分權而與相對人發生的關係。行政給付行為也不是有償的服務行為。換言之，凡是有償服務的行為都不是給付行政行為。有償服務行為是從所有國民的財產所有中產生收益，比如水電公司；行政給付行為

的物質基礎是從納稅義務人的所得中獲得的收益。前者是私法性質，後者是公法性質。如果將有償的服務行爲理解爲給付行政行爲，這意味著行政機關從國民所有中重複收益，因而違背給付行政的本質涵義。

3.3.2 給付行政須受公法上一般法律原則約束

給付行政與管理行政一樣同受依法行政原則支配，並有法律保留原則的適用。通說認爲，管理行政通常損及國民的權益，而給付行政是對國民授益。這種認識並不全面。給付行政同樣可能損及國民的權益，此國民的權益即是納稅義務人的財產權。因此，立法機關也須爲給付行政制定法律，行政機關也須嚴格地根據法律行使給付行政權。與自然資源增長、納稅義務人擔稅能力等要素不成比例的給付爲法律所禁止。

因此，給付行政同樣須受依法行政原則約束；同時，在給付總額確定的前提下，法律也賦予行政機關自由裁量權；這意味著給付行政也受行政合理性原則的支配。行政給付的合理性體現爲均衡性和實質平等。均衡性與實質平等互爲表裡。均衡性是就對待全體給付而言。均衡性是形式平等的體現。均衡性要求行政機關對其管轄範圍內的給付能夠使國民獲得基本相同的生存照顧和生存環境。均衡性的憲法基礎是國民相同地享有的社會基本權利。

在合理性原則的約束下，給付行政可以體現實質平等對待。對不同群體的不同給付就是基於實質平等原則。實質平等原則就是實質正義原則。實質平等就是基於事物本質的平等，根據事物本質對待。事物本質是從自然秩序中獲得的法則。基於事物本質的法律秩序是與自然秩序一致的，是可以正確地反映人類的自然性或人性的法律秩序。因此，在憲法上，平等原則首先體現爲一個基於事物本質的法律秩序。以實質平等對待也是給付行政的基本屬性，因爲在大多數情況下，給付就是根據給付對象的不同需要作給付；行政給付本身包含著實質平等與實質正義的要素。這也是給付行政擁有廣泛的自由裁量權的根據。如果沒有合理性的要求，那麼就可能違反實質平等和實質正義。在給付行政中，行政機關的裁量權須嚴格地受

合理性原則的約束，此與在管理行政中的裁量權一樣。

三、給付行政與司法審查

司法審查作用於給付行政，包括對給付行政的根據（即稅賦法律體系）的審查，以及對給付行政行為本身的審查。對於給付行政行為的司法審查，當然可以根據司法審查的一般規定，即根據請求而進行，比如，均衡給付請求、平等給付請求等等。但是，對於給付行政的根據，即稅賦法律體系，司法機關應該能動審查，對此，前文已經述及。

對給付行政行為進行司法審查的理解基點不是因為給付行政是授益行為，而是給付行政主要是實現實質平等的行政領域。給付行政的來源，即稅賦，其所依據的法律原則是量能課稅原則，而量能課稅原則也是體現實質平等的原則。因此，實質平等是司法審查的原則。

1.實質平等──司法審查的基準

在法學中，一般將平等原則解釋為兩個部分：形式平等與實質平等。形式平等體現形式正義，實質平等體現實質正義。在行政領域，行政合法性原則一般是為了實現形式平等，行政合理性原則一般是為了實現實質平等。形式平等和實質平等是任何部門法律的基本原則。司法審查是為了實現個案正義，因此總是與實質平等相聯結。

實質平等原則貫穿於給付行政的全過程。

給付行政的根據，即稅賦法律體系，基於實質平等原則。量能課稅原則是稅賦法律的基本原則。國民均有納稅義務是根據形式平等原則的理解。而根據擔稅能力納稅則是根據實質平等原則的理解。因此，量能課稅原則是體現實質平等的原則。對量能課稅原則的理解不能僅僅將其解釋為擔稅能力。對量能課稅原則的正確理解關係到稅賦法律體系的正當性。「量能原則」中的「能」既是納稅人的擔稅能力，也是納稅人的營業能力──工作意願與能力培養。因此，量能課稅原則的存在與運行的前提是對

財產權和營業自由的保障。財產權與營業自由又是營利能力的條件。營
利結果與營利能力是不可分割的整體。在有擇業自由、營業自由的地方，
「稅賦收入就會相當充足，而財富分配也會較爲均衡。人民享有自由；
自由按照其意志毫不勉強地促使他們去增進公共福利」。[13]對財產權的保
障，「旨在確保個人根據財產存續狀態行使其自由、收益，及處分之權
能，並免於遭受公權力及第三人之侵害，以能實現個人自由，發展人格和
維護尊嚴」。[14]對財產權的保障是保障個人的自由、人格發展權和人性尊
嚴，而不只是特定的動產和不動產。通過保障更高的抽象的基本價值而保
障具體的基本權利。德國聯邦憲法法院指出：「整體財產權結構的保障乃
在於確保基本權利享有人在財產權領域可以擁有自由之空間，藉此維護人
性尊嚴、發展個人人格。」[15]

　　「量能」原則雖然直接針對擔稅能力，卻也直接關聯到營利能力。因
此，量能原則的事物本質結構包括：I. 擔稅能力。II. 營利能力的培養：國
家提供平等競爭的制度條件，個人產生持續的工作意願。III. 國家爲納稅
人提供獲得收益的條件。納稅人固然有納稅義務，但國家是否有助於納稅
人的收益，換言之，稅賦徵收是否有利於生產者（再生產能力）及社會發
展。實質平等原則應該考慮：擔稅能力在於應有營利能力和收益能力。實
質平等總是以其內在的一致性要求顯示其合理性。「遵循正義原則的政府
可以使人民認識到讓與部分個人的財富的必要性。政府保證人民獲得的權
益越多，人民越是樂意爲政府貢獻。稅賦總是與政府對人民的愛護程度相
適應，與人民的財力、人民所享受的益處相適應。」[16]

　　這種法理在司法實務上也有應用。德國聯邦憲法法院作出如下判例：
在所得稅法上，立法機關應建立量能課稅原則與納稅義務人個人負擔納稅

13　Поль Анри Гольбах, Основы Всеобщей Морали, или Катехзис Природы, Vol. II, cha. 7, § 22, Издательство Социально-Экономической Литературы, Москва, 1963.

14　司法院釋字第 400 號解釋。

15　BVerfGE 50, 290; BVerfGE 24, 367.

16　Поль Анри Гольбах, Основы Всеобщей Морали, или Катехзис Природы, Vol. II, cha. 7, § 22, Издательство Социально-Экономической Литературы, Москва, 1963.

原則。如果所得稅法規定，在夫妻均有收入時，兩人的收入應合併計算，作爲共同所得而根據累進稅率申報所得稅，即違反實質平等原則。[17]因爲如果兩人的營利能力和收益能力相差懸殊，合併計算便不能體現量能原則的本質涵義。在所得稅法上，形式平等是人人均有納稅義務；實質平等是所得稅負擔的衡量基準乃基於個人之所得、財產、消費與需求狀態。實質平等還需要考慮一定期間內所有權增長，及個人財產增加作爲擔稅對象。而對所得稅課徵是否苛刻，其合理性在於根據其一定期間內所有權增長所產生的私人使用比例。[18]

　　給付行政更多地受實質平等原則約束，因爲以全體爲準則，給付行政更多地是針對部分。比如，對全體中未能滿足最低生活水準的部分國民的給付；對某一類群體和某一部分群體的給付也是實質平等的體現或要求，比如，對各種社會弱勢群體的給付；對因自然條件等原因而差於整體水準的地區的給付。但是，長期累積的發展失衡的邊遠地區的給付，是均衡給付的要求；此類給付看似體現實質平等，其實仍是形式平等的要求。

　　行政給付包括均衡給付原則。均衡給付原則是對國家整體性、持續性發展的要求。以「國土規劃」爲例。就整體性而言，一方面，國土規劃（Raumordernung）是現代國家的任務。國土規劃係整體規劃。即使是實行聯邦制的國家，中央與地方有各自的權限，但是，國土作爲整體由聯邦中央加以規劃符合事物本質，[19]中央政府對國土的整體規劃包括對各地方居民提供必要的公共設施給付。國家實施發展規劃既是行使權力也是履行義務。行政機關對均衡給付負有憲法上的義務，因爲行政給付權力的行政機關的固有權力。如果行政機關未行使均衡給付的裁量權，那麼，可能導致部分國民的社會基本權利不能實現，因而違反合理性原則。因此，另

---

17 H. H. Rupp, Art. 3GG als Maßstab verfassungsgertlicher Gesetzeskontrolle, in: F. f. Bundesverfassungsgericht, Band II, S. 379ff, 1976. 引自葛克昌，綜合所得稅與憲法；兩稅合一之憲法觀，載《所得稅與憲法》，翰蘆圖書出版有限公司，2009 年。

18 葛克昌，綜合所得稅與憲法；兩稅合一之憲法觀，載《所得稅與憲法》，翰蘆圖書出版有限公司，2009 年。

19 BVerfGE 3. 327f. 引自高文琦，論事物本質對司法之作用，載《憲政時代》，第 20 卷第 1 期。

一方面，各個地方便有均衡給付請求權。雖然地方政府可以根據自己的能力給本地居民提供基本生存需要的給付，但是，有的基本生存需要必須以整體方式給付，比如，交通道路。如果交通道路的建設長期不均衡，不均衡受益的地方政府就可以向中央政府提出均衡給付請求，以助本地區居民實現社會基本權利。就持續性而言，國土規劃的事物本質在於整體的持續性。而只有均衡地受益，各個地方才能持續地維持在一個整體內。均衡給付原則還要求考慮未來政府的給付來源，即是說，現政府的給付不能損及未來政府給付的物質來源。

司法機關對均衡給付的審查是基於均衡給付請求權的審查。也就是說，司法審查對均衡給付的審查不同於對稅賦法律體系的審查；對前者採取被動審查是尊重行政機關作整體考慮的自由裁量權。

實質平等的司法審查是否會侵及立法權和行政權。在權力分立原則下，法律以法律優位原則而存在和發揮功能。而行政機關擁有法律賦予的廣泛的自由裁量權。對實質平等的運用既是稅賦法律體系之立法權範圍，也是行政機關在給付行政中的裁量權範圍，司法審查的介入乃因為稅賦法律體係基於實質平等原則，而支配給付行政行為的根據也是實質平等原則。在給付行政領域，司法審查用實質平等基準衡量稅賦法律體系和行政給付是否符合實質平等原則和事物本質。

2.實質平等原則的表現形態——合理性

實質平等通常是行政機關根據自由裁量權所體現的平等，因此，行政行為須受合理性原則的約束。合理性亦即合乎理性的意思。司法審查對立法和行政行為是否違反合理性已經積累了豐富的判斷基準。通過確定不合理之內涵以證明合理之內涵，比如，行使權力時出於惡意，行為結果不公平，行為本身不具理性，行為過程與結果未考慮相關因素、考慮不相關因素，等等，都是不合理的表現，因而，誠實、公平、善意、不忽視應該考

慮的因素、不考慮不相關的因素，就是合理性的體現。[20]因此，行政裁量必須考慮相關因素，且必須排除不相關因素。除此，行使裁量權作行政決定須符合法律授權的目的；不能忽視相對人在法律上的期待。

對合理性的認知和判斷，立法機關和行政機關都擁有法定的權力。司法機關對合理與否的審查也不是任意的，即不是否定所有程度的不合理行為，以免於挫傷和損及立法的基本判斷權和行政自由裁量權。司法審查的合理性基準是不合理到了非常嚴重的程度。這種嚴重程度是人們通過一般正義觀即可以判斷和認識的。[21]更準確地說，司法機關在審查時所要求的合理性基準是立法機關在立法判斷時和行政機關在自由裁量時沒有注意到的合理性要求。如果是非常嚴重程度的不合理，則已構成非法。而司法審查中的「不合理」是立法判斷和行政行為不適當的程度問題。比如，徵收所得稅的上限為多少係合理。德國憲法法院認為，稅賦負擔原則上不得超過收益的半數。這就是著名的「半數原理」。其法理就是在私有制下，私有財產應以私用為主，如果稅賦負擔超過收益半數，即是「反客為主」。[22]一般稅賦法律的合理性，除了主觀負擔能力（所得）與客觀推估負擔能力（購買力）外，其總體負擔不得過度至侵犯財產自由權利的核心領域，且不得侵及人性尊嚴與人格自由發展。再比如，對價給付是給付不合理的行為。行政給付的財政需求原則上為稅賦收入，以及例外情況下的規費收取。因此，稅賦的合理性為無對價性。由此得到另一面，對價給付為給付不合理行為，因為「生存照顧」為最基本的給付領域。[23]受給付者

---

20 [1925] A. C. 578, pp. 604, 607-608, 613. 引自林惠瑜，英國行政法上之合理原則，載城仲模主編，《行政法之一般原則（一）》，三民書局，1999 年。

21 Secretary of State for Education and Science v. Tameside Metropolitan Borough Council [1977] A. C. 1014, 1026. Council of Civil Service Unions v. Minister for the Civil Service [1985] A. C. at 410. 引自同上。

22 半數原理：財產稅＋收益稅，其稅賦總體負擔應就收入減除成本、費用餘額，根據類型觀察法，歸於私有部分與因稅賦繳納而歸於國家部分，後者至多只能接近半數，不能超越。參見 BVerfGE 93, 121, 138. 引自葛克昌，納稅人財產權保障，載《行政程序與納稅人基本權》，翰蘆圖書出版有限公司，2012 年。

23 葛克昌，綜合所得稅與憲法；兩稅合一之憲法觀，載《所得稅與憲法》，翰蘆圖書出版有限公司，2009 年。

雖然不是納稅義務人，雖然沒有實際納稅，但是，作爲國民即應享有受到
生存照顧的基本給付。因此，是否爲對價給付也是合理性審查之內容。

在稅賦立法和徵收方面，也積累了一些不能構成稅賦合理性的基本事
由：基於財政需要，徵收該稅不可避免；該稅課徵行之多年，如取消便無
替代稅源；該稅稅源豐沛，稅賦收入良好；該稅負擔輕微，對納稅人影響
不大；該稅稽徵成本小且效率高；基於總體經濟或個體經濟要求；基於地
方自治需求；等等。[24]

3. 合理性的內涵——事物本質

實質平等是合理性原則的要求，而對合理性的論證就是通過揭示個案
事物本質；符合事物本質是適用實質平等原則的前提。事物本質具有如下
特點：

I. 事物本質是事物的自然本性，即自然性；事物的自然性是事物存在
於自然中的理念。一事物之所以這樣而不是那樣生成就是事物的理念的作
用。事物的理念對於事物本身具有規範功能。既然事物是根據其在自然中
的理念生成和存在，那麼事物的自然性就是該事物本身的法則。在自然哲
學中，此類法則被稱爲自然法則，在法學中，此類法則就是自然法。自然
法具有法律效力等同於事物本質具有法律效力。違背事物的自然性就是違
背自然法則。事物本質原理在司法審查實務中和在法學理論研究中運用就
是將自然法則轉化爲法律原則和規則，將自然目的轉化爲法律目的，將自
然效力轉化爲法律效力。因此，對原始給付請求權的認可符合事物本質。
原始給付請求權是指國民可以直接根據憲法上的基本權利而請求立法機關
和行政機關積極作爲，亦即直接由基本權利導出給付請求權。原始給付請
求權的產生是當立法機關沒有制定必要的法律和行政機關不爲必要的措施
爲國民實現基本權利時。[25]事實上，原始給付請求權可以認爲是根據憲法
上的基本權利，也可以認爲是根據個人的自然權利。這樣理解更符合事物

---

24 葛克昌，兩稅合一之憲法觀，載《所得稅與憲法》，翰蘆圖書出版有限公司，2009 年。
25 Alfred Katz, *Staatsrecht: Grundkurs im öffentlichen Recht*, S. 279-283, C. F. Müller Verlag, 1999.

本質。自然權利作爲原始給付請求權的根據是個人通過主觀權利認識和認知的，然後通過向國家權力機關請求予以實施和實現。在給付行政領域，特別是國家的生存照顧領域，個人有面向國家的生存照顧請求權，在此領域裡個人處於由國家積極保護的地位。同理，國家的積極保護是國家的憲法義務，由行政機關履行。如果行政機關沒有履行此類義務，便可以被視爲不作爲而違法。此與管理行政領域中的違法和侵權並無實質區別。

II. 事物本質以個體性方式體現。每一事物都各具其自己的自然性。比如，婚姻的本質（即婚姻的自然性）是繁衍後代。監護人首選父母符合事物本質（父母是子女的自然原因，子女是父母的自然結果）。因此，對事物本質的揭示或論證只能以個體方式進行。事物本質作爲一般法律原則並不是指各別事物的本質爲一般法律原則。一般法律原則對司法審查權具有一般約束力，是司法審查須考慮的因素，而各別事物的本質只對各別事物本身具有約束力，只有在完全相同（即在各種因素完全相同的情況下）的事例中才能加以援引。事物本質作爲司法審查中的客觀認知基準是指法官對具體個案的事物本質的認知，而不是將先前案例的認知作爲當前案例的認知。實質平等原則作爲司法審查的基準也正是通過個案正義的方式實現的。

III. 事物本質最能體現實質平等，因爲實質平等就是根據事物本質加以對待。比如，兩人對共有物的分割，根據形式平等原則係各半，但各半導致共有物無法使用，則不符合事物本質。因此，根據共有物的使用價值進行分割符合實質平等原則。實質平等是判斷恣意與否的標準，而事物本質是實質平等的具體化標準。各個事物的「本質」就是各事物之間的區別要素，也就是說，每一事物都是不同的。僅有形式平等不能實現正義原則，而與實質平等結合才能實現正義。司法審查以個案爲對待，以實現正義爲目標，通過個案的事物本質實現實質平等，即使在裁判結果中存在差別對待，此差別對待亦爲合理。德國聯邦憲法法院在一個判例中對事物本質、實質平等、恣意禁止的關係作出著名論述：如果對法律上的一個區別對待或相同對待沒有提供一個合乎理性且得自於事物本質的可使人明白的

理由，平等原則即被違反；該區別對待或相同對待即須被視為恣意。[26]事物本質是立法者也無法改變的事物之基石。立法者制定的法律規範實際上就是將此基石與其包含的倫理性相結合。司法審查將事物本質作為審查基準即實現了實質平等原則。

---

[26] Maunz/Zipplius, *Deutsches Staatsrecht*, S. 196, 1982; K. Tipke, *Steuergerechtigkeit*, S. 54, 1981. 引自盛子龍，德國基本法上平等原則之研究，《憲政時代》，第 13 卷第 3 期，1988 年 1 月。

第三部分

比例性

第七章　比例性

　　比例性概念是從自然秩序中產生的。因此，認識比例性，須先認識自然秩序。

一、比例性的自然哲學基礎

　　自然秩序具有兩個基本規律或規定性：自然必然性與自然合目的性。比例性概念既是自然秩序的體現，也是自然哲學家對自然必然性與自然合目的性的描述。

1.比例性與自然必然性

　　自然的必然性是指自然是必然理性地合比例的存在，其本質必然地直接地蘊涵自然的存在。自然中萬物的生成、生長、存在和發展是必然的。自然的生成、生長、存在和發展完全基於自然自身。自然產生萬物具有必然性。自然必然性是純粹基於自然事物的必然性。自然事物合比例地生長和存在是必然的，因為自然事物受自然法則直接地和普遍地約束。因此，自然必然性意味著自然宇宙為普遍規律所決定。這種普遍規律揭示著自然事物必然地以這種方式發生。

　　自然必然性是古希臘自然學家揭示的自然宇宙的一個本質。必然性作為宇宙的力量徹底地貫穿在 Sokrates 以前的思想中。在原子論者（Leucippus 與 Democritus）看來，必然性這種自然力量等同於原子的隨機碰撞以及由它們形成的宇宙漩渦。在 Euripides 的簡篇裡，「必然性」代替 physis（自然）作為與 nomoi 的對比。這樣就得出結論：自然法則是無法改變的，它們不被控制地適用於人類，正如適用於宇宙那樣，人們必

然地遵守它們。[1]正是由於「必然性」的思想，在關於 physis 與 nomoi 關係的討論中，古希臘的思想家們一致地認為 nomoi 產生於 physis。Nomoi 與 physis 的區別只是有的 nomoi 是由人制定的。由此可以看到，physis 對包括人在內的自然宇宙萬物的效力。自然必然性也是德國古典哲學的基本思想。在 Hegel 看來，自然必然性是自然事物中存在的屬性，它既是靜態的也是動態的。[2]自然宇宙對於人類具有必然性，比如，日月與人類的關係；自然宇宙對於自身也具有必然性，比如，日月與潮汐的關係。自然必然性也指自然宇宙中的自然物總是表現出相同的狀態，而不是處於可能發生或可能不發生的狀態。

自然必然性是建立在自然規律基礎上的。自然規律是存在於自然中各種事物之間的必然聯繫。之所以說這種聯繫是必然的，是因為自然宇宙的萬物是合比例地生成、生長、存在和發展的。自然的比例性也呈現為規律性。比例性就是自然事物存在的規律性。自然中的不同生物（植物、動物、人）基於它們共同的原始類型由各自的內在動力合比例地合規律地從低級向高級進化。人類的認識一方面應該符合自然的規律性，另一方面可以通過自然的規律性把握自然存在和變化的比例性。

2. 比例性與自然合目的性

自然具有內在的目的性。自然必然性與自然的內在目的性的關係是自然宇宙中的萬物必然地以各自的合目的性生成、生長、存在和發展。Aristotle 認為，自然中萬物的所有活動都是必然發生的。它們的生成是為了一個最終的目的，即在任何情況下都是為了一個最好的目的。[3]由此可知，自然必然性從屬於自然的內在目的性；而自然的內在目的性是使自然萬物趨向於一個好的目的，即正義的目的。在古希臘思想家們看來，自然宇宙中的萬事萬物的生成、生長、存在和發展，因果相循，生生不息，是

1　William Keith Chambers Guthrie, *A History of Greek Philosophy*, vol. III, pp. 100-101. Cambridge University Press, 1969.

2　Hegel, *Die Naturphilosophie*, § 315, 1980.

3　Aristotle, *Genesis of Animals*, 789b2-6, London: W. Heinemann Ltd., 1953.

自然宇宙之正義的體現。自然的合目的性就是自然宇宙的倫理性。Hegel
也肯定自然的內在合目的性。他認為，自然的內在合目的性既是自然事物
個體的基本屬性，也是各個自然事物之間的關聯性。這種關聯性具有必然
性。自然本身的合目的性在於自然聯結著各個不同的事物；自然形成的各
個事物的關係具有必然性。[4]自然宇宙中的萬事萬物的目的性從屬於整體
的目的性。如果說自然必然性是自然萬物的自然性所體現出來的基本屬
性，那麼，自然的內在目的性就是自然萬物的理性所體現出來的屬性。各
個自然事物之所以這樣而不是那樣生成、生長、存在和發展是出於各個自
然事物的理性。自然事物的理性是各個自然事物合理地存在，而合理地存
在就是合比例地存在。植物、動物、人類，陸地、森林、草原，河流、山
川、海洋，植物中的各類植物，動物中的各類動物，合目的地存在就是合
理地存在，合理地存在就是有比例地存在。因此，自然的合目的性蘊涵著
自然宇宙中萬物的比例性

二、「比例性」概念之基本涵義

從自然必然性和自然的內在合目的性的自然萬物的基本屬性中可以看
到，比例性是在天然個體基礎之上的個體之間的平等性。比例性是各個自
然事物之間的關係，是各個自然事物生成、生長、存在和發展的合理關
係，是各個自然事物在自然的聯結中趨向於最好目的的正義關係。因而，
比例性蘊涵著關係性、合理性、正義性。

1.關係性

「比例」概念在幾何學中表示一種合理的關係形態。幾何比例不同於
算術比例；算術比例僅表示大小、數量或程度方面的關係。算術比例體現
純粹的抽象關係，沒有確定的價值內涵。而幾何比例是合理關係的表示。

4　Hegel, *Die Naturphilosophie*, § 315, 1980.

根據 Aristotle 的見解，幾何學中的比例即幾何比例是正義、適度、平等的表示。幾何比例涉及 4 個比例項，通常可以用公式 A：B ＝ C：D 表示。Aristotle 將幾何比例用於解釋分配正義。他認為，正義、適度、平等至少包含 4 個項：涉及到的人是兩個，涉及到的事物是兩份。兩個人之間成何等程度的比例，兩份事物之間也應有何等程度的比例。因此，合比例就是合乎正義、適度、平等。[5]從 Aristotle 的解釋可以知道，幾何比例不只是數量上的比例，而且還包含比例項的各種要素。也就是說，作為兩個比例項的人不只是兩個數值，而且還包含兩個人各自的各種要素（比如，德性、能力，等等）的比例關係；作為兩個比例項的事物之間的比例性必須與前兩個比例項的比例性相符。只有此等理解，才堪稱幾何比例。比例性，意謂具有比例的性質或合比例的屬性。因此，比例性概念是從幾何比例而不是算術比例中產生的。由此可以看到，幾何比例和比例性的概念必然包含價值的合比例性。這是因為幾何比例是古希臘自然學家們從自然宇宙秩序中獲得的。天體中各種星球是以一種幾何比例關係存在；天體中星球的運行也體現為一種幾何比例關係；各種自然事物的生成、生長、存在也是體現為幾何比例關係，它們是以種與種的合比例關係生長，即植物、動物、人類以可持續的關係生長。「比例性」概念可以被看作是自然宇宙中萬物之關係存在的抽象公式，其反映了自然宇宙中萬物的如下特性：

I. 自然宇宙中萬物所具有的關係性是一種必然關係、本體關係、內在關係。這三種關係是自然宇宙中萬物穩定的必然聯結，是它們之間的客觀的本體聯結，是決定它們共同發展趨勢的聯結。關係性包含著萬物的共同目的和目標。這三種關係是萬物組成的有機整體，也即是通常所說的自然宇宙系統。

II. 基於這些關係的自然宇宙中萬物在空間上表現為相互依存性，在時間上表現為連續性。這種依存性和連續性是一種規律性。這種規律性是自然宇宙中萬物固有的規定性。這種規律性就是自然必然性體現出來的。

5　Aristotle, *The Nicomachean Ethics*, 1131a10-1131b24.

通常所說的自然法則就是這種規律性的表現形式。

III. 自然宇宙中的必然關係、本體關係、內在關係通常通過自然現象體現出來。在古希臘和古羅馬時期，自然哲學家們既已通過感性直觀認識到宇宙萬物的關係，他們已經發現天上的星體之間存在一種「數」的關係；決定天體中各自然物和諧存在的等級間距是數的比例。[6] Aristotle 對自然宇宙中萬物的關係的認識產生了他的「關係」範疇。他認為，由於自然，所有事物都被證明是相互給予地同時存在的。[7]

比例性概念所蘊涵的關係性對人們的認知能力具有積極作用。人們通過比例性的特性認識到自然宇宙中的萬物是一種符合幾何比例的關係存在。基於比例性的關係性是一種自然進程，是一種同時具有的規律性、必然性、合目的性的自然進程。

2. 合理性

比例性蘊涵於自然宇宙中萬物的生成、生長、存在與發展的整個過程。萬物的此種比例性就是自然的合理性。自然的內在合理性就是自然的規律性；自然的規律性就是自然內在合理性的體現。自然的合理性之所以呈現出比例性是因為自然的有機性。自然中的萬物都是有機物，而有機物的生長、存在、發展都呈現為一種相互作用的狀態。其相互作用的方式、作用的程度、作用的範圍都是自然的，都呈現為一種規律性，因為它們都受自然法則的支配。但是，自然中的有機物生長與發展的合目的性同樣適用於無機物領域，因為有機物與無機物也是相互作用的，比如，日月通過地球運動引起潮汐，潮汐帶來土壤，土壤是動植物生長的條件。

自然的合理性也體現為自然以系統存在的特性。系統存在就是諸自然物合比例地和諧地存在，就是諸自然事物趨向於最好狀態的存在。自然事物以系統存在就是合比例地存在。系統中的各個部分即各個自然事物的運

6　Guthrie, *A History of Greek Philosophy*, vol. I, pp. 220-221, Cambridge University Press, 1962.

7　Aristotle, *Kategorien*, 7b10ff, Übersetzt und Erläutert von Klaus Oehler, Akademie Verlag GmbH, Berlin, 2006. Aristotle, *Categories*, 7b13-14, De Gruyter, 2014.

動只有在合理的條件下才會構成系統。要言之，系統得以形成就是合理性的體現。

　　自然的合理性與比例性的關係還體現為自然為有秩序存在的特性。自然的秩序是自然的合理性的外在表現。有機物的相互作用以及有機物與無機物的相互作用而產生的比例性是自然的合理性的內在驅動力。因此，合理的秩序就是合比例的秩序。合理性與比例性在自然中交互遞進；比例性中包含合理性，合理性中包含比例性。

3. 正義性

　　比例性與正義的一致性是古希臘自然哲學的基礎思想。古希臘人的觀念是：正義就是符合比例，不正義就是違反比例。Anaximander 認為宇宙必然存在維繫各自然事物有秩序存在的絕對正義的力量，並使各自然事物能夠維持一種符合比例的和諧關係。和諧就是合比例，合比例就是正義。[8] 如前所述，比例性意味著一種關係性的存在。比例性是兩個以上的事物之間的相應關係所構成的靜態與動態。各事物合比例地存在是一種靜態的和諧，各事物合比例地運動是一種動態的和諧。自然的和諧就是各自然物和自然的各個部分根據其所具有的理性或目的性合比例地運動、生長而體現為一個有機體。比如，太陽、月亮與恆星在宇宙中的存在與運動就是合比例地存在與運動；森林、草原、動物在地球上的生成、生長就是合比例地生成、生長。

三、法律中的比例性概念

　　根據本教程對比例或比例性概念的基本理解，即比例性是諸事物在自然的聯結中趨向於最好目的或目標的正義關係。在一個具有正義性的法律體系中，比例性的理念和表現形式應該是處處存在。

8　W. Jaeger, *Paideia: the Ideals of Greek Culture*, vol. I, 153f, vol. III. P. 6, Translated from the Second Edition by Gilbert Highet, Oxford: Basil Blackwell, 1954.

1. 法律體系的比例性

法律體系的比例性可以從如下幾個方面理解：

I. 自然正義是法律體系的最高根據；自然正義瀰漫於自然宇宙秩序中，法律體系就是自然正義的流溢物。由自然正義體系出來的自然秩序的比例性約束一個國家的立法者在建立法律體系時須體現符合自然秩序的比例性，因爲自然秩序的比例性是自然宇宙法則體現出來的，而自然宇宙法則是無法改變的。一方面，人作爲自然宇宙的一部分，須自覺地接受自然宇宙法則的約束；而人接受自然宇宙法則的約束通常就是通過法律體系實施和實現的；另一方面，人所建立的法律體系如果違背自然秩序的比例性，則這樣的法律體系也是難以實施的，甚至要受到自然宇宙法則的懲罰。

II. 法律概念是從存在於自然宇宙中的法律理念演繹出來的，亦即每一個法律概念都可以在自然秩序中找到最終根源。法律的理念全部存在於自然宇宙之中。自然宇宙秩序所體現出來的正義、自由、平等、均勻、同質與和諧的原理是所有法律制度、法律原則、法律規則和法律概念的理念所在。正義是法律體系的終極理念。每一個法律概念都有一個相應的理念存在於自然中。在一個法律體系中，如果包含著正義、自由、平等、均勻、同質與和諧的原理，自然秩序的比例性也就存在於該法律體系中，並通過法律的實施體現出來。

III. 公法與私法的比例性；在法律體系具有作爲終極理念的正義理念的基礎上，公法與私法的合比例性與國家社會二元結構的比例關係是一致的。也就是說，公法與私法的比例性可以通過與國家社會二元結構的比例關係的一致得到檢驗。社會的自在性是通過私法體系體現出來的；國家的自爲性是通過公法體系體現出來的。國家與社會關係的合理性是通過公法與私法的合比例性體現出來的。

由於國家權力具有主動性、強制性等特性，因此在一個法律體系中，私法規範多於公法規範符合自然秩序對法律秩序的比例性要求，因爲私法

規範是國家權力的邊界，私法規範可以阻止國家權力過度地侵入社會。

IV. 法律原則與法律規則的比例性；在一個法律體系中，法律原則與法律規則的關係應該是幾何比例關係。這具有幾層涵義：①法律原則是按幾何級數產生法律規則的，即一個法律原則可以產生數個、數十個法律規則。②法律規則真正是從法律原則演繹出來的，即法律規則的所有性質須符合法律原則的性質。③法律規則與法律原則的完全符合是以法律原則產生自自然正義原則為前提的。

2. 法律規範的比例性

法律規範的比例性是指一個法律體系中授權性規範與禁止性規範、權利規範與義務規範的合理的比例關係。授權性規範所包含的思想是權利行為須有法律根據，禁止性規範所包含的思想是法不禁止即自由。此類規範的比例關係不是量的關係，而是實現自然權利的程度性或程度關係。授權性規範與禁止性規範皆源自於自然權利。授權性規範是將自然權利具體化為法律權利，使權利人獲得明確的指引和根據。禁止性規範是將禁止的範圍具體化，使權利人可以在禁止的範圍外的廣泛領域行使自然權利。由於此類規範的比例性是通過程度性體現出來，因此，趨向於最好的比例性是盡可能地通過立法將自然權利確定為法律權利，同時又允許權利人根據自己的主觀權利（或個人的認知權利）行使自然權利。

通常認為，權利規範與義務規範具有統一性。此種認識過於簡單。權利規範固然包含義務內容，但它們不是等比例關係。權利規範與義務規範的關係在於權利以義務為條件還是義務以權利為前提。合比例性的權利義務關係是義務以權利為前提，正如財產權是納稅義務的前提；人性尊嚴是所有基本權利的邏輯基礎，因為人性尊嚴是人的自然性的要求，是人的自然規定性。合比例性的權利義務關係不只是在法律體系中作此種規定，還要求在事實上可以行使，並有法律機制加以保障。

在法學中，通常認為比例概念也存在於法律規範本身或不同層次規範之間，主要在如下三個方面：I. 同位階法律規範之間。係指在法律體系

中，所有權利都可能因爲與其他權利相衝突而有或多或少的限制。針對兩項權利競合時所作的衡量，本身即蘊涵著比例精神。因爲涉及到適用上的衝突，通過衡量可選擇能實現較大權利的法條。II. 法律規範本身。係指法律規範對於某項特定權利的行使，設定一定的構成要件，且此構成要件本身，即有衡量的要求。而衡量的目的即在追求一種平衡；此平衡能夠存在是因爲相關參數彼此成一定的比例關係。III. 不同位階法律規範之間。係指法律體系內各種法律規範存有一定的聯結關係。下位規範是否合法，視其是否符合上位規範，並遵守上位規範所設定的條件。所謂規範審查即是對下位規範執行和遵守其上位規範的程度進行審查。比例概念亦成爲規範審查的尺度或工具。

本教程認爲，將這三個方面的規範關係解釋爲比例關係都是不正確的；將立法或行政與司法實務中的一般衡量解釋爲比例原則上的衡量也是不正確的。比例原則是對國家權力限制基本權利的限制。比例、比例性、比例原則是不同涵義的概念，因而不能等同使用。

對於 I，在法律體系中，除了基本權利的本質內容，在立法上都會對大多數權利附加義務；在行政與司法實務中，權利的承認與實現在大多數情況下並不產生衝突，因而也不會受到限制。權利競合的情況是少數；而對權利競合的處理是選擇，而不是比例原則上的衡量。對於權利衝突的處理，比如媒體自由與隱私權的衝突，需要確定這兩種權利各自的邊界；媒體自由如果越過隱私權的邊界屬於侵權，而不是違反比例原則。本教程認爲，同位階法律規範之間存在比例性的適用，既產生於立法機關制定法律規範時，也產生於適用法律規範時。在制定法律規範時，比如，制定植物保護法與動物保護法時，須符合植物與動物生長的自然比例性；還需要考慮自然人出生率與植物和動物自然生長、存在的比例性。這就是自然的合理性原則在立法中的運用。據此，在一個法律體系中，授權性規範與禁止性規範、權利規範與義務規範、以及「但書」規範的制定，都需要考慮比例性問題。在適用法律規範時，比如，個人在行使權利時須注意所行使的權利與其他權利的關係、該權利與義務的關係，才能使靜態權利在動態過

程中實現最大權益。國家保障基本權利和自由時，須符合自然秩序體現出來的比例性。自然秩序體現出來的比例性爲個人行使基本權利和自由、爲國家保障基本權利和自由設定了界限。但是，此與比例原則沒有關係。

對於 II，法律規範本身的比例性應該是指規範在內容上的正當性與合理性，比如刑法上的正當防衛規範，在立法上需要確定正當防衛的具體內容，即在何種情況下屬於正當防衛。內容通過形式體現。在這個規範中，既有授權規範也有禁止規範，既有權利規範也有義務規範，還有「但書」規範。

對於 III，本教程認爲，此種見解相當獨特；但此種見解與比例原則沒有關係。概括地說，下位規範與上位規範的比例性主要是指實現程度；當然，也可以將實現解釋爲效力約束程度。具體地說，自然權利是法律權利體系的來源；在立法時，將自然權利確認爲法律權利的程度越高，越符合比例性的要求；比例性就是使其規範的對象趨向於最好。比例性是法律規範體系的內在邏輯。正義作爲法律體系的終極規範，邏輯地依次產生下位規範。對下位規範是否符合上位規範的審查，最終要看該規範是否具有正義價值。在實務中也具有同樣的原理，比如，家暴係虐待行爲，卻侵犯了受害人的人性尊嚴。如果僅將家暴作虐待處理有違比例性。人性尊嚴是制定法上基本權利體系的最高規範。將受害人的權利上溯到最高權利規範符合比例性的要求。

四、比例性在法學中的運用

從比例性的特性可以看到，比例性就是自然中的「最好」，就是自然而然地體現出來的「最好」。自然中的「最好」不是抽象概念，而是諸自然法則的功能作用體現出來的可見的「最好」，其最高法則就是自然宇宙中的正義原則。這個最高法則同樣適用於人類，因爲人是自然宇宙中萬物的一部分。從比例性對法律體系的意義可以看到，法學研究也須體現比例性，或者說，法學研究也受到比例性的約束。概括地說，比例性對法學研

究的要求是法學研究所形成的法律秩序應該符合自然秩序；法學研究所形成的法律體系應該是將正義原則作爲它的最高原則；法律是概念構成的體系，法律概念及其之間的關係應該被統攝於正義原則之下。因此，比例性概念要求法學研究必須在自然宇宙秩序中尋找法學及其具體的概念、規則、原則、制度等的根基，在法學理論的體系化中體現「最好」，爲實務中實現「最好」提供理論論證。

1. 在自然宇宙秩序中尋找法學的根基

　　Cicero早就告誡人們，應在自然中尋找正義之根。他認爲，正義根植於自然；正義出自自然；正義就是最高的法律，這種法律遠遠早於任何曾有過的成文法和國家。法律是一種自然力。自然法就是那些根植於人的自然性中的東西。[9]Cicero與古希臘的自然哲學家一樣，將自然等同於法律，即Physis等同於Nomoi。因而，自然就是人們認識正義和法律的源泉。自然是人類社會的倫理標準。自然爲人定法提供了準則。自然既是生物世界，也是倫理世界。作爲正義之源的自然既是生物學的來源，也是法律和法學的本原。自然宇宙中的萬物都是在正義原則的支配下合理地存在或消失。這就是比例性概念之所以能夠體現自然宇宙中萬物趨向於「最好」的根據和理由。「在羅馬私法體系中，正義和道德既是法律體系的基本概念，也是體現自然秩序的基本要素。正義是一個基本原則。法律旨在實現正義。」[10]因此，比例性概念對於法學研究的意義就是研究者必須將法學中的研究對象（如概念、規則、原則、制度等）回溯到自然宇宙中。只有在自然宇宙秩序中尋找法學的根基，才能使研究成果體現出「最好」。只有認識自然宇宙中萬物的比例性，才能對社會契約論和政府契約論產生深刻的認識。只有根據自然哲學，才能證立普選制和私有制最符合自然秩序。只有通過自然哲學，才能理解主權在民原則和私法自治原則是

9　Cicero, *On the Laws*, vol. I, 17, 20, vol. I, vol. II, 5, 24, 6, 16, 17, 18, in *On the Commonwealth and On the Laws*, Cambridge University Press, 1999.

10　*The Institutes: A Textbook of The History and System of Roman Private Law*, pp. 22-23, by Rudolph Sohm, Translated by James Crawford Ledlie, Third Edition, Oxford at The Clarendon Press, 1907.

一個法律體系中公法和私法的基石。Cicero 說，沒有什麼事物有可能超越自然。自然的普遍性就是法律的普遍性。自然要求人們的生活遵循自然如同遵循法律，因爲法律就是自然的體現。[11]法律之根在自然。既然法律與自然宇宙具有如此緊密的關係，那麼，作爲以法律爲研究對象的法學也就必須將自己置身於自然宇宙之中。自然哲學既是法學的思想來源，也是法學的理論基礎。

2. 在體系化中體現「最好」

　　比例性概念對法學研究的要求是使研究成果「最好」，法學研究可以通過體系化方法實現「最好」。這一節也是上一節的具體化要求。根據比例性概念，體系化方法在此的意思是：如果將概念或規則作爲法學研究的基本單元，體系化就是從概念或規則回溯到它們的原則，進而從它們的原則回溯到它們的原理，再進而從它們的原理回溯到自然公理；也可以說是從法律到法理，進而從法理到自然正義。比如，契約的概念，在羅馬法學中，個人之間的團契被視爲法律秩序的基礎，而它又是基於個人與神之間的倫理秩序。[12]在自然哲學中，神與自然是相互比擬的，因此，個人與神的契約就是個人與自然的契約。基於這樣的思想，自然宇宙秩序中萬物的和諧生存就是一種契約關係。這就是契約概念的理念。之所以需要契約概念是因爲兩人之間行使權利履行義務須有法律上的約束，這個概念之上的原則是「善意履行契約義務」，這個原則之上的原理是「一切契約須公平合理、自願平等締結」，因爲只有公平合理、自願平等締結的契約才會善意履行；這個原理上面的公理就是自然正義，因爲自然正義是公平合理的自然基礎。將契約概念一直上溯到自然秩序，便構成契約概念的體系，這個體系也是概念的思想體系。再如，給付行政這個概念的理念也在自然

---

11 Cicero, *On the Laws*, vol. II, 7, vol. 21, in *On the Commonwealth and On the Laws*, Cambridge University Press, 1999.

12 *The Institutes: A Textbook of The History and System of Roman Private Law*, by Rudolph Sohm, Translated by James Crawford Ledlie, Third Edition, Oxford at The Clarendon Press, 1907, pp. 22-23.

中。給付行政的對象是社會成員，給付行政的物質基礎是自然資源，而自然資源作為給付的可持續來源是以植物、動物、人在自然宇宙中比例性存在為前提的。植物、動物、人在自然宇宙中合比例性存在就是自然公理。

由此可見，僅通過法學研究的基本單元（概念或規則）並不一定能夠體現「最好」，只有將其形成體系，才能知道其是否為「最好」，才能體現「最好」。這就是比例性概念對法學研究的意義。

體系思維和體系化可以保證對研究對象的研究處於真理狀態。法學上的體系思維依賴於理性，反對唯感官論。正是「理性主義建構起體系思維的傳統」。[13]在論證方法中，體系性就是基於自然理念和自然公理的融貫性。自然理念和自然公理本身即具有體系性。「體系本身就是體系性地建構起來的。」[14]體系性建構起來的體系是一個具有有機的、具有價值的、融貫的體系。

3.為實務中實現「最好」提供理論論證

法學研究的意義是使其研究對象整體地趨向於「最好」。「最好」就是法學理論應該同時具有符合邏輯的關係性、合理性、正義性，從而形成與自然秩序一致的法學理論體系。同時，法學研究也應該為法律實務提供符合比例性的具體原理。以「義務衝突理論」[15]為例，予以說明。

義務衝突理論包含如下內容：

I. 義務衝突的法律性質：義務衝突為一般正當行為的範疇；義務衝突兼具緊急避難與正當行為兩者的屬性；義務衝突為緊急避難的特殊情形；義務衝突中的義務一般不具有法定或約定的義務要求；義務衝突的責任可以免除。

II. 義務衝突的形態：①積極作為義務與消極不作為義務的衝突；前

13 J. LE R. D' ALEMBERT, Disc. Prélim.de l'Encycl. (1751), 138/140, dtsch. 139/141, in *Historisches Wörternuch Der Philosophie*, Herausgegeben von Joachim Ritter und Karlfried Gründer, Bd. 10, S. 834, Schwabe & Co Ag. Verlag · Basel. 1998.
14 Arch. 1, § 74, § 53. Arch. 1, § 59. in a. a. O., S. 836.
15 義務衝突理論是著名大法官吳庚教授的傑作，但詳細出處有待查詢。

者指醫生發現病人有愛滋病感染症狀，該醫生有向衛生主管部門報告的義務，後者指該醫生不得違反爲愛滋病人保密的義務。②積極作爲義務與積極作爲義務之間的衝突；比如，有兩位急診病人，但只有一位醫生。③消極不作爲義務與消極不作爲義務之間的衝突；此係指行爲人不知道如何履行不作爲義務，以避免損害他人的法益，比如，駕駛人逆向駛入高速公路，因禁止向前駛、向後駛、左轉彎、右轉彎而不知如何駛，在此情形下，即屬於多個消極不作爲義務的衝突。

III. 義務衝突的要件：①同時存在數個不相容的義務。係指：a. 必須有義務存在，且僅限於作爲義務和不作爲義務，比如，證人作證的義務與保密的義務的衝突，前者爲作爲義務，後者爲不作爲義務。b. 與法律具有關聯性的道德倫理義務亦屬此類，比如，證人在出席法庭作證途中遇人溺水，爲救助而耽誤出庭。c. 須爲兩個不相容的義務在履行時有衝突，比如，兩個法院同時傳喚同一證人出庭。證人須向法院申報，不得延誤。d. 法律禁止服從違法命令，如遵從違法命令，行爲人即屬違法。②義務衝突狀況的引起，不可歸責於行爲人。即行爲人不會因爲違反其中一個義務而承擔法律責任。③爲履行一個義務，除違反其他義務外，無其他方法。比如，在同一天的出庭義務及證言義務中，因欠缺委託代理履行前者義務的要件，而導致數個義務之間有倫理上的矛盾關係，且任何一個義務均無替代的可能性，即無補充性要件的可能性。再如，作證義務與保密義務有倫理上的矛盾，任何一個義務均無替代性。④須在客觀上無法權衡相關法益的優先或大小。義務衝突的情形，客觀上可以從法律秩序的立場權衡其保護法益的輕重或優先性。據此，先救助重要法益，後救助次要法益。

IV. 義務衝突的解決基準：①犧牲高價值義務而履行低價值義務之情形爲違法。此不但不能免於違法，也不能免於承擔法律責任。②與上述①的情形相反，爲合法。③在相同價值的義務中，履行任何一個義務均合法；同時履行數個義務不可能時，可免於承擔責任。

確立義務衝突的解決基準，在於確立義務價值的大小，又在於確立衡量義務的基準。義務的衡量在於法益大小的衡量。

義務衝突理論爲法學研究提供了一種方法。這種方法包含抽象與具體、理念與概念、法理與法律、理論與實務之關係。其中，義務既具有抽象的規定性（比如義務的倫理性），也有具體的規定性（比如義務所具有的法益）。義務是從自然的理念中演繹出來的概念：自然事物在自然中生成、生長、存在與發展是受因果律支配的；而自然事物服從因果律是一種規律。在自然哲學中，將自然事物的這種屬性視作自然事物的義務性。倫理學中的義務概念就是從自然哲學中獲得的。義務衝突的原理係法理，義務衝突的處理基準是法律；在義務衝突理論中，兩者的關係是法律從法理中產生，比如，將義務衝突中的義務及其選擇履行都視爲正當行爲，從而導致免於承擔責任的法律後果。義務衝突理論是對現實生活中的實際狀況提煉而成，因此，它們因蘊涵著豐富的倫理性可以直接作爲法律適用。

這些關係範疇與比例性的關係就是它們之間的關係須具有比例性。比例性在諸關係範疇中不是通過數量認識而是根據程度性認識。比如，法律與法理的關係。法律中越是含有法理，就越是符合比例性，因爲法理要麼直接從自然中獲得，要麼從自然法則中演繹出來。法律中包含法理的程度反映法律趨向於「最好」的程度。事實上，義務衝突理論就是通過它們的自然倫理性體現出比例性。

五、比例性與比例原則

比例性與比例原則的關係是通過合理性聯結的，這主要是因爲比例原則是爲了實現合理性的原則。

1. 比例性與法律原則

法律原則在一個法律體系中存在的意義是使法律體系趨向於「最好」。這也是法律原則在實務中的功能，即在實務中適用法律原則是爲了對個案的處理合乎正義。法律原則具有如下基本特性：

I. 法律原則是體現法律基本價值（如正義、人性尊嚴）的法律規範。

此包含如下幾層意思：法律原則是法律體系中具有法律效力的規範。法律原則是法律體系中具有法律效力的價值規範。法律體系中的基本價值是通過法律原則體現的。在一個法律體系中，存在何種法律原則，該法律體系就具有何種法律價值。法律原則構成法律體系中的價值秩序。

II. 法律原則是社會中的應然道德倫理在法律體系中的體現。應然道德倫理是人類社會中應該具有的道德倫理，而不是一個社會中現有的道德倫理觀；當然，這並不說人類社會中沒有應然道德倫理。應然道德倫理是從自然秩序中流溢出的價值，是與作為自然人一體化的道德倫理。應然道德倫理成為法律原則可以使法律體系符合自然秩序，可以約束人們的生活與自然相一致，可以規範人們的社會關係和法律關係符合應然價值。

III. 法律原則是法律體系合理性的基礎。這就是說，法律原則可以將法律體系的合理性體現出來。換言之，一個法律體系有無合理性可以通過法律原則加以判斷。法律原則的合理性高於法律規則的合法律性。合法律性是社會成員行為的最低標準；合理性是高於法律體系中最低標準的行為要求。法律體系中所有具體的規則都可以從法律原則中演繹出來。當法律規則體系未能窮盡法律原則的價值時，法律原則便可以作為直接適用的價值規範補充法律規則。

由此可知，一個法律體系中的法律原則應該從自然正義中演繹出來。法律原則須符合自然宇宙中的物理原則和倫理原則。自然宇宙中的物理原則和倫理原則是古希臘自然學家通過感覺與思維的綜合運用而認識到的。自然正義是物理原則和倫理原則的結晶。由於自然宇宙中的萬物是符合比例性而存在的，因此，從自然宇宙秩序中獲得的物理原則和倫理原則當然地包含比例性；從中演繹出來的法律原則也當然包含比例性。法律原則與比例性具有如下關聯：

比例性與法律原則在一個法律體系中以正相關的關係存在。根據比例性，法律體系的「最好」就是該法律體系最符合自然秩序。而法律原則的目的與功能也是使法律體系趨向於「最好」。由於比例性是反映自然性的概念，比例性也就是自然秩序的反映。比例性對於法律體系的要求就是立

法者在制定法律時須受自然秩序的制約，須根據自然法則產生法律規範與規則。換言之，比例性能夠約束立法者制定出符合自然秩序的法律體系。而法律原則位於自然秩序與法律秩序的結合處。法律原則將自然秩序中的價值轉化爲法律體系中的價值規範，從而成爲法律規則的價值來源。

2. 比例性與比例原則

比例性與比例原則的關係也是通過合理性聯結的，但此聯結不同於比例性與法律原則的聯結關係。比例性與比例原則之間的合理性是指行政機關在行使權力時對個人權利與自由的限制或侵害「最小」才是合理的。

I. 比例性與比例原則的異同點

比例原則與比例或比例性概念具有密切關聯，但不能將比例性與比例原則視爲等同。比例性概念與比例原則的相同點是：比例性概念和比例原則概念的理念都存在於自然之中：比例性概念的理念是諸自然物生成、生長、存在與發展之合比例的自然性——自然宇宙中存在不計其數的生物物種可以說明這些物種之間的關係是基於自然法則作用的和諧關係；比例原則概念的理念是諸自然物存在的合理性——諸自然物因果相循地存在或消失顯示其基於自然法則的作用而對枯、竭、衰、亡者的損害爲最小。比例性的要求是各個事物的生成、生長、存在與發展必須符合比例，因爲自然中的比例性是自然生成的；而比例原則的要求概括地說就是作法益衡量時必須符合比例，因爲比例原則是由人適用的。兩者的不同點是：比例性是自然地形成的概念，比例原則是人工製作的概念。比例性概念所蘊涵的「合比例」的本質意義是諸事物共同地趨向於最好的目的和目標，而比例原則所蘊涵的「合比例」的本質意義是要求對其規範的對象的損害爲最小。比例性是對自然事物的觀察而獲得的概念，而比例原則是對法益衡量的合理性要求而產生的概念。比例性概念既可以適用於權力的運行，也可以適用於權利的行使，而比例原則只是用於規範權力的運行；行使權力的機關和行使權利的個人都可以追求最好的目的和目標，但個人不能在行使權利時根據比例原則將對他人的損害減低到最小程度；換言之，個人在行

使權利時根本不能損害他人的權利與自由。而行政機關在行使權力時可能出於公益的需要產生對私人不利的後果，此時須受比例原則的約束。

「比例」或「比例性」概念不只是行政法上和法學中特有的概念，而是普見於人文社會科學及理工學科的各個領域。比如，「比例」或「比例性」概念可以用於經濟學等學科中。在經濟學中，諸如供給與需求、投資與回收、資產與負債的相互關係需要通過評估，達到均衡。而評估就是含有比例性的方法，均衡就是合比例的結果。

II. 比例性與比例原則的效力範圍

比例原則的效力是從自然秩序的合理性中得到的。因此，比例原則具有憲法效力位階便是無可爭議的，因為憲法是一個法律體系中的最高法，而法律體系是自然秩序的人類版。自然秩序中的合理性源自比例性；合理性對法律原則的要求是使法律體系趨向於「最好」，對比例原則的要求是對其規範對象「損害最小」。「損害最小」確定了比例原則的效力範圍，因此產生了比例原則的構成：必要性原則、妥當性原則、衡量性原則。

在憲法上，通常通過法益衡量的要求體現比例原則的約束效力，即要求行政機關在實現公益之行政目的時，應盡可能地尊重個人權利與自由。《德國聯邦基本法》第 2（1）條、《日本國憲法》第 13 條等規定都是比例原則的基本原理的體現。在憲法上，也有直接規定比例原則為一般法律原則的條款，要求權力機關在行使權力時尊重其約束，把適用比例原則作為正當行政行為的構成要件。因此，比例原則具有憲法效力也有法典上的例證。

如果更具體地討論比例原則的效力，其效力範圍需要特別確定。從效力位階上論，比例原則對立法權與行政權都具有約束力：立法機關在立法時須受比例原則約束，行政機關在實施法律時也須受比例原則的約束；而司法機關與立法機關和行政機關的區別是，司法機關在適用比例原則時須根據比例原則的要求判斷和確定相關的立法行為和行政行為是否違反比例原則；司法審查行為本身並不受比例原則要求的約束。

比例原則對於立法機關的效力範圍是：立法機關在制定法律時，如果

需要對個人的基本權利和自由施加限制是否是必要；如果必要，此限制對個人的損害須爲最小。進而，如果可以用損害較小的法律規則就可以達到規範目的，那麼就不必制定損害強度較大的法律，比如，行政罰款規範與行政強制規範的選擇。在這個範圍內，如果立法機關沒有如此立法，便違反比例原則。對「是否必要」和「損害是否爲最小」，立法機關須有詳盡和確信的論證及其理由。由此可見，比例原則對立法權具有約束力並不是指該原則約束全部立法權的行使範圍，或者說，並不是說立法機關在制定所有法律時都必須適用比例原則。憲法上的立法權的基本功能就是約束立法機關制定法律，以致形成符合自然秩序的法律體系。即使立法機關在制定某一個法律時需要作出是否必要的考慮，此時也不是比例原則的約束，而是行使立法權本身需要的考量，其涉及到更多的原則和原理、更多的實際因素，需要作更多的論證，其考量的範圍和需要考量的因素遠遠大於比例原則的要求；其對立法理由的論述範圍遠遠大於比例原則的要求。

　　比例原則對於行政機關的效力範圍是：行政機關在行政時出於公益對個人基本權利和自由的限制是否必要；如果必要，此限制（包括實施的措施等）對個人的損害須爲最小。比例原則也是約束行政裁量權的，而行政裁量權的範圍是立法機關賦予的。行政機關在行使權力時一方面不得超越授權範圍，另一方面須符合比例原則。由於比例原則是從行政權的運行中產生的，本教程在下面的章節將會更多論及比例原則與行政權的效力關係。

　　比例原則對司法機關的效力範圍是：司法機關在對立法行爲和行政行爲進行審查時須適用比例原則衡量、判斷、確定立法行爲和行政行爲是否違反比例原則。司法機關適用比例原則審查立法行爲和行政行爲的範圍與後兩者適用比例原則的範圍等同。在適用比例原則範圍以外的其他立法權行爲，司法機關應適用其他原則對待，而應愼重適用比例原則。換言之，在此範圍以外的領域，比例原則不能作爲司法審查的根據或主要根據。對於行政機關未涉及限制相對人的基本權利的自由裁量行爲，司法審查應根據依法行政原則加以審查。特別需要注意的是，比例原則不約束司法審查

行為本身。也就是說，司法機關在對一般立法行為和行政行為進行審查和作出裁決時，不能考慮是否必要，需要選擇「損害最小」的裁決。即使司法機關在審查和裁決時需要作此類考慮，也不是因為比例原則的約束，而是正義原則的約束。司法機關對立法行為和行政行為進行審查和裁決的論證根據是正義原則和個案的事物本質。司法機關對個案裁決提供的理由遠遠大於比例原則所包含的理由。更重要的是，論證的邏輯起點不同，整個論述的話語體系也完全不同。根據正義原則論述是司法審查的本質屬性，因為司法權就是為了實現正義。

對比例原則的效力範圍作上述界定揭示了法學研究者應該清楚但往往不清楚的方法：法學上的概念基本上不能作廣義的解釋，而只能作本義解釋。法學中通常所謂的狹義解釋在很多情況下就是本義解釋，但因為狹義解釋是與廣義解釋相區別的解釋，又可能不同於本義解釋。法學上的概念通常也是法律上的概念。法律條文中的「但書」條款就是對概念解釋的本義約束。法學概念或法律概念是由意義和涵義構成的。此類概念的意義是確定的，而涵義可能是確定的，也可能是開放的。所謂「涵義是開放的」是為了吸收生活中新出現的具有相同意義的事物。廣義解釋同時擴大了概念的意義和涵義，而往往使一個概念遁入另一個概念。比如，比例原則的意義和涵義都是確定的。根據上述分析，如果將比例原則適用於立法機關和行政機關的所有權力行為，如果將比例原則的約束力及於司法權，這種對比例原則的廣義解釋使比例原則的適用與其他多個法律原則抵觸，在法學理論上也無法證立其研究結果。法律是概念構成的體系。法律概念都是從正義概念中演繹出來的。比例原則也是從正義原則中演繹出來的，如果將比例原則的意義和涵義擴大到與正義原則一樣，則必然與從正義原則演繹出來的其他諸原則衝突。

對概念作廣義解釋不同於概念的類型化。概念的類型化是在概念意義確定的情況下，將符合概念意義的、由事物本身顯現出來的特徵的一類事物納入該概念範圍。比如，機動車，所有以發動機作為啟動器的輪式車輛都是機動車。發動機是機動車概念的意義，即本質規定性，只有符合這個

意義，才能稱爲機動車；而其他特徵是次要的。但不是所有法律概念都可以類型化，比如，比例原則就不能類型化。比例原則只能作本義解釋與適用，這是由比例原則的確定涵義決定的，因爲比例原則是對國家限制基本權利的限制。在法律原則中，這樣的原則只有比例原則才是。比例、比例性、比例原則具有不同涵義，不能等同使用。比例有算術比例與幾何比例之分，比例性源自於幾何比例。自然法則都具有比例性；比例原則也包含比例性。但是，不能將自然法則對萬物的約束與比例原則的約束等同。這裡的意思是，不能將比例原則的約束範圍擴大到自然法則的約束範圍。自然法則的約束範圍在外延上是開放的；而比例原則的外延是確定的。因此，在法學中通常將比例原則適用於無所不包的領域顯然是不正確的。

通常所說的對基本權利和自由作擴大解釋，就是將權利和自由的概念類型化，也不是法學研究中隨處可見的廣義解釋。對一個權利概念作廣義解釋，其結果可能就是該權利概念的涵義或意義涵蓋了另一個權利概念。但是，對基本權利和自由作擴大解釋的根據是自然權利。從自然權利中演繹出來的權利和自由都是基本權利。也就是說，對權利作擴大解釋可以根據被解釋的概念的要求從自然權利中推導出該概念的內涵，而其意義是確定的。

第八章　比例原則

一、概述

1. 比例原則思想的產生

在憲法上，通常列舉式地規定個人的基本權利和自由，而同時也規定基本權利和自由的行使方式除非妨礙他人權利和自由、社會秩序、公共利益，否則不得以法律限制之。在維護社會秩序、公共利益和他人權利和自由之目的的達成與限制措施的關係上，國家權力機關必須體現合法性與合理性，禁止過度。「禁止過度」是比例原則的基本要求，它通過妥當性原則、必要性原則與衡量性原則實施和實現，其目的是將憲法和行政法上的措施納入合乎憲法和理性的範疇。[1]

這種思想首先體現在警察行政權領域。1802 年，德國行政法學家 G. H. v. Berg 既已表明「警察權力只有在必要時才可行使。」1911 年，F. Fleiner 在其著《德國行政法制度》中認為，對違反商業法令的商店，如果可以用處罰款來處罰，就不必吊銷執照。[2] W. Jellinek 在其著《法律、法律的適用與合目的性衡量》中也深入討論了警察權力行使的界限。他認為，警察行使權力不可有違法的侵害性，不得過度，不可違反妥當性。[3] 在德國法上，《警察行政法》（Preuß, 1931 年）規定，如果有多種方法足以維護公共安全或秩序，或有效地防禦對公共安全或秩序有危害的危

1　Peter Badura, *Staatslehre*, S. 84-85f, 1986; Friedrich Müller, *Strukturierende Rechtslehre*, S. 123ff, 1984. 引自謝世憲，論公法上之比例原則，載城仲模主編：《行政法之一般法律原則（一）》，三民書局，1997 年。

2　Berg, *Handbuch der Deutschen Polizeirechts*, S. 89ff, 1802; M. Jakobs, *Der Grundsatz der Verhältnismäßigkeit*, S. 97, 1985; Fleiner, *Institutionen des Deutsches Verwaltungsrechts*, S. 404, 8. Aufl., 1928. 引自陳新民，《憲法基本權利之基本理論（上）》，第 256、258-259 頁，三民書局，1990 年。

3　W. Jellinek, *Gesetz, Gesetzesanwendung und Zweckmäßigkeitserwägung*, 1964.

險，則警察機關得選擇其中之一。但是警察機關應當盡可能選擇對關係人與一般大眾造成損害最小的方法。《直接強制法》（Hessen, 1950 年）中規定：行政直接強制應選擇對當事人及公眾損害最小的方法，並且不得與行為的結果明顯地不合比例。《行政執行法》（1953 年）規定：強制方法必須與其目的保持適當比例。決定強制方法時應盡可能考慮當事人和公眾受最小侵害。到二十世紀 50 年代後，德國多個邦在制定警察行政法典時，都將必要性原則融入法條內。[4]在法國法上，「比例原則」的思想也是發源於警察法領域，1933 年，在行政法院的一個判例中，法院指出，市長雖有維護公共秩序與安全的警察權，但是，此種權力之行使必須與法律所保障的集會自由相互協調。市長不能以公共秩序為理由，禁止事實上對公共秩序影響有限的集會。亦即，該項集會對公共秩序與安全可能產生的危害程度，與該市當時所擁有並可支配的警力相比，禁止集會的措施是不合比例的。對於涉及人民自由的警察權措施，行政法院認為，自由是原則，對自由的限制是例外，且只有在必要的情況下才是合法的措施。其目的是避免行政權過度侵害人民權利。對警察過度行使權力的撤銷訴訟稱為「越權訴訟」。[5]由此案可知，在法國法上，禁止過度是比例原則的要求。

2. 比例原則的來源

比例原則（即三個子原則）的名稱雖然遲至 1958 年的「藥房案（Apotheken-Urteil）」[6]才出現，但是，在 1882 年的「十字架山案（Kreuzbergurteil）」[7]中已經存在比例原則的全部內涵。案情是這樣的：柏林市郊有一座十字架山，該山上建立了一座慶祝勝利的紀念碑。當時的

4　v. Götz, *Allgemeines Polizei- und Ordnungsrecht,* S. 75, 1978; L. Hirschberg, *Der Grundsatz der Verhältnismäßigkeit,* S. 13, 1981. 引自陳新民，《憲法基本權利之基本理論（上）》，第 263-264 頁，三民書局，1990 年。

5　葉俊榮，論比例原則與行政裁量，載《憲政時代》，第 11 卷第 3 期，1986 年 1 月。

6　BVerfGE 7, 377.

7　Pr. OVG. 9, 353ff; v. Götz, *Allgemeines Polizei- und Ordnungsrecht,* S. 13, 1978; Scholler/Broß, *Grundzüge des Polizei- und Ordnungsrechts in der Bundesrepublik Deutschland,* 李震山譯，第 16-18 頁，1986 年。

柏林警察局爲了使全市市民抬頭就能看到紀念碑，遂以警察有促進社會福祉之權力或職責，發布了一條建築命令，規定山區附近居民所建房屋的高度有一定限制，不得阻礙柏林市民眺望紀念碑的視線。法院在判決中認爲，警察局在沒有授權的情況下，援用公益而制定建築命令屬於不必要的措施。在行政法學中，通說認爲，這個判決實際上是法院將警察權力由擴張性質的促進社會福祉推回到了防禦危害，並發展成對警察權力具有影響的原則：法律保留原則和必要性原則。

　　本教程認爲，雖然法院在此案中援引了依法行政的原理，但作爲必要性原則的來源，其更重要的是警察局對基本權利的限制是否必要、是否選擇了侵害最小的措施。警察權之防禦危害的功能與促進社會福祉的功能不可分離。如果警察權防禦危害不是爲了促進社會福祉，那麼須審查防禦危害是爲何目的、所防禦的是否是「危害」行爲。但是，在此案中，警察局以促進社會福祉爲理由限制基本權利、法院以警察局未經授權而無促進社會福祉之功能裁決警察局違法，都是不適當或不妥當的。對建築物限高與眺望權是直接的、相對的利害關係，不是兩個必須採取的限制基本權利的措施的選擇。因此，爲了眺望權而對建築物限高首先不是「是否必要」的問題，而是「是否妥當」的問題。法院審查首先應該涉及的是妥當性問題。其次，在警察局已經作出建築命令後，法院才會審查是否必要，即審查是否還有比「限高」之損害更小的措施。而警察局在作出建築命令時必然會進行法益衡量，因爲是兩個相對的法益。也就是說，警察局在此案中涉及到衡量性。

　　實際上，在「十字架山案」中已經包含比例原則的三個子原則。從後來發展出較爲成熟的比例原則理論可以看到，妥當性原則的要義是爲了達到行政目的而選擇的對基本權利限制措施是否妥當。必要性原則的要義是在兩個及以上的必須採取的限制基本權利的措施中選擇既能達成目的又是侵害最小的措施。妥當性原則關注的是是否能達到符合目的的限制，換言之，限制能否不發生，而就能達到目的。如果是如此，便沒有二階原則即必要性原則之適用；也就是說，不需要適用比例原則，就可以達成目的。

對妥當性原則作此深入的理解有助於精確地保障基本權利。當需要爲達成目的而限制基本權利時，妥當性要求達成目的與限制措施是妥當的，此時，妥當性原則才成立。必要性原則關注的是在必須採取限制措施的情況下，如何選擇侵害最小的措施。妥當性原則處理相對的關係範疇；必要性原則處理相同因素之選擇的比較關係。在本案中，法院首先應該指出，警察局的限高建築命令是不妥當的；然後，就對警察局採取何種措施既能保障市民的眺望權利又能保障山區附近居民的生活權利加以審查；在兩者之間選擇損害最小的方法。而法院也要根據衡量性原則審查警察局是否作了正當的法益衡量。衡量性原則之所以被稱爲狹義比例原則就是因爲該原則是作用於妥當性原則和必要性原則的原則，即立法機關在需要作出限制基本權利的立法和行政機關在需要作出限制基本權利的決定時須有正當的法益衡量。因此，「十字架山案」應該是比例原則全部內涵的最初來源。

後來，德國憲法法院在「藥房案」中將比例原則表述爲三階理論。三階理論即法院適用比例原則進行審查時，先審查是否具有妥當性，接著審查是否具有必要性，最後審查是否進行正當的衡量。此可以說明在同一個案中法院可以依次用三個子原則審查立法行爲和行政行爲是否違反比例原則。職是之故，比例原則是一個整體，須同時適用。也就是說，在適用妥當性原則時，必須適用必要性原則和衡量性原則；在適用必要性原則時，必須適用妥當性原則和衡量性原則；而衡量性原則的適用必然涉及到妥當性原則和必要性原則。

3. 比例原則的構成

比例原則是從對基本權利和自由的保障中獲得憲法位階的效力的。比例原則是對國家權力限制基本權利和自由的限制。兩個「限制」是比例原則的構成要件，缺一不可。在比例原則下，兩個「限制」是同時存在、同時適用的。在行政法學中，研究者基本上都能認識到比例原則的基本內涵，但是，在論述比例原則、運用比例原則分析問題時，卻很少受兩個「限制」原理的約束，將比例原則的適用範圍擴大到整個國家權力領域，

顯然是曲解了比例原則。

　　比例原則的涵義在於立法行爲（制定的法律）和行政行爲（行政決定、行政處分、行政命令）限制基本權利和自由是否妥當、必要、是否進行了正當的法益衡量。在具體說明比例原則的涵義時，對其中所包含的子原則存在不同觀點。在德國，司法實務和學說將比例原則區分爲三個子原則，即妥當性原則（亦稱適當性原則、適合性原則）、必要性原則（亦稱最小侵害原則）、衡量性原則（亦稱比例性原則、狹義比例原則）。這也是行政法學上的通說。少數學者對比例原則的子原則採取二分法。比如，P. Lerche 認爲，比例原則是討論措施與目的之間的限度及過度的問題，故比例原則的主要功能在於制止過度地侵犯基本權利和自由，因此，他將比例原則正名爲禁止過度（Übermaßverbot）原則。進而，他主張禁止過度原則只有兩個構成原則，即必要性原則和比例原則。二分法中的比例原則也就是三階理論中的衡量性原則。Lerche 的必要性原則是指對各種可能措施（即適合達成目的的措施）中，僅能選擇造成侵害最小的原則。故必要性原則也就包含了妥當性原則，措施的妥當性是措施的必要性的前問題（Vorfrage）。[8] 本教程採納三分法及三階理論。

二、妥當性原則

　　妥當性原則指國家對基本權利和自由的限制措施必須有助於目的的達成。「妥當性」指措施能達到目的，且達到目的同時，也是達到一種「妥當」的程度，因爲措施對目的的適合有一個程度問題，因此，也被稱作適合性原則，意即措施適合目的，措施能達到目的。[9] 妥當性原則是在法律

8　P. Lerche, Übermaß und Verfassungsrecht, *Zur Bindung des Gesetzgebers an die Grundsätze der Verhältnismäßigkeit und der Erforderlichkeit*, 1961, S. 106-107, 19, 346, FN101. 引自陳新民，《憲法基本權利之基本理論（上）》，第 248-249 頁，三民書局，1990 年。

9　Konrad Hesse, *Grundzuge des Verfassungsrechts der Bundesrepublik Deutschland*, 13 Aufl. S. 27. 引自謝世憲，論公法上之比例原則，載城仲模主編：《行政法之一般法律原則（一）》，三民書局，1997 年。

上具正當性的目的規範已經存在或者行政目的已經確定的前提下，對於限制措施的選擇的考量，包括選擇的措施須是適當與有用的。是否適用妥當性原則決定了是否需要適用比例原則的問題。也就是說，如果實現法律上的目的規範或者行政目的無需採用對相對人不利的措施，則就不需要適用比例原則。

1. 妥當性原則的構成

根據現有對比例原則的解釋，妥當性原則無論在立法上還是在行政上，都由兩個部分構成，即公共目的與限制措施。這也可以理解為妥當性原則的要件，因為比例原則就是對國家限制基本權利的限制。只有這兩個部分同時存在，妥當性原則才可以成立。

妥當性原則的第一層涵義是為達成目的選擇對基本權利的限制措施必須是適當的；第二層涵義是達成目的對基本權利的限制措施必須是有用的。用於表述妥當性原則的德文詞 Geeignetheit 同時具有「適當」和「有用」的涵義。即限制措施對達成目的是有用的，否則即違反妥當性原則。比如，對遊行集會的限制措施如果無助於達到維護公共秩序的目的，即違反妥當性原則。

妥當性原則既不是目的導向也不是措施導向，而是以目的與限制措施之關係的妥當為考慮方向。因為在妥當性原則下，目的與限制是相對的。比如，公共秩序之維護與遊行集會之限制的關係，根據該原則，須均衡維護。「均衡」即是對其相對之關係進行妥當處理。

2. 目的與措施的關係

在妥當性原則中，目的與措施不會是單一的。比如，目的可以是為維護社會秩序、公共利益，也可以是維護他人的基本權利和自由，還可以是其他正當的行政目的。對基本權利的限制措施是與所維護的目的對應的。目的與措施具有如下基本關係。

2.1 目的正當是限制措施的前提

在妥當性原則中，目的本身須具正當性。維護社會秩序、公共利益、他人的基本權利和自由，以及其他行政目的，都是妥當性原則的目的範疇。作爲目的，不只是在憲法和法律上有規定，而此類規定須具有正當性。只有在目的正當的前提下，才能保證對基本權利的限制措施是合法的。無論在立法上還是在行政實務中，目的正當是限制措施適當的保證。

妥當性原則中的「目的與措施的妥當性」與立法和行政行爲的「目的正當性」是兩個不同層面上的問題。在妥當性原則下，法院是衡量或度量一個立法或行政行爲對基本權利的限制措施與目的的達成是否妥當，法院並不是審查「目的正當性」，或者更確切地說，法院並不是通過適用比例原則來保證立法和行政行爲的「目的的正當性」。立法和行政行爲的「目的正當性」需要更高的原則予以保障。主權在民原則和權力分立原則是立法目的和行政目的正當性的保障；並且，當法院適用比例原則時，在比例原則和主權在民原則、權力分立原則之間還有多個原則約束具體的立法目的和行政目的，比如法治原則、社會國原則、法律保留原則；而在主權在民原則和權力分立原則之上，還有「人性尊嚴」絕對條款。也就是說，不是比例原則而是通過上述其他原則約束立法和行政目的。更重要的是，比例原則本身也只有在上述原則和基本權的約束下才能正當適用。如果法院可以拋棄或越過上述其他原則直接通過比例原則，約束立法和行政目的，則違反了主權在民原則和權力分立原則。

2.2 目的的確定性與限制措施的多重性

在立法上，通常列舉式地規定妥當性原則所要維護的各種目的，並同時規定因維護此類目的對基本權利和自由的限制措施。但是，在行政實務中，只有一個確定的目的，即目的只有一個時，才能確定措施，但達成一個目的可以有多個措施。在行政實務中，不會同時存在多個目的、多個限制措施的情況。也就是說，在立法上可能對目的的規定較爲概括，比如，維護社會秩序、維護公共利益等等；但在行政實務中，目的總是具體的，

總是為達成一個目的而選擇妥當的限制措施。維護不同種類的社會秩序，需要選擇不同的限制措施。只有在目的確定的情況下，才能選擇限制措施。

在行政實務中，也可能存在多個目的的選擇。然而，只有當確定一個目的時，才能選擇限制措施；而限制措施與妥當性考量是同時產生的；妥當性原則適用於限制措施的選擇時。然後，才能通過法益衡量，確定目的與措施之間的必要性。因此，在妥當性原則下，可能存在一個目的與多重限制措施的選擇關係；但不可能同時存在多個目的與多重限制措施。對目的與措施之關係的考量總是在它們處於直接和相對的關係時，也就是說，它們之間的直接和相對的關係是妥當性原則之適用的基本要求。

如果在行政實務中，同時存在數個目的需要達成，那麼行政機關可以根據行政目的或目的本身的重要性依次達成，而逐一選擇達成目的的措施。目的與措施之間通常都構成直接關係，在其中，目的與措施的法益可能是一致的，也可能是相對的；前者不需要適用妥當性原則，後者才有妥當性原則之適用。

在行政實務中，通常也有通過一個措施實現數個行政目的，但此時需要分析目的與措施是一致的還是相對的，還要分析措施與目的的關係是直接的還是間接的。只有當措施與目的的關係是相對和直接時，才有妥當性原則的適用，因為在其中具有相對的法益需要作出衡量。而目的與措施一致時，則就沒有相對的法益需要衡量。比如，在稅賦法律體系公正合理的情況下，行政機關通過多個措施促進一個地區的多項民生福利，對此，不能認為是適用了妥當性原則，因為未構成對任何基本權利的限制，目的與措施是一致的，它們的法益也是一致的。

三、必要性原則

1. 必要性原則的內涵

　　必要性原則（Erforderlichkeit）係指立法者或行政機關針對同一目的，有多種措施可供選擇時，應該選擇對人民利益侵害最小的措施，亦即，在不違反或減弱所追求之目的或效果的前提下，面對多個可以選擇的措施時，應盡可能選擇對相對人權利損害最輕的方法。故此原則又稱為最小侵害原則（Prinzip des geringstmöglichen Eingriffs）。[10]必要性原則是妥當性原則的二階原則。因此，必要性原則的適用有如下要求：I. 必要性原則是在目的與限制措施已經存在的前提下，選擇對相對人「損害最小」的措施，而又不至於影響目的的達成。這意味著對措施的選擇應該與目的的達成相適當。在這個意義上，必要性原則是妥當性原則的後續適用行為。II. 如果在已經存在的限制措施外還有對於目的之達成「損害最小」的措施，行政機關可以作此選擇達成目的。III. 德文 Erforderlichkeit 也有「不可缺少的」、「必需的」、「需要的」之涵義，因此，「損害最小」是一個相對性範疇，如果不能選擇到「損害最小」的措施，那麼為達成目的也必須選擇具有「限制」性的措施。此也是必要性原則的要求。

　　如同妥當性原則之適用一樣，如果目的的法益與措施的法益一致，或者說，如果沒有目的與措施的相對性，則不是必要性原則之適用，因為選擇任何有利於目的之達成的措施都是可以的，在其中沒有相對的法益需要衡量。在很多情況下是如此。特別是給付行政領域，在稅賦法律體系公正合理的前提下，對社會和個人的給付，不涉及損害納稅義務人的基本權利，更不是損害相對人的基本權利，因此，不構成目的與措施的相對，因而也就不存在「損害最小」的選擇。只有在目的與措施明顯相對的情況下，才需要適用比例原則。因此，通常所謂的「採取必要措施維護公共秩

---

10 U. Zimmerli, *Der Grundsatz der Verhältnismäßigkeit im offentlichen Recht, Zeitschrift für Schweizerisches Recht*, S. 14, N. F. 97. II. 1978. 引自陳新民，《憲法基本權利之基本理論（上）》，第 241 頁，三民書局，1990 年。

序……　」是否爲必要性原則之適用，須根據具體情況判斷，其基準就是維護公共秩序的同時是否限制或損害了相對人的基本權利和自由。在行政實務中，並非所有維護公共秩序的措施都需要限制相對人的基本權利和自由，往往通過維護公共秩序促進了相對人實現基本權利和自由。如同不是含有「比例」或「比例性」之詞的表述就是表述比例原則一樣，也不是含有「必要」或「必要性」之詞的表述就是表述必要性原則。

2. 關於「相同有效性」

相同有效性是指多個限制措施可以以相同的妥當性達成目的。立法者或行政機關在選擇達成目的的限制措施時，對多個限制措施進行比較，並衡量目的與措施的法益；然後選擇其中任何一個措施達成目的。其他未採用的措施必須與立法者或行政機關所採取的措施具有相同的有效性，這是「相同有效性」成立的標準。如果另一個較溫和的措施 A 比行政機關所採取的措施 B 更爲有效，則措施 B 當然更不符合必要性原則。[11]

對於達成目的而具有相同有效性的措施在立法上和行政實務中都是存在的，雖然在法律上通常只表述一種措施，但不等同於其他未表述的措施不能達成同一目的；雖然在行政機關作出的決定中只選擇了一種妥當的措施，但其他未選擇的措施也可能以相同效果達成目的。相同有效性原理在立法上存在的意義是，其等於賦予行政機關在選擇達成目的時的裁量權；其對司法機關的意義是，如果行政機關未根據法律上明文規定的措施達成目的，而是選擇了具有相同妥當和有效的措施達成目的，司法審查不能視爲違法，而應根據行政機關作出此種選擇的理由，尊重行政機關的裁量權。更重要的是，相同有效性原理賦予行政機關的裁量權還包括：如果根據實際情況（比如個案事物本質），需要以相同有效的措施達成目的，「損害最小」原則的約束便可退居其次。在實務中，經常有這樣的現象：在一些特殊情況下，較爲激烈的措施，其目的達成度更高。換言之，「損

11　BVerfGE 30, 292, 316ff.

害最小」對行政機關作出決定不是剛性約束，行政機關可以根據行政目的和個案事物本質選擇相同有效的措施達成目的。行政機關爲達成目的，在可比較的相同有效措施之間有選擇自由。這是因爲對限制措施的選擇是由法律賦予的屬於行政機關自由裁量權的範圍。

必要性原則的適用實際上涉及辯證比較關係，而不只是單純的簡單比較關係。在比較各種達成目的的措施時，其基礎要求是比較哪一個措施對相對人「損害最小」。但是，在有多個措施可供選擇時，即需要比較多個措施時，則各個措施雖然都能達成目的，但在達成目的時可能有程度上的差別。此時，便需要進行辨證比較。「損害最小」與達成目的的辨證關係是：有時選擇了「損害最小」的措施可以實現最大程度的目的性。有時爲了達成目的，可能選擇不是「損害最小」的措施，而目的達成後可以使相對人獲得更大的權益。有時必須選擇不是「損害最小」的措施，才能達成目的，或者說，才能使達成目的而產生的法益符合目的。在比例原則的約束下，行政機關的目的總是趨向於產生對整體、公共及個人的最大法益。因此，措施的相同有效性與目的達成的法益程度是一種辨證關係。這個原理說明，在目的正當的前提下，根據必要性原則，行政機關對達成目的之措施選擇的基本要求是「損害最小」，但行政機關對相同有效的措施的選擇還需要考慮達成目的的法益程度。這樣就不會因爲「損害最小」這個單一要求而束縛行政機關通過選擇相同有效的措施選擇最高程度的法益。所以，「目的正當」包括達成目的後所產生的法益的因素。

3.「損害最小」的判斷

對「損害最小」的判斷是一個綜合性問題。立法機關在制定法律時對「損害最小」的判斷通常是概括性的，此種立法方式是賦予行政機關根據個案行使裁量權；或者是選擇性的，此種立法方式僅允許行政機關在法定幅度內行使裁量權。前者如：《土地法》通常規定，國家因公共事業之需要得依本法之規定徵收私有土地，但徵收之範圍應以其事業所必需者爲限。徵收土地不妨礙徵收目的之範圍內，應就損失最少之地方爲之，並應

儘量避免耕地。後者如：《道路交通法》通常規定，為維護交通安全和秩序，對於違反道路交通法的駕駛者，行政機關可以處以停止駕駛一個月或停止駕駛六個月或者吊銷駕駛執照的處罰。這三種處罰都是在適法的範圍內，行政機關可以根據個案情況進行自由裁量。

　　質言之，立法機關是將對「損害最小」的判斷留給行政機關。行政機關對「損害最小」的判斷涉及下列方面。

3.1 對「損害最小」判斷的前提

　　如前所述，對「損害最小」的判斷須將「損害最小」視為相對性範疇。「損害最小」不是唯一的措施。否則，就只有判斷而無選擇。這種情況表現在立法上，法律無授予行政機關作自由裁量的權力和範圍；表現在行政上，行政機關的裁量權縮減至零。此與必要性原則不符。因此，對「損害最小」判斷的前提必須是存在多個措施，這些措施對達成目的可能具有相同有效性，但往往不具有相同有效性。在行政實務中通常就是如此。如果所有可供選擇的措施都具有相同有效性，行政機關也就不需要判斷和選擇。此與必要性原則和行政實務都不相符。所以，行政機關對其採取的措施是否為「損害最小」的判斷，往往須根據具體情況，包括個案案情本身、個案所在的各種環境因素、個案的事物本質，在符合行政目的的要求下作出決定。

3.2 「損害最小」判斷的因素 [12]

　　對「損害最小」判斷難以確定一個或一套基準，而只能盡可能地考慮相關的因素。所謂「基準」是可以用於同類型案件中的標準，但是，這樣的標準在必要性原則下是無法確定的。根據必要性原則，措施的選擇是以目的為目的的，目的不同，對措施的選擇也不同。比如，為維護交通安全和秩序，對於違反道路交通法的駕駛者，行政機關可以處停止駕駛一個月或停止駕駛六個月或者吊銷駕駛執照的處罰。如果駕駛者違法駕駛使人受

---

12 陳淳文，比例原則，載《行政法爭議問題研究（上）》，第 91-115 頁，五南圖書出版公司，2000 年。

傷，受傷的對象不同可能導致傷害後果也不同，而傷害後果是行政機關採取處罰措施、作出處罰決定的主要因素。如果將可能受傷的對象分爲成人、未成年人、老人、婦女、孕婦，顯然，對象不同，裁量的結果不同。這個例子可以清楚地表明：對「損害最小」的判斷是在個案中進行的，對「損害最小」的處罰措施也是在個案中選擇的。或者說，只有在個案中才能選擇「損害最小」的處罰措施、作出「損害最小」的處罰決定。通過個案決定可以使措施的選擇與目的的達成更加符合。

在行政法學中，通常將經濟性、時間性、不確定法律概念等作爲對「損害最小」判斷的考慮因素。

I. 經濟性因素

爲達成目的對多個措施的選擇可能涉及經濟性因素，但是，在必要性原則下，經濟性因素須體現或實現妥當性、正當性之類的超經濟價值。比如，在立法上，《德國稅法通則》第 361 條規定，如果對行政行爲的合法性存在重大疑義時或者執行行政決定會給相對人帶來不適當的、而且不是由於占優勢的公眾利益引起的嚴重後果時，稅務機關應該中止執行；在通常情況下必須中止執行。[13] 這個條文雖然考慮到經濟因素，但顯然不是根據經濟因素所作的規定。行政相對人的利益和公共利益都是經濟因素，但根據此條文的立法意旨，稅賦法律體系和行政權行使的信賴利益高於經濟利益。這個條文也體現出這樣法律價值：法益衡量並不總是以公共利益爲主旨，法益衡量包含經濟因素，但經濟因素不是衡量基準；法益衡量的基準是正當性、合理性之類的價值。再如，在行政實務中，行政機關爲控制煙害，需要對工廠排煙作出限制。在所有的限制措施中都會包含經濟因素，但如何有效地控制煙害，實際上具有很高的科技因素，採用與其他環境治理相配套的科技措施，最能實現有效地控制煙害。此類措施的成本可能高於建一個五米高的煙囪，但符合妥當性原則，因爲此種措施對達成目的最爲適當。而根據必要性原則，對措施的選擇應該和必須體現或實現目

---

13 引自 Dieter Birk，《德國稅法教科書》，第 13 版，徐妍譯，北京大學出版社，2018 年。

的與措施的最佳妥當性。要言之，在選擇措施時對經濟性因素的考慮須以妥當、正當、合理為基準。

II. 時間性因素

顯然地，時間的適當性關係到對相對人損害的程度，因而也是必要性原則的應有內容。這就是說，在適用必要性原則時，對損害措施的選擇需要考慮時間因素。同時，時間因素也關係到目的。換言之，目的的達成或實現具有時間性。一個在過去能夠產生法益的目的在現在法益可能已不存在。目的與措施不符即是違反必要性原則。時間因素在對相對人產生損害的考量中占有重要地位。比如，警察所採取的措施如果逾越維持治安所必要之程度，則構成違法，應予撤銷。但撤銷的時間不同，對相對人的損害也不同。

III. 法律概念的不明確性

在具體行政行為中，行政機關賴以行使職權的許多法律概念是不明確的，在事實上或法律上，都須根據個案的具體情況才能確定其涵義。比如，社會秩序、重大理由、公共需要等等。在個案的實務中，行政機關首先須盡可能地將包含在不確定法律概念中的目的具體化，然後，根據此具體目的確定相應的措施。當目的與措施是相對的法益時，需要同時適用比例原則的三個子原則。根據妥當性原則，選擇有利於達成目的的諸措施；根據必要性原則，選擇既「損害最小」又能達成目的的措施。而在前兩個原則的適用中，都需要作法益衡量。因此，在比例原則下，不確定法律概念的涵義是在具體個案中確定的。它們作為適用比例原則的一個因素，有時可能與其他因素一起出現在同一個個案中。也就是說，同一個個案可能同時包含不確定法律概念、經濟性、時間性等因素，行政機關綜合對待的方法也是將其具體化，因為措施總是直接針對具體目的的。針對具體目的而選擇的措施都是明確、確定的。只有在具體的目的與措施的直接關係中，才能認識和判斷妥當、必要、法益的公正合理。在目的與措施的關係中，不會形成從不確定法律概念到不明確的法律措施的行政過程。

四、衡量性原則

1.衡量性原則的內涵

衡量性原則，也稱狹義比例原則（Verhältnissmäßigkeit im Engeren Sinne）、比例性原則、法益衡量原則等等，係指立法和行政所採取的措施，雖是達成目的所必要的，但不可給予相對人超過目的之法益的損害，即所採取的措施必須與所欲達成的目的保持適當、正當、合理或均衡的比例關係。[14]具體言之，衡量性原則在於衡量，在法律上和行政實務中，所欲達成的目的的法益是否大於由於對相對人基本權利限制所造成的損害或不利。

衡量性原則是比例原則的第三個子原則。衡量是指對前面兩個關係的衡量。對第一個關係的衡量就是對妥當性原則中的達成目的與限制措施之關係的妥當性的衡量；對第二個關係的衡量就是對為達成目的在限制措施之間選擇「損害最小」措施的衡量。衡量性原則是對「過度」的禁止，比如，在罰款額度上、在拘留期限上，禁止過度；目的與措施在法益上不得不成比例。

衡量性原則既有客觀要素，也有主觀因素。對目的與措施的衡量必須基於具體的內容，即目的與措施都是具體的，這是衡量性原則的客觀內容。但是，衡量性原則也有豐富的主觀內涵：由於目的本身、目的與措施之關係中存在價值，衡量本身包括價值判斷、比較，適用該原則者必然根據個人的主觀認識，通過衡量，作出決定。

妥當性原則和必要性原則都是適用於公權力與基本權利的關係中，因此，衡量性原則對該兩原則中的關係的法益衡量，可能涉及第三方的基本權利，即涉及對第三方基本權利的限制或損害。第三方權利總是從公權力與基本權利的直接關係中產生的。即使第三方的基本權利沒有明顯地出現

---

14 謝世憲，論公法上之比例原則，載城仲模主編：《行政法之一般法律原則（一）》，三民書局，1999 年。

在妥當性原則和必要性原則所對待的直接關係中，在立法和行政實務中，也應考慮權力行爲所可能關涉到的對象的利益，包括非直接關係的第三方利益。比如，在城市規劃、環境保護、大型建設等事項中，在行政機關與相對人的直接關係之外，可能存在其他間接對象。此時，衡量性原則也應適用於此種間接對象，考慮此類間接對象的權利。如果是一個行政行爲與多個相對人構成的法律關係，則不屬於此類間接關係，仍是直接關係，即行政機關爲達成一個目的而需要對多個相對人的權利或不同權利採取適當的限制措施，此時，行政機關與相對人的關係是直接法律關係。在行政實務中，此類情況大量存在。

對於比例原則能否適用於對平等權的保障，有肯定也有否定的立場。本教程認爲，比例原則是用於對國家權力限制基本權利的限制，當然可以適用於平等權領域。平等權產生於資產階級革命時期人民對國家的平等要求。作爲一項基本權利，它首先是針對國家權力的。在立法上或在行政與司法實務中，各權力機關將平等權作爲國民的基本權利加以保護。因而，平等權的適用通常在權利主體的關係中。因此，在平等權領域裡適用比例原則往往涉及到第三方的權利。比如，行政機關爲了防止洩漏技術秘密而將有關專案特許給專門機構，從而直接限制了其他機構的平等競爭權利。一方面，行政機關有權行使此類特許權，亦即行政機關可以在平等權領域適用比例原則；另一方面，行政機關也有義務對達成目的所採取的限制行爲作法益衡量，以體現比例原則所包含的合理性。

2. 衡量性原則的構成

衡量性原則的構成就是在適用該原則時必然涉及的要素，它們包括如下範疇：I. 衡量的內容（目的與限制措施及其關係的妥當性、達成目的之必要措施是否爲「損害最小」、目的之法益是否大於損害之不利）；II. 衡量的基準（事物本質）；III. 衡量的結果（對「過度」的禁止或不得不合比例）。

2.1 衡量的内容

　　如同妥當性原則和必要性原則一樣，衡量性原則對立法和行政的要求也是在目的與限制措施的關係上須以基本權利和自由爲本位。所謂「以基本權利和自由爲本位」就是在國家權力與個人基本權利和自由的關係上，後者先於前者，並對前者具有約束力。比如，《俄羅斯聯邦憲法》具有如下規定和精神：國家建立保護人和公民的權利與自由的法律秩序。人和公民的權利與自由具有直接的法律效力；它們是法律的意圖、內容和適用、立法權和行政權、地方自治活動的基礎，並受到司法機關的保障。[15] 人和公民的權利與自由在行政法的規範機制中具有優先的地位。[16] 人和公民的權利與自由在社會生活的各個領域占有首要地位；在行政管理過程中重視保護個人的權利與自由。[17]

　　因此，在目的與限制措施的關係上，禁止「過度」或不得不合比例的範圍應該包括：

　　I. 禁止侵害基本權利的本質內容，比如，任何限制措施都不得侵害人性尊嚴。人性尊嚴是法律體系的核心價值，是一切基本權利和自由、一切國家制度的根據。有的國家以「人性尊嚴」條款規定在憲法文本中，比如，《德國基本法》第1條規定：人性尊嚴不可侵犯。尊重和保護人性尊嚴是一切國家權力的義務。《俄羅斯聯邦憲法》第21條規定：人性尊嚴受國家保護。不得以任何理由詆毀人性尊嚴。《西班牙憲法》第10條規定：人性尊嚴是個人神聖固有的權利。有的國家通過在憲法中認可和保障國民的天賦人權而體現對人性尊嚴的尊重和保護。基本權利和自由與人性尊嚴的關係越密切，其價值分量就越重。因此，爲達成公共目的對基本權利「損害最小」的措施如果深入到基本權利的核心領域便是過度。因此，即便限制措施爲「損害最小」，也不能侵入基本權利的核心內容或領域。

15　Молковый Словарь Консмимуционный Мерминов и Понямий, Москва, Юридический Центр Пресс, 2004, с. 46.

16　В. А. Юсупов, Админисмрамивное Право и Современносмь, Юрисм, 2003г, № 6.

17　Юоно Старилов, Курс Общего Админисмрамивного Права, с. 250, Норма, 2002. В. А. Юсупов, Админисмрамивное Право и Современносмь, Юрисм, 2003г, № 6, с. 58-59.

「損害最小」的措施往往只能觸及基本權利的外圍，通常可以通過如下幾種要素體現此一原理：①時間：比如，行政拘留時間越短，對當事人的傷害越輕。②量：比如，單單使相對人獲利減少或所得減少的侵害要比危及個人經濟生存基礎的侵害小。③損害雖嚴重，但採取的措施緩和：比如，徵用補償。④對侵害程度的衡量，既得的權利狀態的侵害要比可能狀態的侵害嚴重：比如，對職業自由的限制，對於一個有多年工作經驗的人比對於一個新手更具侵害性，因為前者付出了積累，並以此為生存基礎，而後者只是一種可能性。[18]

II. 對同一項基本權利，任何限制措施不得涉及其私的範圍。比如，人格自由發展權大致可分成兩個範疇，即私人範疇和社會範疇。在私人範疇中，個人隱私權是絕對不可侵犯的，任何為公共目的的達成而所作的限制措施都不能涉及個人隱私權，因為這是個人人格中獨立享有的領域，一旦介入，即屬違法，根本無須根據比例原則進行衡量，也就是說，任何公權力介入此領域所促進的公益都無法使人格隱私權受侵犯的行為正當化。基本權利中精神領域的價值要高於物質領域的價值，當然也高於公共領域的價值，因為公共是由個人構成的。在社會範疇，人格自由發展，明顯帶有公共性的交往內容（如言論自由），特別是在與社會的共同生活有關的問題上，立法和行政機關有適用比例原則的餘地。[19]個人人格發展不可侵犯他人的私權和在公共領域中行使的權利（如媒體自由）；法律同時維護個人私權和延伸到公共領域的私權。通過基本權利的私人範圍與公共範圍的區分，可以獲得這樣的啟示：任何為達成公共目的的限制措施只能涉及基本權利延伸到公共領域的部分，此關係到對「損害最小」措施的選擇。

如果個人行使基本權利本身具有重要的公共意義，即能夠促進社會發展，那麼，此與公共目的一致，不需要適用比例原則。也就是說，無論在法律上還是在行政實務中，為達成公共目的不需要限制此類基本權利。只

---

[18] 陳淳文，比例原則，載《行政法爭議問題研究（上）》，第 91-115 頁，五南圖書出版公司，2000 年。

[19] 葛克昌，《所得稅與憲法》，翰蘆圖書出版公司，2009 年；葛克昌，「人性尊嚴、人格發展——賦稅人權之底線」，載《月旦法學雜誌》，第 206 期，第 5-20 頁，2012 年 7 月。

有當行使此類權利的行為與正當的立法意旨相違背時，才會受到限制，才有比例原則的適用。比如，各國憲法都規定公民有言論、出版、集會、結社、遊行、示威的自由。自由發表意見的基本權利，作為個人人格在社會上最直接的表現，是最重要的基本人權，它不僅是個人的生活要素，而且也是民主法治的基礎。它對於一個民主法治秩序具有根本上的建制意義，因為它是政治自由的基礎。只有自由發表意見，才能促進社會發展。

III. 目的達成度的衡量

以基本權利為本位對「損害最小」措施的選擇是一種價值取向，是適用衡量性原則的基本要求，但並不是說先決定措施的選擇後再考慮目的的達成。在衡量性原則下，目的與措施的關係仍然是一種均衡關係。特別是，衡量性原則是第三子原則，在衡量時，目的與限制措施已經存在，衡量只是使目的與措施不僅妥當、必要，而且使它們之間的法益符合比例。

公益目的具有程度上的區分。德國聯邦憲法法院將對職業自由所追求的公益區分為三個層次：一般公益、重要公益、極重要公益。[20]對於一般公益，法律只是就職業的種類、方式、內容與範圍等作出規定，即「純粹職業對待」的限制。在這個層次，法律只觸及到限制職業自由之基本權的外圍。對於重要公益，法律進一步要求必須具備某些與人的特質、能力、技能有關的條件，才能從事某種職業，即「附加主觀條件許可」的限制。對於極重要公益，法律設定了非個人能力或努力所能達到的條件，即「附加客觀條件許可」的限制。對於不同重要程度的公益，對於基本權利和自由的限制也應不同，始符合衡量性原則的要求。換言之，在此個案中，對基本權利作此等限制，即可基本實現公益之目的。此為一般情況的公益目的。

在一些特別情況下，公益往往有迫切保護的需要。所謂公益保護的迫切性，是指當行政機關不採取防護措施時，公益即處於遭受危險的境況。決定危險程度大小的因素至少有兩個，一是危險的嚴重程度，另一個是危

20　BVerfGE 7, 377 (Rn. 77, Rn. 78, Rn. 79, Rn. 80).

險發生的可能性程度。行政機關須先衡量迫切性，再選擇保護措施。公益
保護的迫切性往往是行政機關實施管制的理由，而且往往與公益的位階、
時間要素相關聯。因此，對迫切性的論證要與公益的價值位階、時間要素
結合起來。[21]公益保護的迫切性是針對個案具體情況的考量。如果個案的
迫切性達到必須立即採取措施的程度，行政機關只能根據應急性原則而不
是衡量性原則採取措施，因為裁量已縮減至零。一旦迫切程度減弱或危害
完全消失，限制措施也應隨即解除。

2.2　衡量的基準

　　衡量的基準是指衡量目的與限制措施之間、目的與多個限制措施的選
擇之間的適用標準。由於比例原則是合理性原則，而合理性原則的本質特
性就是追求個案正義。因此，衡量性原則所根據的基準主要是事物本質。

　　根據德國聯邦憲法法院的解釋，事物本質係存在於事物本身的法則。
如果違反事物本身的法則，亦即違反正義原則。事物的本質也就是存在於
各種不同的事物中、合乎自然法的正義。[22]事物本身的法則是由事物自己
體現出來的自然而然的性質；各事物的性質構成一個公正合理的自然秩
序。因而，事物本質具有規範意義，即法律上的意義。立法者確立規範的
標準在於事物本身，以此為基點聯結其他要素。立法者根據事物本質而作
出相同或相異對待的規範，才能夠體現正義的思想。

　　事物本質存在於自然秩序中；衡量性原則實現自然秩序中的比例性。
所謂「衡量」，本質上，就是視目的與措施的關係是否符合事物本質。對
「過度」的禁止，就是使此種關係不至於破壞事物本身的法則所構成的秩
序。

　　比如，德國聯邦憲法法院創造的「半數原理」即是符合事物本質的真
理。所得稅的累進稅率不得超過收益的半數是私有制的事物本質。在私有
制下，個人將收益的多數（50% 以上）留作自己享用或利用是私有制社

21　陳新民，《憲法基本權利之基本理論（上）》，129ff，三民書局，1990 年。

22　R. Zuck, Was ist Willkür, MDR 9/1986, S. 723ff. 引自高文琦，論事物本質對司法之作用，載《憲
　　政時代》，第 20 卷第 1 期。

會的本質特徵的反映。在憲法上，關於財產權的規定，總是在保障財產權的前提條款下，規定財產權的社會義務。雖然財產權的行使應同時有利於公共福祉，但是，納稅義務是私有財產的附加社會義務，也就是說，該義務不是與權利（財產權）相等的義務。這是累進稅率不得超越半數的基礎原理。「在以人性尊嚴為憲法核心價值的國家，在私有財產的範圍上，個人享有的權利不得少於國家對其徵收的利益。」[23]

3. 衡量性原則的功能

衡量性原則除了具有妥當性原則和必要性原則的功能外，還具有兩個特別的功能，即衡量性原則可以肯定也可以否定前面兩個原則的適用結果，可以提供價值標準。

無論在立法上還是在行政實務中，立法機關和行政機關在對公共目的之達成與限制措施之選擇的過程中，比例原則的三個子原則都有不同程度地適用。這就是說，在考慮目的與限制措施的妥當性、達成目的與「損害最小」措施之選擇的必要性之時，也會對兩者作法益衡量；通過衡量，作出規定和決定。其區別是，衡量性原則對立法和行政的要求是將兩個關係納入合比例的關係中，而不只是妥當性和必要性。目的與措施具有合比例的關係需要考慮更多的要素。雖然在妥當性原則和必要性原則中，這些要素也被考慮，但是，在衡量性原則中，這些要素是在價值層面上被考慮。妥當性原則和必要性原則是以目的為出發點考慮目的與措施的關係；而衡量性原則是以「合比例」為出發點考慮目的與措施的關係。「只要相對人所遭受的損害大於立法和行政所追求的目的的法益，衡量性原則可以否定對該目的的追求。」[24]比例原則所包含的比例性是在衡量性原則中體現或

---

[23] H. Butzer, *Freiheitsrechtliche Grenzen der Steuer-und Sozialabgabenlast*, S. 77ff, 1999; R. Seer, *Verfassungsrchtliche Grenzen der Gesamtbelastung von Unternehmen*, S. 87ff, DStJG 23, 2000. 引自葛克昌，《國家學與國家法》，元照出版公司，1999 年。

[24] E. Grabitz, *Der Grundsatz der Verältnismäßgkeit in der Rechtsprechung des Bundesverfassungsgerichts*, AöR 98, 1973. 引自陳新民，論憲法人民基本權利的限制，載陳新民，《憲法基本權利之基本理論（上冊）》，三民書局，1990 年。

實現的。從自然秩序中產生的比例性概念使衡量性原則發揮功能。也就是說，目的與措施不得不合比例是自然秩序的要求，是自然的理性、內在合目的性在比例原則中的體現。比例性是自然法，是自然秩序體現出來的法律。衡量性原則的要求是其適用後所產生的結果須與自然法一致。這是該原則適用正確與否的標準。「法律一旦與自然法抵觸，就會變得不公正。自然法允許採取的行為才是公正的行為。」[25]

　　衡量性原則的理念包含著比例性，因此，衡量性原則也可以提供價值標準，這不影響該原則以個案衡量為對象、以個案的事物本質為衡量基準。比如，上述的「半數原理」即為價值標準。之所以說「半數原理」是價值標準，是因為衡量性原則綜合了目的與措施的合比例性的價值：國家的目的與對納稅義務人的所得徵稅的合比例性。同時，國家為了管理和給付而獲取財政收入的目的之上還有更高的目的，即保護財產的私人所有制。將這個更高的目的與對納稅義務人的所得徵稅結合起來，便產生了「半數原理」。

---

25 Поль Анри Гольбах, Основы Всеобщей Морали, или Катехзис Природы, Vol. I, cha. 1, § 23; Издательство Социально-Экономической Литературы, Москва, 1963.

第九章　比例原則的適用

一、「適用」的概念

在法律實務中，將法律規則與具體個案事實對接，即爲適用。但比例原則的適用不是如此簡單，這不是因爲比例原則是一種具有法律效力的原則，而是因爲比例原則的適用須有確定的要件。

1.「適用」的涵義

比例原則的「適用」對象或範圍，I. 須存在爲達成目的而對基本權利的限制，包括立法上和行政中對基本權利的限制。在立法上，立法機關通過法律對目的的規定既有概括性的、總體性的、預期性的規定，也有具體性的、特定性的、確定性的規定，還有通過不確定法律概念或法律授權，授予行政機關自行裁量的目的。在行政上，目的與限制措施通常是具體的、確定的、待實施的。II. 行政機關與特定相對人構成的直接的、相對的法律關係。所謂「相對」，係指行政機關爲達成目的造成相對人的損失；所謂「直接」，係指行政機關的行爲與相對人的行爲具有直接的關係。由於比例原則的適用須有法律上的根據，因此，I 與 II 必須同時存在，才構成比例原則的適用。即使存在法律上的規定，如果行政機關的行爲與相對人的行爲不構成直接的、相對的法律關係，則不適用比例原則。以如下兩例解釋之：

比如，政府單純地調控市場的活動不必然引起對基本權利的限制，也不必然形成與確定相對人的法律關係。後兩者是比例原則構成和適用的要件。政府對市場的調控通常限制的不是基本權利，而是損害基本權利的行爲（如壟斷、不正當競爭）。

再如，公立學校部分學生滋事，教育主管部門頒發停課令，致使部分

學生的權利受到損害。在此個案中，教育主管部門實際上與滋事的學生發生直接的法律關係，但即使是教育主管部門爲了維護正當的教學秩序，也不是限制了滋事學生的基本權利，故此法律關係不是相對的法律關係；而基本權利受到損害的未滋事的學生與教育主管部門沒有發生直接的法律關係。因此，此類情況不能適用比例原則。此類個案的要旨在於教育主管部門需依法行政，對部分滋事的學生適用法律上的規定。如果沒有明文的法律規定，教育主管部門須行使裁量權，區別對待滋事的學生與未滋事的學生。因此，頒發停課令是不合法的、不適當的，但與比例原則無關。

2.「適用」的權力關係

國家權力機構適用比例原則的根據各不相同：對於立法機關，適用比例原則是憲法委託，爲達成目的而限制基本權利和自由須符合比例原則，此即憲法上固有的權力。對於行政機關，適用比例原則是憲法、法律及立法機關的授權；根據法律要求，行政機關在行使權力時，爲達成目的對相對人基本權利和自由的損害須符合比例原則。對於司法機關，適用比例原則是爲了維護基本權利和自由，通過維護基本權利和自由，約束立法權和行政權。

比例原則對適用比例原則的不同國家機關的要求是不同的。立法機關在制定法律時，如果因爲達成國家和社會的目的而需要制定限制基本權利和自由的法律，其受到的約束雖然也是比例原則妥當性、必要性，以及對妥當和必要的衡量，但立法機關首先應該考慮有無必要制定此類法律規範；如果必須制定，那麼在其制定的法律規範中，目的與限制措施是否妥當，所規定的限制措施是否爲「侵害最小」，有無對妥當性和必要性作出立法上的一般法益衡量。行政機關在適用比例原則作出行政命令、行政決定、行政處分時，受到的約束雖然也是比例原則所要求的妥當性、必要性，以及對妥當和必要的衡量，但此妥當和必要是有具體內容的目的與限制措施之間的妥當性，對最小侵害限制措施選擇的必要性，以及對妥當性和必要性的具體法益衡量。行政機關適用比例原則的根據是立法機關制定

的相關法律和法律授權，在法律範圍內作自由裁量。司法機關適用比例原則是根據正義原則和個案事物本質對立法行爲和行政行爲是否違反比例原則進行審查，其審查範圍即比例原則在上述方面對立法和行政的約束。

因此，對比例原則的適用構成立法權、行政權和司法權之間的關係。立法機構的任務是作出比例原則所要求的法律上的一般性規定及立法授權。行政機關的任務是根據法律規定和立法授權，在具體地達成目的與對限制措施的選擇的關係上實現合法性前提下的合理性。立法機關和行政機關對比例原則的適用，通常都需要考慮目的與措施的妥當性，達成目的所採取的措施的最小損害，以及對此兩者的法益衡量。司法機關的任務是審查法律上和行政實務中的 I. 目的的正當性，禁止追求明顯違憲的目的。爲追求和達成目的而限制的基本權利是憲法上允許限制的基本權利；基本權利的本質內容不可限制。II. 限制適當性：法律上目的與限制措施的規定是否適當；對相對人基本權利的限制或損害是否有助於達成目的；爲達成目的對相對人基本權利的損害是否爲最小；如果爲達成目的的選擇不是損害最小的措施是否適當；等等。III. 法益的合比例性，即追求或增進目的的法益是否大於對基本權利限制所產生的不利。司法審查適用比例原則總是以基本權利爲前提考慮法益的合比例性。[1]以如下兩例解釋之：

比如，立法機關規定：違章建築須拆除。此條款具有一般約束力，是依法行政的基礎。行政機關在實施過程中，對「違章」的理解可能包括危害公共安全、妨礙都市計畫、一般違章搭建。行政機關根據違章程度的不同，採取對相對人損害最小的措施，裁量拆除。在有相對人請求救濟時，司法機關須對立法機關的規定和行政機關對該條款的實施進行全面審查。

再如，立法機關規定：建築物有妨礙都市計畫者，主管建築機關得令其修改或停止使用，必要時得令其拆除。行政機關對「必要時」具有判斷、裁量權。此「必要」不是單指「必要性原則」之「必要」。行政機關在判斷、裁量時須適用整個比例原則：爲都市計畫，是否需要拆除相關建

---

[1]　BVerfGE 50, 290, 338ff. Sachs, GG Art. 20, Rn. 152.

築物；爲都市計畫，拆除相關建築物是否妥當；如果拆除，選擇何種方式使相對人損失最小而又能實施都市計畫；相對人因都市計畫所遭受的損失與都市計畫產生的法益是否合比例。在行政機關已有拆除行爲、相對人提起救濟請求時，司法機關須進行全面審查，其審查範圍是：都市計畫的合法性與合理性是相關建築物拆除的前提；都市計畫與相關建築物成立的時間先後，因爲此涉及補償標準問題：如果相關建築物在都市計畫制定之前已存在而須拆除，對建築物所有人的補償應多於在都市計畫制定後建設的建築物；爲實施都市計畫，相關建築物是否可以不拆除；拆除相關建築物是否妥當；行政機關是否選擇對相對人損害最小的拆除方式——僅達到必要的程度；行政機關是否進行了法益衡量；對法益的衡量結果是否合比例。

二、「適用」的標準

　　從比例原則三個子原則的名稱可以看到：I. 妥當性是不確定法律概念，目的與限制措施是否妥當是在個案適用中得以判斷的，妥當的標準是在個案中獲得的。II. 必要性是一個確定的法律概念，因爲必要性是指採取限制措施僅限於達到必要的程度，故必要性原則也稱爲「最小侵害」原則。但是，對必要性的衡量也須在個案適用中才能獲得目的之達成與限制措施之「最小侵害」的適當性。也就是說，必要性原則適用的標準也是在個案中獲得的。如果雖然選擇了「侵害最小」的限制措施卻未能達成目的，也不符合必要性原則。III. 衡量性原則是對妥當性與必要性原則的適用結果進行衡量，即對目的與措施的比例是否過度進行衡量。顯然，不同個案的目的與措施關係也是不同的。因此，衡量性原則的標準也只能通過個案中獲取。

　　正是因爲比例原則的適用「標準」只能在個案中獲得，因此，「標準」的一般化只能在同一類個案的累積中才能形成。這一原理既符合立法機關和行政機關對比例原則的適用，也符合司法機關在審查時對比例原則的適用。立法機關在制定法律時，爲實現同一類型的目的，其採取的對基

本權利的限制措施，無論在方式上還是在程度上都必須相同或相似，否則即違反比例原則。也就是說，這種要求貫穿於三個子原則的適用。換言之，在同一類型的目的與限制措施的關係中獲得的一般化標準是三個子原則的共同作用。行政機關在適用比例原則時，通常只能根據立法機關確立的適用「標準」，這是依法行政原則的要求。行政機關只有在不確定法律概念和法律授權中才可能確立適用標準，因爲行政機關有自己的專業知識和經驗。與立法機關一樣，行政機關適用比例原則的一般化標準也是在個案的累積中形成的，也是三個子原則的共同作用。

司法機關適用比例原則，實際上就是司法機關根據正義原則和個案事物本質審查立法機關和行政機關的行爲是否符合比例原則。因此，司法審查適用比例原則的標準或基準不是比例原則本身，而是正義原則和個案事物本質。這一分析是要說明司法機關對比例原則適用的審查不產生審查密度的區分。對妥當性原則之適用的審查涉及目的正當性的審查，這是適用比例原則的前提。在實在法上，目的正當性須符合具有正當性的憲法規定。在必要性原則的適用中，對「侵害最小」的判斷與限制妥當性和法益衡量密切關聯；同時，該原則與基本權利的關係最爲直接，也就是說，它是對相對人產生直接「法律效果」的原則。一旦選擇了「侵害最小」的措施，意味著「法律效果」已經產生：在立法上，法律規定了「侵害最小」的措施，行政機關須根據法律行政；在行政實務中，行政機關選擇了「侵害最小」的措施，行政決定隨即產生。衡量性原則之適用在於妥當性原則和必要性原則，即衡量是作爲一種方法適用於妥當性原則和必要性原則的。對衡量性原則的審查實際上就是對妥當性原則和必要性原則的審查。由此可見，對這些原則之適用的審查都很重要，且對一個原則的審查往往須結合對另一個原則的審查，各個原則之間並不總是具有明確界限。而所謂「明顯不合比例」、「沒有不合比例」、「符合比例」等表述，實際上都是指法益衡量有無違反比例性。

由此可知，對於立法機關和行政機關，比例原則的適用標準，概括地說，就是正當性與妥當性、必要性與適當性、合比例性；具體地說，在概

括性標準的約束下，不同類型的個案具有不同的標準。司法審查適用比例
原則的標準就是正義原則和個案事物本質，以此爲實質性基礎，司法機關
可以根據個案累積發展出具體的同一類型個案的處理方式，而不是適用標
準。

1. 正當性與妥當性

　　立法上對適用妥當性原則作出目的與限制措施的規定大致可分爲三
類，行政機關在實務中也是根據立法機關的此類規定或授權適用妥當性原
則：

　　I. 概括性的規定，比如，對基本權利和自由，除非爲防止妨礙他人自
由、維護社會秩序、增進公共利益等，否則，不得以法律加以限制。此類
概括性規定並無涉及限制對於目的達成之妥當性問題，而只是從立法上認
爲，爲了這些目的，「可以」、「有必要」限制基本權利和自由。由此可
以看到，即使是立法上的概括性規定，也須明確顯示是「必須」與「必
要」的規定。這種立法目的是爲了確定適用比例原則的前提，即「必須」
與「必要」。「必須」是指只有採取「限制措施」時目的才能達成；除此，
即非「必須」。在此前提下，才有「必要」的規定，即「必須」選擇的措
施應該是「損害最小」的。而在立法上只要有必要性原則的適用，就會有
妥當性原則與衡量性原則存在。這是因爲「必要」是從「必須」產生的。
「必須」包含著妥當性原則。比如，《俄羅斯聯邦憲法》規定，只有爲了
維護基本憲法制度、道德、他人的人身、權利及合法利益，保障國防和國
家安全的目的，聯邦法律才能依照必須的程度，限制人和公民的權利和自
由。[2]

　　II. 具體的規定，比如，因公共事業之需要可依法律規定徵收私有土
地，但徵收之範圍應以相應的公共事業所必需者爲限。這個具體的法律規
定只是相對 I 而言爲具體，其包含諸多在適用中需要作出判斷和裁量的方

2　Конституция России Федерации, Статья 55(3). http://www.duma.ru

面。比如，對「公共事業」的界定；對「公共事業之需要」的論證；對「必需者」範圍的論證。特別是，在憲法上，對徵收須給予補償，其如何徵收和補償是這個條款的關鍵：正是「因公共事業的需要」與「徵收補償」的關係構成適用比例原則的要件。徵收方式有即時徵收，也有保留用地的徵收。不同的徵收方式產生不同的補償。而公共事業保留用地的徵收補償又包含時間因素，不同的時間產生不同的補償額度。

III. 通過不確定法律或法律授權，賦予行政機關對達成目的與所需採取的限制措施行使裁量權。不確定法律概念分爲經驗概念（比如黎明、夜間、干擾、危險）與規範概念（比如重大事故、公共利益）。比例原則通常適用於規範概念，但須存在目的與限制措施的關係。比如，在集會遊行法中往往須規定：室外集會、遊行經許可後，因天災或重大事故，主管機關爲維護集會、遊行安全或社會秩序和公共利益之緊急必要，得撤銷許可或變更原許可之時間、處所、路線或限制事項。在此類規定中，重大事故、公共利益、緊急必要均係不確定法律概念，這些概念與對基本權利的限制措施構成比例原則的適用要件。行政機關對於規範性不確定法律概念適用比例原則時，不同於根據法律條款的規定，通過推理直接將事實涵攝於法律規則中，而須對具體事實關係作價值判斷，才可以作出決定。比如，在此條文中，何種程度的天災或重大事故會引起集會遊行的安全問題，行政機關須通過判斷和評價始可作出行政決定。對維護不同程度的目的，採取不同程度的措施，才能符合妥當性原則。

至於立法授權，同理，在授權規定中也需存在實現公共目的與限制措施的關係。比如，爲防止妨害他人自由、維護社會秩序和公共利益，對出版自由所設之限制，由行政機關逕行處理。行政機關在此類授權中適用比例原則與不確定法律概念大致相同，也需對具體事實關係作價值判斷，然後才能作出決定。

司法機關對於立法機關適用妥當性原則只能審查目的的正當性與限制的妥當性，而不能審查目的是否能夠達成。雖然對目的正當性的審查也可能涉及對目的是否能夠達成的審查，但對目的的審查是正當性審查而不是

是否能夠達成的審查。具有正當性的目的都能夠達成。在目的正當的前提下，審查限制措施的妥當性。而對措施妥當性的判斷，在立法上只能作一般化的原則性判斷，只有在行政實務中才能作具體判斷。這也是司法審查的原則。

在司法審查中，對於為了目的的達成而對基本權利的限制要到何等程度才算妥當，對此有兩種觀點：I.「非完全不適合」理論。係認為，只要措施不是完全不適合，換言之，只要措施能部分地有助於目的的達成，即不違反妥當性原則。II.「措施不充分」理論。係認為，措施只有部分微小的適合性，是不妥當的。只有對於目的是「充分有效」的措施才可以。

本教程認為，首先，在比例原則的適用中，這兩種理論都必須與基本權利受到限制的措施具有關係。否則，缺乏適用的構成要件。其次，為目的的達成對限制措施之妥當性的要求是以能夠使目的達成為妥當性的基準，而不是以部分有效為妥當性的基準，也不是以「損害最小」為妥當性的基準。如果部分有效，但不能達成目的，則有效為無效；「損害最小」是以達成目的為衡量基準的要求，即以達成目的為前提的「損害最小」。再次，如果對達成目的，需要採取充分的限制措施，此須視目的的正當性與否或目的的重要程度，才能判斷和確定何種措施是充分的。此其一。其二，目的的達成與措施之充分往往在法益上是一致的，比如，政府為一城市提供公共設施的給付是為了提高該城市居民的生活標準；此時，達成給付的目的不需要限制該城市居民的基本權利。如果為達成目的需要對該城市居民的基本權利加以限制，其也應該是選擇「損害最小」之措施。只有在為達成目的而需要對基本權利作出充分限制時，才有目的之達成與限制措施之充分實施的考量。而此種考量只有在緊急避難情況下才有可能發生，對此的選擇和決定才符合行政目的。此時，行政機關不是適用比例原則，而是適用行政應急性原則。

對於立法和行政適用妥當性原則，司法機關對於基本權利之保障，無論是在概括性規定的適用方面，還是在具體規定和法律授權或不確定法律概念的適用方面，都有充分、完全的審查權限，且具有最後的裁判權。司

法審查對立法權和行政權的尊重不是體現為對不同類型的案件採取不同的審查密度，而是需要同時從立法機關和行政機關的立場看待他們對妥當性原則的適用。比如，對妥當與否的時間應是行政機關作出行政決定時而非審查時；司法機關須以行政機關的立場視其是否能夠認識到目的與措施的妥當性，即只能以行為當事人的認知為基礎，也就是審查行政機關在主觀上是否認知或有無可能認知目的與措施的妥當性。這種審查被稱為「主觀化審查」。同時，司法機關也不能單純以行政機關的認知為基礎，而是根據行政機關作決定時所有的認知可能性，即以行政決定當時所有認知可能作為審查基準。這種審查被稱為「客觀化審查」。[3]但是，司法機關在審查時須以司法權的價值取向，對主觀化審查與客觀化審查的綜合運用，即對主觀化與客觀化兩個方面作出司法機關自己的判斷，此為司法審查的義務。只有這樣，才能確立司法審查的立場，才能體現出司法審查的功能，才能實現司法權的意義。

2. 必要性與適當性

　　立法機關在立法時對必要性原則的適用也是在國家為實現公共目的而形成對基本權利的限制措施的此類關係中。此類關係存在於國家權力與基本權利的直接關係中，這意味著如果需要在兩個平等主體之間適用必要性原則，須以一個法律關係的存在為前提，即國家權力機構與對私人基本權利的限制措施構成的法律關係；在這個關係中產生出對第三方的法律關係。這種理解符合法律規定和法理，比如，對行政決定或行政處分的救濟請求方式是行政訴訟而不是民事訴訟；從行政訴訟中產生對第三方基本權利的保護。對立法上必要性原則之適用的理解還須注意，不可將民事處罰規定與刑事處罰規定的輕重比較理解為立法機關對必要性原則之「最小侵害」的適用，因為適用必要性原則是對合法存在的基本權利的限制，而無論民事處罰還是刑事處罰所處罰的行為都是不合法的行為而不是合法存在

3　陳淳文，比例原則，載《行政法爭議問題研究（上）》，第91-115頁，五南圖書出版公司，2000年。

的基本權利。

必要性原則在立法上的體現是，當法律規定國家為實現公共目的而須對基本權利進行限制時須選擇「損害最小」的法律措施。比如，對集會、遊行不予許可、限制或命令解散，應公平合理考量人民集會、遊行的權利與其他法益，以適當方式為之，不得逾越所達目的之必要限度。立法上，對「損害最小」的法律措施的規定是立法當時立法機關的預見和判斷。行政機關適用此類法律規定時可能會有與立法機關不同的「損害最小」的判斷。對此，必要性原則的要求是：以行政機關在實施法律當時能夠達成目的的措施為正確選擇，而無論是立法機關的判斷還是行政機關的判斷；因為立法機關的判斷可能在行政機關實施法律當時還可以實施，也可能因時過境遷而不能實施，又可能因立法機關與行政機關在專業上的認知差異而在立法當時就不能實施。因此，以行政機關在實施法律當時選擇的措施能夠達成目的的適當性為基準最為合理。這也應該是司法審查時的基準。司法審查是對限制措施（無論是立法機關在立法當時規定的措施還是行政機關在實施法律當時選擇的措施）的適當性進行審查，如果行政機關在實施法律當時選擇的措施不適當，司法機關也可認定不符合必要性原則。比如，法國行政法院有「公益評估」之審查基準。在都市更新的開發案中，行政法院指出，整個計畫要合法地被視為具有「公益性」，必須考量對人民財產權的侵害程度，必須考慮對社會秩序所可能造成的負面影響等因素，不會過度地超越該計畫所可能帶來的利益。[4]

對於行政機關而言，必要性原則之適用是在目的與限制措施先行存在（即先行存在公共目的與限制措施的相對關係）的情況下作出選擇。無論在羈束行政中還是在裁量行政中，都有必要性原則之適用。比如，違章建築必須予以拆除，但拆除方式和順序可以通過法益衡量選擇對相對人損害最小。必要性原則在羈束行政中之適用與裁量行政一樣明顯，只是其適用不像在裁量行政中那樣廣泛存在，因為法律對羈束行政的規範較為確定、

4　同上。

具體、詳細。

　　必要性原則在給付行政中也有適用。比如，公共設施保留用地與所有權人的權利關係，前者是爲公共目的，後者係個人所有權和財產權。但因城市規劃，後者的財產權不能自由處分使用，基本權利受到相當限制，只有在徵收使用時才能獲得相應補償。在此一關係中，所有權人在保留期間的權利行使方式屬於必要性原則之適用範疇，行政機關應使相對人的權益損失最小而又不影響保留用地的存在。再如，社會福利給付與納稅義務人的財產權的相對關係中，根據必要性原則，在所得稅和累進稅率中，「半數原理」是納稅義務的上限。在此限度內，根據給付需要，選擇適當的累進稅率。在對個人生存照顧的給付行政中，如果選擇對相對人有利的給付方式（比如補助金給付優於低息貸款），此與社會福利給付的目的是一致的，則不是必要性原則的適用。

　　應該看到，行政機關在適用必要性原則時有較爲廣泛的自由裁量權，對法律規定的適用、對不確定法律概念的理解、對立法授權的運用，都存在廣泛的自由裁量權。行政機關對必要性和適當性的判斷是根據行政機關自己的認知能力；同時，這種判斷須符合行政權的本質，即對個案正義和行政效率的追求。而司法機關在行使審查權時，一方面須尊重行政權的本質功能，許多高度複雜的重大開發和建設專案計畫，行政機關的判斷較法院的判斷爲準。因此，法律往往賦予行政機關較大的判斷權限；另一方面須實現司法權的本質功能：行政機關追求的個案正義是自由裁量中的個案正義，是與行政效率相結合的正義；司法審查追求的個案正義是超越效率的個案正義──司法權不以追求效率爲其功能價值取向。具體地說，尊重行政機關追求效率的同時，司法機關還須考慮追求效率本身的法益與相關的法益，從而實現個案正義。對於司法機關來說，法益高於效率；個案法益的適當性就是個案正義。但這並不是說行政機關在作出行政決定前未進行法益衡量。在審查行政機關適用必要性原則的個案時，司法機關不可代替行政機關作相同有效的「損害最小」措施的選擇，因爲這樣的選擇有可能使司法權本身受到比例原則的約束。如前所述，司法權本身不受比例原

則的制約；司法審查是根據司法權本身的功能價值取向對立法和行政適用
比例原則進行審查，審查關於立法機關適用比例原則的法律規定和具體的
行政行為是否違反比例原則。如果司法機關也像行政機關一樣為達成目的
而自由裁量選擇對基本權利的限制措施，那麼就等同於行使行政權，顯然
不符合司法權的功能意義。

3. 合比例性

　　合比例性是衡量性原則的功能價值。合比例性的要求是，無論在法律
規定上還是在行政實務中，所欲達成的目的的法益不得與對相對人基本權
利限制所造成的損害不合比例。

3.1　立法上的合比例性規定

　　立法上，對合比例性的要求一般具有如下特性：

　　I. 確定不可衡量的基本權利本質內涵，比如，《德國聯邦基本法》第
19（2）條規定：在任何情況下基本權利之本質內涵不得受侵犯。

　　II. 具體的規定係體現或適用衡量性原則的結果，即通過對公共目的
與基本權利的限制之間的法益衡量，作出相應的規定。比如：

　　助產士法規定，滿七十歲為助產士之從業最高年齡。此規定顯示對產
婦和嬰兒保護的法益高於助產士的勞動權。產婦和嬰兒的生命權比職業自
由具有更高位階。

　　在零售業法上，有如下規定：販賣所有食品、藥品和醫療輔助品的零
售商，必須經職業訓練和考試而取得專業證書，才能獲得職業許可。此規
定在消費者權益與經營者的勞動權利之間作出法益衡量：對消費者權利的
保護是目的，對經營者的勞動權利的限制是措施。根據條文所規定的「許
可限制」對經營者而言並不「過度」，即符合衡量性原則。

　　在社會保險法上，有全民健保的強制納保規定。此規定顯示保障生命
健康權利的法益高於個人或企業為個人繳納一定量的保險費的法益。

　　在行政程序法上，有「均衡及適度原則」。此為衡量性原則的具體內

涵。

在行政訴訟法上，有「過度權力訴訟」。「禁止過度」即是衡量性原則之合比例性的要求。

在電信法上，對特定事業者有課予契約強制的規定。在能源法上，規定物品儲藏義務。在價格法上，為規範價格，根據比例分配製的管制進入。此類規定係為維護社會秩序和市場秩序對市場主體和特定主體自由競爭的限制。

3.2 行政實務中的合比例性要求

在行政實務中，在存在為達成公共目的與對相對人基本權利之限制的法律關係的前提下，合比例性的要求既涉及法益衡量的法律根據，也涉及自由裁量中的法益衡量。

前者比如，稅賦稽徵法律規定：為保證稅賦收入，法律賦予課稅處分執行力。行政處分的執行力在行政法學中也稱作「公定力」。在相對人提起行政救濟時，不影響課稅處分之執行。相對人申請複查，須以繳納一定稅款或提供相當擔保為條件。如果未能繳納或提供擔保，則相對人便失去行政救濟機會。此對相對人的救濟請求權設定的限制與徵稅目的之間的法益不合比例性。前者是相對人不可度量的權利，後者是相對人可度量的財產。課稅處分執行力的法律規定意味著，無論課稅決定正確與否，相對人都必須繳納稅款。行政機關根據此類規定對納稅義務人作出課稅決定，係依法行政的行為，其本身沒有裁量餘地，因而也無需進行法益衡量。納稅固然是納稅人的法定義務。但是，法定義務對應於合法合理的公權力行為。在立法上，此類規定本身包含著對衡量性原則的違反因素，因為立法機關在立法時應當預見到課稅決定可能違反比例原則。因而，對行政機關的課稅決定一律賦予執行力或公定力，係未進行法益衡量的立法規定，因為一旦違反比例原則的課稅決定被執行，不僅損害相對人的財產利益，而且也損害相對人對法律體系的信賴利益。因此，並非所有已作出的行政處分都應該具有公定力。如果行政處分明顯違法或不合理，應立即停止

執行，才符合衡量性原則。實際上，在立法上無需作出此類行政決定之公定力的法律規定，因為行政決定一旦作出，只有執行或被提起救濟請求或由行政機關自行撤銷的可能。對此類行政處分，在相對人提起救濟請求、受理機關立案時（因立案時須通過表徵性審查），即停止執行符合比例原則。而衡量性原則對行政的約束意味著行政機關作出決定（即使行政決定具有法律賦予的公定力）後，如果相對人提出異議，行政機關應該進行法益衡量；如果不合比例性，應該停止執行，始可體現個案正義，因為衡量性原則之適用可以肯定也可以否定已作出的決定，包括法律上的規定和根據法律的決定。

後者比如，在法律賦予行政機關適用比例原則的裁量範圍內，衡量性原則對行政決定的合比例性要求比比皆是。裁量本身就是法益衡量，而法益衡量的結果就是要求行政機關作出合比例性的決定。對於法益衡量，需拋棄法學研究中的傳統思維，這種思維在於一涉及法益衡量，就認為不能客觀化。其實不然。不當衡量是違反比例原則，並不是比例原則本身的問題。在適用中通過論證和說理，便可以獲得廣為認同和接受的結論。比如，同樣是施工，即在目的的法益相同的情況下，可選擇適當的影響居民休息權的方式：在作業區域使用防護隔音罩將噪音降低到最低程度；與居民的工作時間同步作業。

行政機關在作出行政決定須對法益的合比例性作出論證。由於衡量性原則是一種價值衡量原則，因此合比例性論證包括價值論證，合比例性包括價值的合比例性。

3.3 司法審查中的合比例性

在司法審查中，無論是判斷目的與措施是否不成比例或是判斷目的與措施是否維持適當比例，司法機關都必須對目的所增進的法益與措施所侵害的法益進行衡量，其要求是禁止「不合比例」、「不得不成比例」。雖然司法機關無法精確地認定合比例性的程度，但是，憑藉法益衡量及與其他案例的參照比較，能夠確定「不合比例」的或「過度」的程度。需要區

分的是，司法審查中對合比例性的衡量要求不同於司法審查的一般衡量權的行使。前者是審查行政機關適用衡量性原則的「衡量」，後者是司法機關行使司法權對立法行為和行政行為進行審查中的「衡量」。因此，合比例性作為行政行為的審查基準，司法機關只有在能明白地確認為行政機關達成目的對基本權利的限制措施造成的利益與不利顯然不成比例時，才可宣告該行政行為違反衡量性原則。

　　在這個確定過程中，司法審查應考慮如下因素：I. 行政機關確定合比例性的「法益」是在行政決定當時的「法益」，行政機關對「法益」的衡量是以行政決定當時的社會境況為背景，行政機關的判斷也是以當時的相關資訊為判斷基礎。II. 行政機關在作出行政決定須對法益的合比例性作出論證。司法審查須要求行政機關提供論證根據和理由。比如，行政決定中的公共目的是「為了社會安全的需要」，那麼司法審查須要求行政機關說明安全的具體內容。III. 行政的專業性和行政經驗。專業和經驗是行政裁量中和作出行政決定時的重要因素，往往超越司法機關的知識範圍或認知高度。司法權對行政權的尊重包括行政機關所擁有的專業知識和經驗的尊重。基於這些因素，司法機關只能宣告明顯不合比例性的行政決定為違反比例原則的行為。

　　司法機關對立法機關適用衡量性原則的審查，通常也是在行政機關適用法律規定或授權裁量作出行政決定與具體相對人形成法律關係後、相對人向司法機關請求救濟時。如果法律不合比例原則而造成個人損害，個人能否逕向司法機關請求救濟。此有三種情況。I. 行政機關因適用該法律規定而造成相對人之損害，相對人向司法機關請求救濟是針對行政行為而提出的，司法機關在審查行政行為時同時審查立法行為（即行政機關作出決定的根據）是否違反上位階法律或法理。II. 如果單純為違反比例原則的法律，行政機關未適用於相對人，個人不能逕向司法機關請求救濟，而只能由公民團體請求司法機關撤銷。個人可以根據主觀權利採取其他方式抵抗此類不符合比例原則的立法。法律是針對全體國民的、約束全體社會成員的，立法機關與全體國民構成法律關係。「立法權是由人民授權且是集

體地行使的權力。」⁵ III. 立法不作爲而造成個人損害，比如，立法機關對某類行政行爲未制定規範，導致行政機關不能作爲而損害了民眾的權益。此時，相對人也是就行政機關爲損害對象請求司法機關救濟。

概言之，司法機關對立法機關適用比例原則的審查是合法性審查，對行政機關適用比例原則的審查是合理性審查。

三、「適用」的結果

1. 權力—權利關係理性化

在憲法上，對基本權利和自由的保障體現在主權在民原則和權力分立原則中。這兩個原則的運行特點是以權利爲起點形成權利—權力關係。根據主權在民原則產生的具體制度即普選制。選民通過定期的直接或間接（一次）選舉產生國家的立法權和行政權，從而構成國民與立法機關和行政機關的直接關係。主權在民原則保障國民一系列基本政治權利和自由，這些權利和自由是其他基本權利的基礎。權力分立原則所支配的具體制度即行政訴訟和憲法訴訟，被訴的對象都是權力機關。司法機關根據國民的救濟請求保障國民的基本權利和自由。在這些關係中，都是以權利的運行開始而形成權利—權力關係。

比例原則通過約束權力行爲而產生權力—權利關係。比例原則的適用是以權力的運行開始而形成權力—權利關係。在立法上，立法機關制定適用比例原則的法律，即構成立法權與國民之間的抽象法律關係。在行政實務中，行政機關適用立法機關制定的法律，便構成與相對人之間的具體法律關係。這兩類關係都是以權力的運行開始而產生的權力—權利關係。但是，其前提是憲法上存在相應的基本權利。因此，比例原則是對國家權力限制基本權利的限制。比例原則不約束司法權。司法機關適用比例原則是

---

5 Словарь по политологии, Под ред. проф. В. Н. Коновалова. - Ростов-на-Дону: Изд-во РГУ, 2001.

爲了審查立法行爲和行政行爲是否違反比例原則，司法機關作出審查裁決不受比例原則支配。

　　正是因爲比例原則是對國家權力限制基本權利的限制，且可以確定具體的限制、限制的程度，這一獨特功能使比例原則對基本權利的保障是其他原則不可代替的。無論是憲法上的基本原則還是具體法律上的原則，其對基本權利的保障都是「從保障權利到制約權力」要求國家權力機關不得侵犯國民的基本權利和自由，惟獨比例原則是「從制約權力到保障權利」要求國家權力機關爲達成公共目的對國民基本權利和自由的限制不得違反比例原則。有了比例原則，對基本權利和自由的保障體系得以完整。不僅爲國家必要地限制基本權利劃定界限，而且也使公共與私人相對的法益能夠在合比例性的狀態下同時存在。更重要的是，這樣的要求約束國家權力機關必須理性地行使權力：僅僅以公共目的爲理由而作爲或不作爲，爲達成公共目的，僅僅考慮國民的受益，是不夠的；國家權力機關還須考慮國民的權益是否受到損害，如果爲達成目的需要損害相對方的權益，是否選擇「最小損害」的方式；公共目的所產生的法益是否大於或高於損害的法益。

　　從基本權利和自由的保障體系可以看到，主權在民原則支配的定期選舉使選民行使權利也具有定期的特點。選舉權利行使之後，國民的基本權利和自由仰賴於國家權力的保護。在這一階段的基本權利和自由的保障中，比例原則發揮出補充主權在民原則的功能。基於比例原則的可操作的具體要求，其對立法權和行政權的約束自權力運行始。也就是說，立法機關和行政機關在開始行使權力時就須考慮對相對人基本權利和自由的保障。更重要的是，比例原則的衡量性要求將對基本權利和自由的保障提高到價值層面，進入基本權利的本質內涵。在立法上，基本權利本質內涵是不可衡量的，因而也是不可限制的。這個前提確定了比例原則適用的基礎。換言之，比例原則適用中的「權力—權利」關係須以此爲基礎。比例原則顯示「權力—權利」關係不只是效力聯結而也是理性聯結，不只是法律聯結而也是自然聯結。

2.法律秩序符合自然正義

比例原則源自於比例性；而比例性概念產生於自然的比例性。也就是說，比例性概念的理念存在於自然秩序中。自然宇宙中的萬物的生成、生長、存在和發展都具有自然必然性和自然合目的性。自然的比例性是由自然必然性和自然合目的性合成的。古希臘自然哲學家將自然宇宙中萬物體現出來的自然秩序視爲自然本身的理性的作用，因爲自然宇宙中的事物都是合比例地生成、生長、存在和發展，它們服從於自然正義。

法律秩序應該與自然秩序一致。法律秩序符合自然秩序既是理性的體現，也是理性的作用。根據自然秩序演繹法律秩序是人的理性的作用。從自然秩序演繹法律秩序的過程即法律秩序理性化過程，這個過程是一個持續進化的過程。法律秩序是由「權利—權利」關係、「權力—權力」關係和「權利—權力」關係構成的。比例原則在這個過程中的作用是：豐富基本權利體系；豐富法律體系的實質正義。

I. 豐富基本權利體系

基本權利體系是法律體系的核心和基礎。基本權利體系聯結自然秩序與法律秩序，因爲基本權利都是從自然權利中演繹出來的。比例原則豐富基本權利體系的功能主要體現在如下三個方面：

①從國家義務中推導基本權利。比例原則的功能是通過制約國家權力保障基本權利。而在制約國家權力的過程中可以確認和確定國家的義務。在抽象法律關係中，從國家義務中可以推導出國民的基本權利，在具體法律關係中，從具體的國家義務中可以推導出相對人的基本權利。從妥當性原則可以看到，無論是立法機關還是行政機關，在確定、實施、達成公共目的方面，除了使國民實現基本權利外，還須關注對國民造成不利的方面。無論在立法上還是在行政實務中，此不利是否能夠不發生；如果必須發生，其對公共目的的達成是否妥當。從必要性原則可以看到，立法和行政機關爲達成公共目的所採取的限制基本權利的措施，須選擇「損害最小」的措施；所選擇的措施對達成目的是否有效、有用。從衡量性原則可

以看到，公共目的的確定、實施和達成所產生的利益須高於或大於限制相對方基本權利所產生的不利。立法和行政機關對此有論證義務。這三個子原則對國家權力的制約都產生國家相應的義務。從此類國家義務中可能產生一個新的基本權利，比如，國家為了發展而推行的各種建設，須注意自然的可持續性；從這個義務中可以推導出一系列國民的環境基本權利。也可能在內容和程度上豐富了原來存在的基本權利，比如，對自然的可持續性注意得越全面、越深入，國民享有相應的環境基本權利就越加豐富、越具有質量。基本權利體系的豐富性不只是體現在種類和數量上，而且也體現為內容的質量。比如，同樣是對基本生活水準的保障，但基本生活水準的內涵不同（比如有無包括基本的精神文化生活），其生存權的內涵也不同。

　　②產生具體權利豐富抽象權利。在一個基本權利體系中，抽象權利與具體權利並存。具體權利從抽象權利演繹而來，又可以豐富抽象權利。抽象權利的內涵越豐富，從該抽象權利中演繹出來的具體權利就越多；具體權利中的新權利又可以豐富抽象權利。由於最高位階的抽象基本權利（如基本權利本質內涵人性尊嚴）不是比例原則可以限制的基本權利，反而是，適用比例原則時不得侵犯和違反的基本權利，也就是說，適用比例原則須尊崇基本權利本質內涵，須受基本權利本質內涵的約束。這意味著比例原則為達成具正當性的公共目的所必須限制的基本權利只能是具體權利。比如，在「藥房案」中對職業自由的限制分為三個不同層次，將職業自由分成三個不同程度的具體權利。而職業自由就是從人性尊嚴這一抽象權利中演繹出來的，對職業自由的保護越是具體，人性尊嚴的內容就越加豐富。在適用比例原則時，通過比較，可以將具體權利更加具體化。因此可以說，只要某些新基本權利或者基本權利的新內涵是從比例原則的適用中產生的，它們就可以豐富作為抽象權利的基本權利本質內涵。

　　③聯結自然權利與法律權利。自然權利即自然賦予個人的權利。自然權利是從自然法則中演繹出來的權利。換言之，自然權利是符合自然法則的權利。自然秩序就是自然宇宙萬物在自然法則的支配下形成的秩序。自

然法則都是自然生成的，又約束自然事物自然而然地生成。自然法則對其
規範的事物都具有合理性、必然性與合目的性。人類作爲自然宇宙的一部
分，天然地受自然法則的約束；天然地是自然權利的享有者。享有自然權
利始爲法律上的權利主體，因爲享有自然權利是享有法律權利的保障。

　　妥當性原則和必要性原則雖然都包含價值衡量的要求，但衡量性原則
本身就是價值衡量原則，其對過度的禁止是適用比例原則的最終目的。個
人被當作權力的客體還是權利主體是判斷國家權力對基本權利的限制是否
過度的基準線。對過度的禁止要求對基本權利作限制不得損害到基本權利
的本質內容，特別是個人的人性尊嚴。自然人作爲自然的產物，其人性尊
嚴與生俱有。在自然哲學中，人被視作自然的創造物，也就是作爲神的創
造物。對法律上基本權利的限制直接關係到自然權利；自然權利是對法律
上基本權利的限制是否過度的界限。在公法方面，基本權利的本質內容不
可限制、不可侵犯、不可改變就是這一原理的體現。同樣，在私法方面，
個人權利與自由的核心內容也是不可限制的，比如私法自治。

　　因此，對過度的禁止關係到國家將國民當作權力的客體還是權利主
體。這對於比例原則的適用具有重要的認識論和方法論意義。比例原則要
對「過度」限制基本權利予以禁止，因爲「過度」限制基本權利會使法律
上的權利主體變成權力的客體。因此，在適用衡量性原則時，被衡量的
「法益」潛在地包含著自然權利，特別是源於自然權利的基本權利本質內
涵。從名稱上看，比例原則的三個子原則都未涉及自然權利，但其與自然
權利的關聯，以及其對個人人性尊嚴的保障潛在於每一個子原則中，以及
每一次適用中。

　　II. 適用比例原則可使正義流溢於整個法律體系

　　從上面的論述可以知道，比例原則的原理來源於比例性概念；在法理
上，比例性概念是比例原則的上位概念；這意味著比例原則和比例性概念
的理念都在自然宇宙系統。因此，比例原則天然地充滿正義。對於比例原
則的適用可以使正義流溢於整個法律體系，形成與自然秩序一致的法律秩
序。如同自然系統一樣，法律體系本身應該是一個具有自然正義或自然比

例性（植物、動物、人類合比例地存在）的體系。如果適用者不以正義為基準、不運用理性，就不可能認識比例原則、更不可能正確地適用比例原則。

　　在立法環節，立法首先應該考慮法律體系的合比例性，因為只有在法律體系具有自然正義約束的合比例性的前提下，適用比例原則才具有正當性。由於適用比例原則的立法涉及到對基本權利的限制，因此，在立法時，立法機關基於使國民充分實現基本權利的立法目的，僅在必須時才應該制定適用比例原則的法律規範。在行政環節，行政機關適用比例原則雖然須根據法律或具體的法律規範，但是，行政機關在適用比例原則時具有自由裁量權。自由裁量本身要求行政機關須理性地行使權力。對於適用比例原則的自由裁量，更由於比例原則本身所具有的正義要素，行政機關須以正義和個案事物本質為基準使作出的行政命令、行政決定、行政處分符合該原則所要求的妥當性、適當性、衡量性。在能夠達成目的的前提下，所選擇的措施必須使相對方的損失最小；對目的與措施的法益衡量也必須基於正義理性地衡量，才能獲得與法益相稱的衡量結果，才能作出合理的行政決定。在司法審查環節，司法機關用正義價值和個案事物本質作為基準審查立法行為和行政行為是否違反比例原則。對事物本質認識就是對正義的揭示，正義潛在於事物本質的根基。司法審查是為了實現個案正義、實質正義。個案正義就是實質正義。個案正義的累積過程就是實質正義進入法律體系的過程；這個過程也是法律體系成長為符合自然正義和自然秩序的過程。

結　語

　　以民主、稅賦、比例性這三個範疇作爲行政法學的內容係基於如下認知：行政權來源於民主、以稅賦爲基礎、受比例性約束。

　　行政權來源於民主係指：I. 行政權基於民主原則產生。主權在民原則作爲憲法基本原則是行政權產生的最高法律根據。以普選爲制度基礎的民主原則直接或間接（一次）地產生國家最高行政機關，從而建立了國民與行政權的憲法關係。II. 民主是行政權與立法權在制度上的聯結要素。立法機關制定的法律是行政權運行的主要根據。國家最高立法機關是基於普選制產生的；立法機關也是基於民主原則制定法律的。民主原則保證立法機關產生與存在和法律制定的正當性。沒有法律，行政權便無法運行。行政機關的自由裁量權也是基於法律的授權。III. 民主是行政權存在的基礎。沒有民主，就沒有國家與社會的相對分離。民主是國家與社會二元結構得以存在的保證。國家與社會二元結構爲行政權存在設定了基本的領域：管理與給付。一方面，行政權須消極地保障社會自治領域的存在，另一方面，行政權須積極作爲對社會提供給付。

　　在民主與行政權的關係中，基本權利具有至高無上的地位。基本權利是約束行政權運行的最高根據。基於權力分立原則產生、存在和運行的司法權即是爲了保障基本權利而制約立法權和行政權。

　　行政權以稅賦爲基礎係指行政權的運行方式——管理與給付——與稅賦密切關聯。行政權產生之後，行政機關須通過管理行爲將社會規範在一定的法律秩序內；同時，行政機關須積極作爲爲社會提供生存所必需的公共設施、爲國民提供最低的生活保障。無論是管理行政還是給付行政，行政機關都需要以稅賦爲基礎；沒有稅收，行政機關就無法進行管理與給付。稅賦與行政權的關係既體現了基本權利對行政權的制度意義，也體現了行政權對基本權利的制度意義。稅賦來源於納稅人（即全體國民），徵稅與納稅的根據是立法機關制定的法律，因此，稅賦係民主的制度設置。行政權的運行以稅賦爲基礎也就是以民主爲基礎。稅賦與民主的關係是：稅賦是國家與社會、政府與人民之間的關聯要素；稅賦是選民、立法機關、行政機關之間的動態要素。稅賦也是共和的制度設置。立法機關通過

確立量能課稅原則和累進稅制、行政機關在法定幅度內行使減免稅賦負擔的自由裁量權，與納稅人構成自上而下的共和制度上的關係：國家用納稅義務人的一部分財富爲另一部分納稅人提供生存照料和生活保障。

比例性概念是自然形成的：自然事物理性地生成、生長、存在與發展體現出合比例性的自然秩序。比例性概念的理念存在於自然之中。比例性理念是存在於各自然事物中的自然性，即事物本質；比例性概念是對自然秩序的抽象概括；比例性是對自然秩序的現實描繪。比例性既是檢驗民主範疇與稅賦範疇以及基於民主與稅賦的各種制度與行爲的正當性的基準，比例性也可將該制度與行爲規範爲具有正當性，因爲比例性就是各自然事物自然正當地存在的體現。民主範疇與稅賦範疇以及基於民主與稅賦的各種制度與行爲符合比例性即是說它們是符合自然秩序存在的。

比例性概念上連自然秩序，下達對基本權利的保障。從比例性概念中演繹出來的保障基本權利的原則就是比例原則。比例原則要求行政機關在達成管理與給付的目的時不得過度侵犯相對方的基本權利。因此，比例原則是對行政機關限制基本權利的限制。無論在依法行政還是在自由裁量中，比例原則都將行政機關爲達成目的與限制基本權利的行爲約束在合比例性的限度內。司法機關在司法審查中也用比例原則制約立法權力和行政權力、保障基本權利。

民主、稅賦、比例性三個範疇凝聚爲一個公式：

基於主權在民原則普選產生的行政權的功能最初只是消極地維護社會秩序，自由法治國隨之產生。隨著基本權利內涵的深入和外延的擴大，從自由法治國中生出社會福利國。在自由法治國基礎上產生的社會福利國的存在與運行更依賴於稅賦。稅賦法律體系聯結著自由法治國與社會福利國。因此，公正合理的稅賦法律體系可以保證自由法治國與社會福利國的比例性。國民通過稅賦法律體系感受自己在自由法治國和社會福利國中的雙重存在；國家通過稅賦法律體系保障自由法治國和社會福利國同時存在。

本教程認爲，這個公式可能對研究憲法學與行政法學都有所助益。

後 記

　　呈獻給讀者的這本《行政法學教程》是在《行政法學課程大綱及綱要》的基礎上改寫而成。後者是我給法律碩士研究生講授行政法學課程的講義。所謂「基礎」，只是《行政法學課程大綱及綱要》中的三個範疇（即民主、稅賦、比例性）在《行政法學教程》中沒有改變，其體系和觀點都相當不同。其原因蓋在於作為課程內容需要講授通行的知識和通說的觀點，俾使研究生們能夠應付課程以外的經常性的各類考試。而作為專著，應該盡力表達個人見解和觀點，以期對學術發展有所貢獻。需要說明的是，在質疑和否定行政法學中的現有觀點時，因為都是被廣泛引用的通說而無需列注大量文獻。如果這本《行政法學教程》對行政法學的發展有所貢獻，也是立基於無數行政法學家的研究，即使被否定的觀點也給作者很多有益的啟示。

戚　淵
2019 年 10 月 27 日

國家圖書館出版品預行編目資料

行政法學教程／戚淵著. -- 初版. -- 臺北
市：五南，2020.05
　　面；　公分
　ISBN 978-957-763-855-7（平裝）

1.行政法

588　　　　　　　　　　109000265

4U22

行政法學教程

作　　　者 ― 戚淵（497）

發 行 人 ― 楊榮川

總 經 理 ― 楊士清

總 編 輯 ― 楊秀麗

副總編輯 ― 劉靜芬

責任編輯 ― 黃郁婷、王者香

封面設計 ― 姚孝慈

出 版 者 ― 五南圖書出版股份有限公司

地　　　址：106台北市大安區和平東路二段339號4樓

電　　　話：(02)2705-5066　　傳　真：(02)2706-6100

網　　　址：http://www.wunan.com.tw

電子郵件：wunan@wunan.com.tw

劃撥帳號：01068953

戶　　　名：五南圖書出版股份有限公司

法律顧問　林勝安律師事務所　林勝安律師

出版日期　2020年5月初版一刷

定　　　價　新臺幣450元